般若花開

等待一朵蓮挺水而出

沙彌日記 7

INDIA

FGS Sramanera School
New Delhi, India.

沙彌雖年幼，度人成法王

佛光山宗長——心保

《增一阿含經》裡說：「王子年雖小，長大能行令；小火雖未熾，星火可燎原；神龍雖現小，降雨隨時宜；沙彌雖年幼，度人成法王。」這就是所謂的「四不可輕」，一般通稱為「四小不可輕」——別看王子年紀小，當他長大成為帝王不但能號令三軍，還能造福千萬百姓；火苗雖然小如星斗，威力卻足以燒遍草原；神龍雖然示現小身，當民間需要雨水時即能現大龍身呼風喚雨；沙彌雖然年紀小資歷淺，只要肯發心發願，也能成為廣度眾生的大法王。從本書中，記錄「沙彌學園」的沙彌們，其學習歷程，發心立願，確實如經典所言，不可等閒輕之。

「佛光山印度沙彌學園」，是慧顯法師在星雲大師指示下，於二〇一〇年成立並招生，課室便設立在「佛光山德里文教中心」，當年雖然只有五人錄取，因編制尚不具全，慧顯法師一人除了佛光山常住所任命的文教中心主任、沙彌學園主任之外，更身兼教務、學務、老師、保母、醫生，乃至父親的角色等等，在他的規劃下，帶動沙彌們的學習進步，也帶出沙彌學園辦學的口碑，此後年年都有來自印度各邦各省的家長，將小孩的學習託付給沙彌學園，短短幾年，學生的人數從最初的五人增加到近百人，年級依次劃分為七個年級，隨著學習需求，課程也逐年新增，從必學的多種語文、佛學、經典、歷史，到輔助弘法的音樂、美勞、烹飪、拳術等等呈現多元化。

這些課程中值得一提的就是語言，沙彌們來自印度各種族，各種族、各地有自己的母語或方言，別說中文英文他們不懂，就是通行印度的印地語他們也得從基本發音學起，在語言方面，尤其中文，為了讓沙彌及早上軌道，慧顯法師請老師教詩詞、古文，並要求他們用中文寫日記，而沙彌們也不負所望，十年來寫了七本《沙彌日記》，這本《等待一朵蓮 挺水而出》即是沙彌日記系列第七本。

這本書蒐錄了二〇二二年到二〇二三年的日記，沙彌筆下的上課心得、受戒感言、新年願望，以及對自我的要求，對求道的堅定，顯得那麼真摯可愛、誠心感人；而知名作家林少雯駐留沙彌學園兩個月，寫就的五十二篇教學日記，恰恰補足沙彌日記缺少的客觀那部分，整本書就圓滿的向外界展示了完整的面向，是一本值得推薦的好書，樂為序。

解行並重的印度沙彌

佛光山泰華寺住持——心定

「沙彌日記7」《等待一朵蓮 挺水而出》，這本書可以說是勵志文學的最佳讀物，佛教學院的學生，如果有機會讀到這本書，一定會增強信心與道心。如果有心弘揚人間佛教的僧俗二眾讀了這本書，可能會生歡喜心、慚愧心，堅定菩提心。

佛光山印度沙彌學園的教育，是解行並重，「解門」的包括線上佛學院聽《華嚴經淨行品》、普賢十大願、禪修的理論與實踐、還有課堂上的三種語言學習，以及其他的課程；「行門」的有打佛七、助念、禪修、善用其心、安住身心把握當下。

沙彌學園的主任慧顯法師，秉承著佛光山星雲大師倡導人間佛教的理念，所以要求沙彌們，法門無量誓願學，培養沙彌們具備無量善巧的法門，弘揚人間佛教，諸如印度傳統音樂、瑜伽、武術功夫、急救術、彩繪平安燈比賽、攝影比賽等等。

沙彌們的宗門思想，無比的堅定。在〈緬懷師父上人〉這一篇章，最少有三位沙彌的文字中，提到師父上人對印度沙彌的五點期望：一、我要終身做和尚，二、佛光山是我的家，三、我要復興印度佛教，四、我要弘揚佛法傳遍世界（遍滿天下），五、我要安住身心。其實每位沙彌都將師父上人的五點期許銘刻於心。

沙彌們的堅固道心，可以從第一篇〈觀佛教靠我——人間佛教紀錄片〉、第二篇〈希望的火苗——疫情過後的重新出發〉，第三篇〈剃度受戒圓滿〉以及第十四篇〈戒壇日記〉等，他們真誠的表白，令人讚歎不已！

沙彌們從他們各自的家鄉，七、八歲來到沙彌學園，完全沒有中文的概念，也不知道有佛教，經過老師們的用心教導，從發音認字到會寫學習心得，從不知道有佛教，到學唱誦、敲打法器、打佛七、做法會、誦中文佛經、巴利文佛經，甚至還舉辦朗誦比賽、沙彌論壇。在〈緬懷師父上人〉篇裡，還有三位用現代詩（抒情文），來表達內心對師父上人的懷念，很值得一讀！

也因此聯想到沙彌學園的各位老師、義工老師的慈悲教授，苦口婆心的指導。尤其是林少雯老師，可以說是文學家駐錫沙彌學園兩個月教授指導，肯定讓沙彌們的中文突飛猛進。在教學之餘觀看沙彌學園的花草樹木、花開花謝，沙彌們的學習精神，依其所見所聞，一花一世界，一葉一如來，順手拈來就是一篇好文章。

慧申（乘銘）熱愛中國文學，在〈戒壇日記〉篇中，他一方面擔心大學的上課考試，一方面擔心戒期中要背誦的經咒、毘尼日用等，偶爾想起「風蕭蕭兮易水寒，壯士一去兮不復還」，頓時使他慷慨激昂的信心十足，他是佛陀的弟子，是星雲大師的弟子，「我不就是壯士嗎?!」，太好了。

我將這本「沙彌日記7」《等待一朵蓮 挺水而出》，逐句逐字的細讀，愈看愈歡喜，愈讀愈讚歎，謹寫出一些感想，與有緣人分享，並作為序。

花落蓮成

佛光山開山寮特助 —— 慈惠

《等待一朵蓮 挺水而出》是印度沙彌學園的「沙彌日記系列」第七本，除了收錄有沙彌近三年來的學習心得之外，還有作家林少雯的教學筆記。這些從六、七歲就來到沙彌學園的小孩，經過環境的適應，突破語言禁錮，進而契入佛法。悲心道心的增長，其過程就如同林少雯老師在沙彌學園駐教期間，等待蓮花開敷的心路歷程，而如是帶入對沙彌的感懷：「**蓮來了，蓮去了，留下蓮實，留下佛種……，等待第一朵蓮，已等到；等待胎藏的如來種子在沙彌學園孕育成熟，才是最該等待的。**」

承蒙沙彌學園主任慧顯法師關照，希望我為這本書寫篇序，在翻閱此書文稿時，深覺沙彌們的進步可以說是一日千里，中文程度好不說，個個都將光大佛法、續佛慧命的責任放在人生首要目標，尤其從這些日記裡，看到他們對於師公（星雲大師）的五點慈示—**1.我要終生做和尚；2.佛光山是我的家；3.我要復興印度佛教；4.我要弘揚佛法傳遍世界；5.我要安住身心**—這五大信念，深深根植在每個沙彌的心中；不但如此，連五堂功課、三時繫念等法會儀軌和法器、唱誦，也全都熟練。

經過十年的學習，如今長大的沙彌，有到台灣佛光大學就學的，也有考上泰國朱拉隆功大學，南京大學的，這都歸功於慧顯法師和執事、老師們，孜孜矻矻的照顧與教學，為沙彌們扎下很好的基礎，在學業的指導上，在道心的養成上。

書中我很有感覺的其中一部分，是二〇二一年因為疫情緊張，遵照印度政府的規定必須讓所有沙彌們回家，幾個月後當政令開放，他們可以再回沙彌學園時，不但沒有隨因緣留在家鄉，反而興奮激動如重獲新生，如：

乘德沙彌受到勸諫應該要留在家鄉陪父母，他卻堅決的告訴親友長輩，父母都護持他的選擇：「這是我自己選擇的道路，你走你的路，但我要走我的出家路。」

乘諦沙彌說：「感謝師長願意接納我，感謝父母沒有障礙我，讓我再回去出家。」

乘敬沙彌第一次到沙彌學園是七歲，疫情所迫回家後，再回到沙彌學園的心情是：「一場疫場，把我從過去迷迷糊糊的出家，變成現在的『我選擇了佛教，佛教選擇了我』。」

乘海沙彌也有相同的心情：「這次再回來沙彌學園，不是父母叫我來的，而是我自己的選擇。」

還有不敢相信自己竟然被遣回俗家的乘正沙彌，對於置身家中：「感覺好像還在床上作夢一樣，我只想趕快起床，要去做早課。」

聊聊數語，寸管之筆，實不足以代表這本書所要傳達的，但就星雲大師一生以辦教育，接引青年，培養僧才為職志，作為一生跟著家師，學習辦教育的弟子，乃不揣淺陋提筆為文，推薦這本值得閱讀，值得感動的書——《等待一朵蓮 挺水而出》，期待沙彌們安住身心勉力學習，有朝一日花落蓮成，光大佛教。並祝福閱讀此書者，都能常隨佛學，福慧增上。

等待一朵蓮

—— 林少雯

來印度，在最熱的夏季，給佛光山沙彌學園的小沙彌講課。

印度的夏季該是乾熱的，今年二〇二三年卻幾乎天天下雨。雨中，課餘時我總是守著那方荷塘。荷塘一開始是平淡無奇的，因為今年新栽的荷，才開始長出葉子。我從小小一片荷葉，像浮萍般貼著水面時，開始守候，早中晚總要看它幾回。起先荷葉的空隙中還能見到水面，水中倒影著天空、白雲、飛鳥和草坪上那棵高大茂密的木蘋果樹；不久荷葉挺水而出，片片抖擻著翠綠，層層疊疊，高高低低錯落有致的布滿荷塘，將水面全都覆蓋，水中的天空、白雲、飛鳥和木蘋果樹不見了蹤影，只剩一池田田荷葉，感覺就要擎天。

沒幾天，荷葉間鑽出一枝花莖，頂著一個粉紅色的小小花苞，芙蓉出水了！像極一位害羞的美人兒，把整張臉都遮了起來，還緊閉著眼和嘴。我就這樣日日夜夜守候，想著她、念著她、心裡都是她。

如是，美人兒漸漸抿嘴微笑，漸漸瞇著慧黠的眼，但仍是猶抱琵琶半遮面，花苞依然包得像一顆不肯開放的心。

這樣守了七天，終於見到花苞頂端張開了小小的金口，像魚兒在水中喁喁向天，花瓣即將開展了嗎？今天？明天？白日？夜晚？一顆心懸念著，擔心錯過她張開花瓣的那一刻！想聽她綻放剎那發出的輕微「潑」聲。

第二天黎明時刻強風豪雨，心中記掛著那朵將開放的蓮，該不會在大雨中開花吧？她經得起這麼大的雨澆淋嗎？

待天明前去荷塘看那朵蓮時，竟不見了！再仔細尋找，不是不見了，而是不在她原來的位置，她已開放，卻被雨水打趴，倒在下方的荷葉上，見了叫人不忍，讓人心疼啊！見她娥眉深鎖且花容失色。開放該是歡喜且熱情如火，卻如此孤寂而殞落！真是我見猶憐！

見我徘徊荷塘，沙彌經過時，也會過來跟我一起看那朵蓮。

「老師，真是無常！才開就謝了！」

「是啊！無常迅速！」

尋思沙彌說的話，小沙彌對佛法、對天地萬象、對人生真理已有體悟。果然平時聽經聞法沒有白聽，昨天跟他們講蘇東坡的〈赤壁賦〉也聽入了心，文中有一句「哀吾生之須臾，羨長江之無窮。」挺符合這朵蓮當下的實況也。

花開花落總無常，那是自然界現象，勿須傷春悲秋，但身為資深文青，感懷仍是難免。等待一朵蓮花開放，她卻在開放的當下即殞落，未免令人唏噓。

盼望多日的那朵蓮，沒有在月明星稀，清風徐來，水波不興的夜裡或天色微明的清晨，美美的開放，而是選擇在風雨交加、雷聲響動的破曉時分綻放。

她還有救嗎？我趕緊走近前去將她扶起，還好花莖雖有點軟弱和搖擺，但尚能直立；但是花瓣一半已然向內倒，黏在鮮黃的花蕊上。我小心翼翼地將花瓣一片片輕輕掀開，讓她開展成一朵蓮該有的樣子。她也爭氣的報答我，回復成一朵蓮的模樣兒！但看去元氣已大傷，精神不濟，隨時會倒下。每節下課我都去荷塘邊看她，為她加油打氣。

那天下午和晚上沒下雨，給她休養生息的機會。隔天一早再看她，她元氣似乎已恢復，挺過傷痛，活回美好清麗了，她靠自己的力氣亭亭玉立，站得像一朵迎著陽光迎著微風迎著希望的蓮！細細端詳她，真美，粉紅色的花瓣兒，圍起中心圓形的絲絲花蕊，花蕊中有鮮黃的蓮蓬，蓮子已歷歷可數。不少蜜蜂聞其清香，紛紛前來採蜜，嗡嗡嗡地在花間流連不去。

為這朵蓮慶幸著，想到她美麗清新的模樣兒，神采奕奕傲視荷塘，應該的，她是這方荷塘今年開出的第一朵蓮！

被她感染，我也神采奕奕地給沙彌上課。第三節課時，忽然下起大雨，用傾盆不足以形容雨勢和雨聲之大，我在圖書館給沙彌講課，荷塘就在圖書館門外，但我忍住，直到下課才出去看她。

可以想見，如此嬌弱之姿，如何抵擋強雨的摧殘，好不容易回過神的花瓣兒已被打落幾片，躺在下方的荷葉上，飄零的感覺頓時浮上心頭。看來，這朵蓮，已不堪折磨，不知還能撐多久。

果然第二天早上再來看她，花瓣兒已全數萎落，一片不留，荷葉上片片落紅，七零八落的堆疊在一起，雖然粉紅依舊，卻已失去生命力。昨天沙彌為她加油的聲音言猶在耳，她卻已香消玉殞，魂歸離恨天！

望著空空如也的花枝，沒有了荷花的嬌顏，讓人很懷疑她曾經開過？是的，她確實開過，那是一種有；她很快殞落了，成為無；荷池依然，荷葉搖風，田田有致，蓮的來和去，有和無，在天地間激不起漣漪；何況，有，反面是無，有無是一體的兩面，就如煩惱和菩提同樣是一體的兩面，其實，是一不是二。美麗的蓮，她來過，剎那璀璨，她走了，逝水如斯，未嘗往也！

蓮走了，在沙彌和我心中留下美麗倩影，她的嬌柔和壯烈均歷歷在目，還留下一莖珍貴的蓮臺。是的，蓮臺！蓮臺才是希望！那是真實的存在！

蓮臺，指的是蓮蓬，其中有蓮的果實，即蓮實，俗稱蓮子。蓮花在含苞時，蓮蓬蓮子即已含蘊於花蕊中。在佛教裡，將此生態比喻為漢語中的「藏」，有「含藏」之意，所以蓮的境界，含藏於蓮實之中，有無量的功德，那是廣大且莊嚴無比的世界。蓮中之胎，恰如胎藏，可孕育蓮葉、蓮花、蓮子、蓮藕，如同母胎孕育嬰兒，佛教的「如來藏」思想即是沿襲此觀念而來，認為眾生內在皆具有如來佛性，猶如蓮實含藏於蓮的胎藏之中，種子經孕育、生長，則能開出真如的花朵。

這胎藏中孕育的種子，被比喻為「佛性」，為大乘佛教「有宗」的核心思想，禪宗亦認為「人人皆有成佛之性」，才可能經由修學成佛之道而悟證成佛。

《華嚴經》云：「無一眾生而不具有如來智慧，但以妄想、顛倒、執著而不證得；若離妄想，一切智、自然智、無礙智則得現前」。《大方等如來藏經》亦云：「善男子！一切眾生雖在諸趣煩惱身中，有如來藏常無染汙，德相備足，如我無異！」《究竟一乘寶性論》中亦說：「眾生貪瞋癡、妄想煩惱等，塵勞諸垢中，皆有如來藏。」意指娑婆世界眾生儘管有諸多煩惱妄想，但無損於我們內在的如來藏性。只要修行，去除塵染，人人皆可成佛。

人人皆有佛性，為如來藏學派的學說之一。北傳中國後，成為涅槃宗的中心教義，也影響到漢傳佛教各宗派，如地論宗、天台宗、禪宗等，成為漢傳佛教中很重要的教義。

蓮來了，蓮去了，留下蓮實，留下佛種，在沙彌學園，在每個沙彌心中，在我心中。等待第一朵蓮，已等到；等待胎藏的如來種子在沙彌學園孕育成熟，才是最該等待的。

在沙彌學園待了兩個月，見荷池不斷長出新花苞，到七月中以後，有十幾枝了。我每天在荷塘四周巡逡，細數花苞。七月底我離開沙彌學園到菩提伽耶，第二天，蓮花一朵朵開放了。慧堅法師、印法老師、乘明和乘正，紛紛寄給我美不勝收的水中芙蓉沙龍照，千姿百態，一朵美過一朵。真是賞心悅目！

等待第一朵蓮，等來的何止一朵！竟有滿池蓮香！祝福沙彌學園！可以等待收成蓮子了！

目次

序——

沙彌日記——

講學之旅——

沙彌日記——

二〇一〇年四月，佛光山開山宗長星雲大師慈示「德里文教中心」成立沙彌學園，以培養佛教未來的弘法人才。中心主任慧顯法師奉大師慈命肩負起教育印度菩提種子的使命，為中興衰微已久的印度佛教，希望從質樸的少男著手，傳授他們人間佛教的精華，培養他們各項技能，期許他們光大佛法，續佛慧命。

德里文教中心的沙彌都必須經過嚴格訓練，不但要學習出家人的五堂功課，出坡作務、威儀訓練等，也要接受印度的教育制度，學習歷史、科學、地理及數學等科目。作為一位弘揚佛法的僧侶，沙彌們都需具備良好的語文能力，因此，語文訓練是不可或缺的，中文、英文、巴利文及印地文都需具備。

至今辦學進入第十四年，學生人數從第一年的五人增加到目前的近百人。學生來自北印度的「北方邦」、「拉達克自治區」和「比哈省」，東北印度的「特里普拉邦」和南印度的「馬哈拉希特州」；族群有「釋迦族」、「拉達克族」、「亞麗安族」、「摩克族」和「龍族」等五種。

佛光山印度沙彌學園

FGS Sramanera School
New Delhi, India.

INDIA

觀《佛教靠我——人間佛教紀錄片》

乘銘——

佛教講「因緣」，從起「因」到能夠結「果」，中間最重要的就是靠「緣」分。二十一世紀的佛教能有今天的盛況，其中最不可或缺的一個因緣，起源於中國的江蘇。一位出生在貧苦的家庭，歷經北伐及中日戰爭，成長的歲月裡倍嘗苦難、親人離散。在四處逃亡流浪之際，所幸有棲霞山出家安住的因緣成就了法身慧命，後來在國共內戰的烽火中，來到台灣。這位偉大的因緣就是我的師公星雲大師。

師公在印度成立沙彌學園，成就了我出家學佛的「因緣」，用「人間佛教」的精神理念，滋養我這顆菩提幼苗。感恩師公的栽培、感謝師長的教導，給我安住身心學習佛法的機會，我會勤勞學習，效法師公「給」的哲學理念，給人因緣、珍惜因緣、創造因緣，希望自己將來能成為菩提大樹庇蔭眾生，完成復興印度佛教的使命。

乘良——

師公星雲大師一輩子「為了佛教而活」，把佛法傳播到五大洲，在全球創辦了三百多個道場等，師公所做的佛化事業，真的很多，所以大家都很尊重他。師公的一生太豐富精彩了，每次閱讀他的文章或觀看紀錄片，總覺得我對師公的認識很不足，永遠有新的觀念讓我非常的感動，因此我更想了解師公。

感謝師公在印度的新德里成立沙彌學園，「給」我們出家的機會，不但讓我們安住身心修行，而且還「給」我們出國讀大學的機會，讓我非常感動。師公一生都在奉行「給」的精神，堅持做一個「佛教靠我」的和尚。他完全明白眾生的需要，所以能為佛教的未來做很好的規劃，排除弘法的障礙。

我要學習師公「給」的精神，給人微笑，讓生氣的人看到我後就心平氣和，所以微笑就是我現在最重要的「修行」。另外，我還要用功學習，不做「問題學生」，要「給」師長們放心。我還可以「給人信心」，在同學失落難過時，「給」他安慰鼓勵，不放棄最初的信念。

沒有人能隨隨便便就成功了，師公一輩子做的事、寫的書、建立的道場等成就，一點都不簡單。過程中所遇到的困難，是數也數不完的。我要以師公為我的榜樣，一生努力的向他學習。

乘得——

師公星雲大師一輩子為佛教犧牲，努力奮鬥的把佛教推廣起來，是佛教國際化的第一人，他提倡「人間佛教」，把佛教傳遍五大洲，在全世界創建三百多所寺廟、建立五所大學等，師公堅毅的精神理念，完成了一項又一項的佛教事業。師公不只是一位宗教家，他更是一位教育家。雖然師公過去沒有上學讀書的因緣，但他用平等心「給」徒弟們因緣讀書，培養了很多有熱忱的弟子，到世界各地去發展佛教、推廣佛法。

師公是我們的偶像，他所講的每一句話、他所做的每一件事，一直都在鼓勵著我們。師公提倡「四給」，給人信心、給人歡喜、給人希望、給人方便，他以「人」為本，重視他人的存在、需要、苦樂和安危等。師公說人間佛教是「佛說的、人要的」，因此關懷社會、自利利他。

非常感恩師公在印度創辦沙彌學園，我們才有因緣能出家學佛，感謝師長的辛勞教育，培養我們各方面的能力。所謂「沒有天生的釋迦、自然的彌勒」，我們明白成長的過程中，肯定會遇到困難，所以我們要學會「甘願接受」，努力發揮自己的天賦，從考驗中找到價值和意義。

乘正 ——

記得有一次學園安排我們分組討論，題目是「我的未來」。當學長問我如何規劃自己的未來時，我就不假思索的回答說，我長大後要到森林去修行。在沙彌學園學習「人間佛教」一段時間後，才了解出家修行不一定要到森林去，在紅塵社會的生活當中也可以修行。比如說別人講我兩句，我如果能夠忍耐不生氣，這就是在修「忍辱」了；專心做好每一件事，這就是在修「禪定」。佛法就像冬天的太陽一樣，是每一個人都需要的，因為實踐佛法後，能讓每個人都得到歡喜。非常感恩師公星雲大師在印度創辦沙彌學園，傳播「人間佛教」，我才有這善美學習佛法、讀書成長的機會。在佛光山出家，我的生命有了光明與價值、我的未來變得更有意義。我要做好一個出家人的本分，活出不一樣的生命。

乘德——

師公星雲大師從小就有一個喜歡與人分享的好習慣，他知道別人需要什麼，所以常常能做到「我為人人，人人為我」。師公的一生讓人非常的感動，多少人曾經得到過師公的幫助，師公喜歡以「給」結緣。今天，我們能在沙彌學園出家學佛、健康成長，都是因為師公「給」我們的因緣，所以我們常常心懷感恩惜福。因為師公努力用心的弘法度眾，才創造了「佛光普照三千界，法水長流五大洲」。

其實，我覺得「給別人」就是在「給予自己」。有一次我輪到行堂，當天的主食是我們大家最喜歡吃的饅頭。大家吃完第一輪，想要再添時，饅頭只剩最後一個，我就讓「給」學弟吃。看到他因為多吃一個而高興的樣子，我就感到很歡喜，所以我才說「給人就是在給予自己」。

師公開示我們要「終身做和尚」、要有「佛光山是我家」的觀念、要復興印度佛教、要弘揚佛法傳遍世界、最重要的是要能「安住身心」。感恩師公的開示，我一定全力以赴、力爭上游的學習，將來奉獻佛教，把「人間佛教」傳遍五大洲。

乘敬——

師公星雲大師一生崇佛奉法，「為了佛教」改變了自己的生命。師公十二歲出家，十五歲受三壇大戒，一輩子堅持做一個「貧僧」，以「給」的精神理念安身立命，把過去的「森林佛教」改革成今天的「人間佛教」。「給人信心」就是信仰佛教，對佛法產生信心；「給人歡喜」說明「敬人者，人恆敬之」，要給人歡喜，人家才會給你歡喜；「給人希望」就是給人有未來；而最後「給人方便」就是給人一點因緣。

記得第一次見師公，是在二〇一六年回台灣「尋根之旅」時。有一次跟師公一起吃飯，師公忽然問我們長大後要做什麼？我們每一個人輪流站起來合掌回答，有的同學說要做個好人、有的說要奉獻回饋常住，但我覺得這些還不夠。雖然我當時的中文不是很好，但我還是說出了我要表達的想法，我並沒有感覺到緊張害怕，就向師公報告說：「我長大後要跟您一樣」。

師公開示我們要「終身做和尚」、要有「佛光山是我家」的觀念、要復興印度佛教、要弘揚佛法傳遍世界、最重要的是要能「安住身心」。

我們在佛光山出家，生命有了光明與價值、未來變得更有意義。

佛法就像冬天的太陽，是每個人都需要的，實踐佛法能讓人得到歡喜。

希望的火苗——疫情過後重新出發

二〇二一年四月，印度暴發第二波疫情，每天以超過三十萬人感染的速度傳播蔓延，情況嚴峻失控。德里市政府要求所有教育單位、宗教場所等，人員聚集的地方，全員解散，違令團體單位一律查封。沙彌學園當時有六十三名學生，當地佛教會的委員，建議我們最好配合政府法令，先把學生送回俗家，以免違令寺院被查封。所以，在百般無可奈何之下，只好先解散所有學生，讓他們暫時捨沙彌戒還俗回家，以度難關。待疫情過後，世界恢復正常，有意願回來者，再次出家受沙彌戒。

「希望的火苗」不會熄滅，如今印度的疫情已經受控，各地政府開始陸續解封。沙彌學園從七月中旬便開始分區、分批，安排同學回寺，預計八月中就可以重新開學了。最感動的是大家都迫不及待地表示要「馬上」回到學園，他們覺得第一次出家是懵懵懂懂被父親送來的，而這次再出家才是自己真正的選擇，所以覺得因緣難遭難遇。

以下摘錄九篇沙彌的日記，分享他們能「再」出家的法喜。

乘正——

我選擇再回來沙彌學園的原因有很多，其中是因為我從小就在沙彌學園長大，所以早就已經習慣了這裡的生活方式。回到俗家，總是覺得生活中好像缺少了什麼東西一樣。在家雖然很自由，想做什麼就做，但那樣的生活，我看不到任何意義和價值。

最重要的是，我是為了佛法而再回來的。佛法就像冬天的太陽一樣，是每一個人都需要和喜歡的。我這一次回鄉，看到很多人想要學佛，但問題是那裡沒有出家人在弘法傳教。所以，我更要回來學習佛法，將來有機會一定回鄉布教。佛法是從印度開始的，可惜現在卻已經沒落了。身為印度人，我有責任復興印度佛教，希望將來人們在讀歷史時，能看到我們努力的事跡。

非常感恩師公、常住及師長們給我機會再次出家修行，這個因緣實在是太珍貴了。

乘明——

因為印度第二波疫情嚴重的關係，沙彌學園被迫暫停上課，所有沙彌無奈放假回俗家。所幸兩個月後，我們又能回來沙彌學園了。我會再次回來的原因有很多：

第一，我跟常住、師長等的因緣很深刻，所以會回來也是自然的事。

第二，在沙彌學園每天不斷的學習，所以是沒有時間起煩惱的。在家裡雖然也有自己讀書用功，但就是跟沙彌學園的學習氛圍不同。

第三，我從小就在沙彌學園成長，早已習慣了這裡的出家生活。

第四點，也是最主要的原因，就是我已經發下弘法利生的心願了，又怎麼可以半途而廢呢？如今，印度的佛教都快要沒落了，如果連我們都不去弘法，那麼過不了多久，印度就再也看不到佛教了。

乘德 ——

我們從小就在沙彌學園生活，是師長的慈悲與愛心，培養我們長大，教導我們如何做好一個出家人，我們才知道人生的目的，才能學習到很多智慧，沒有空費時光，每一分每一秒都在用功努力，人生是充滿了「未來與希望」。所以，我決定要回來沙彌學園報答佛光山、師公及常住師長的恩德。

在做出這樣的決定時，確實有一些親戚朋友勸我不要去，但我心中非常肯定自己的選擇，我堅決的告訴他們：「我的家長都護持我出家，你們沒有資格反對我。這是我自己選擇的道路，你走你的路，但我要走我的出家路。」

感恩一切的因緣，感謝家長支持我的選擇，讓我能再次回到沙彌學園。這次，不是別人叫我來出家的，而是我自己選擇的光明大道。慶幸自己有因緣能再度出家，我覺得很幸福。未來我一定會全心全意的復興印度佛教，在世界五大洲弘揚人間佛教。

乘諦——

捨戒還俗回家後，我沒想到還能有機會再回到沙彌學園出家，感謝師長願意接納我，感恩父母沒有障礙我，讓我再回去出家。我想再回到沙彌學園，不是因為沙彌學園有飯吃或有很多好玩的事，也不是因為這裡有很齊全的設備，當然更不是為了將來可以讀大學而來，其實在我家鄉也可以吃飯睡覺、讀書學習，甚至也可以讀大學。我選擇再回到沙彌學園，完全是為了出家修道和復興佛教的使命感。

佛光山的出家人，道心堅固又很有弘法度眾的能力，是佛教未來的希望。在這裡出家學習雖然比較辛苦，但我能清楚的看到未來的光明和成就。

乘悟——

有些同學覺得出家很難，所以就決定不回來了。我確實也有動過念頭，但想到自己在家裡，迷迷糊糊不知道未來要做什麼，不清楚自己的方向，這樣的人生是沒有希望的。而出家是很幸福的，因為可以宣揚佛法、幫助很多需要幫助的人。感謝常住接受我出家，教導我們佛法和待人處事的智慧，讓我們不輕易因為一句話而發脾氣，令我們擁有慈悲心，懂得關懷身邊的眾生。我要堅定道心，安住在師公「大眾第一，自己第二；常住第一，自己第二」的精神觀念中。

乘敬——

我到沙彌學園時才七歲，那是我第一次接觸到大乘佛教，學習菩薩道的精神，當下我就對人間佛教特別感興趣。我認為能有機會在沙彌學園，跟大眾共同學佛出家，成為佛光山星雲大師僧團的一員，我們是很有前途的。而如果我們這些小沙彌能有前途的話，未來的佛教也肯定會有前途的。我正在學習師公的精神，要做一個不呷教的和尚，不吃十方的供養，反而要布施給十方，要做一個佛教的出家信徒。

我為何會選擇再回來沙彌學園出家？其實我也沒什麼很大的理由，是好因好緣把我帶到這裡。因為一場疫情，把我從過去迷迷糊糊的出家，變成現在的「我選擇了佛教、佛教選擇了我」，這等同於給了我一個新的生命。非常感謝父母親護持我出家，更感謝常住給我機會再回來一心學法。將來我要為佛教爭光，我要復興印度佛教，來報答佛光山的恩德。

乘相——

這次疫情特別嚴重，所以政府規定全國學校都要暫時關閉，我們無奈只好先回家一段時間。回到家裡的生活，有時不知不覺，無所事事的一天很快就過去了，每天這樣浪費時光，我知道未來不會有希望的。在沙彌學園，我們每天都有不同的東西可以學習，感謝常住、師長們，從小教導我，給了我最好的僧格教育，將來長大後，我一定會報答佛光山。現在希望自己能堅定道心，正念、正定的努力做好一個沙彌。

乘淨——

小時候媽媽送我到沙彌學園出家，我當時什麼都不懂，也不會發菩提心，所以難免頑皮犯錯。經過這次疫情放假回家，才比較了解在家人的生活，我知道出家才是一件幸福的事，以前喜歡玩電動遊戲的壞習慣，現在我已經改過了，再玩就覺得無聊。爺爺奶奶也鼓勵我，要做一個有用的出家弟子，增加福報。我選擇了常住，謝謝常住也選擇了我。

乘海——

這次再回來沙彌學園，不是父母叫我來的，而是我自己選擇了佛教。我知道有些人因為平常人品不好，不具備出家資格，所以被常住拒絕了。非常感謝常住接受了我，這也證明了我是有資格出家的，我會好好把握這個機會。我覺得能夠出家修行是很幸福、很有福報的，如果沒有功德是不能出家的。所以，我們現在要努力學習佛法，未來要不惜粉身碎骨的去弘揚佛法，復興印度佛教。

乘正

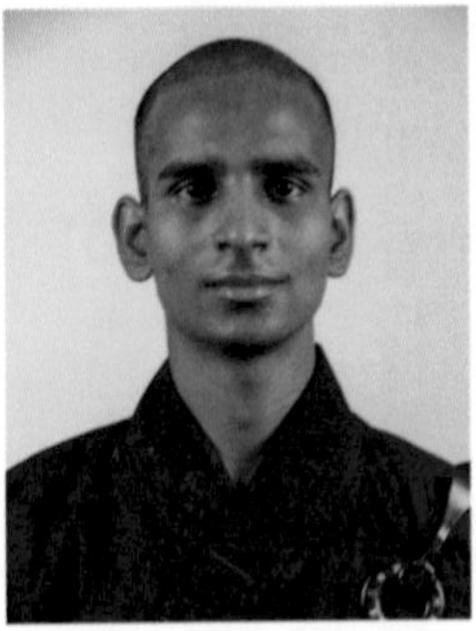
乘明

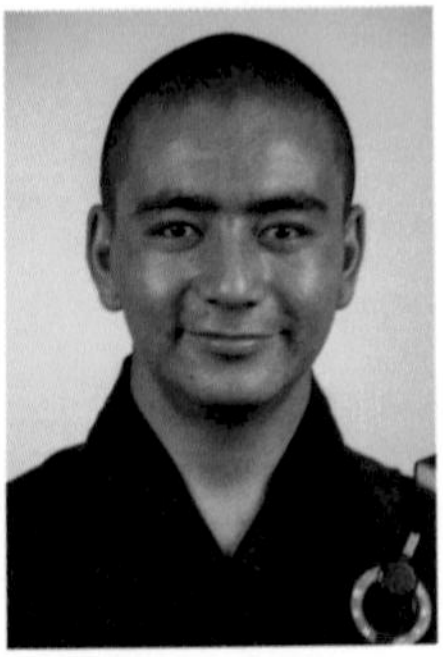
乘德

乘諦

乘悟

乘敬

乘相

乘淨

乘海

——「我選擇了佛教，佛教選擇了我。」

這一次再出家，才是自己真正的選擇。

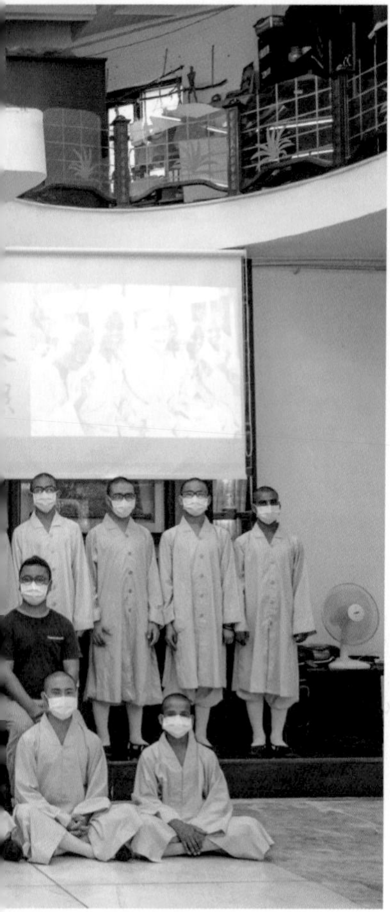

沙彌日記

FGS Sramanera School
New Delhi, India.

二〇二一年的開學典禮代表一個新的開始，要學習規劃自己未來的路要怎麼走，設立一個目標，努力往前邁進。沙彌學園這一次的開學典禮，跟以往不同，因為這次是經歷疫情解散後，劫後餘生的開學典禮。

佛光山
F.G.S
佛光山印度沙彌學園　開學典
14.08.2021
合
照

剃度受戒圓滿

乘正——

人生在世，有機會出家學佛就很不容易了，遇到疫情的魔考無奈還俗，之後又能再次的剃度出家就難上加難了。我覺得自己很幸運，能再度受沙彌十戒，非常感恩這段因緣。

記得第一次受戒，是在二〇一四年的菩提伽耶，我當時中文程度不夠，所以除了「沙彌十戒」的戒相以外，其他和尚所講的開示，我完全都聽不懂。對於儀軌程序也不清楚，所以只好跟著旁邊的同學，他站我就跟著他站，他唱我就跟他一起唱，就這樣典禮很快就圓滿了。現在回想起來，就覺得自己當時多麼的愚癡，連程序都不知道。

受戒圓滿後，學長們在週會中分享受戒的點滴，為我們這批新戒祝賀。我當下意識到自己已經是一個出家人了，於是發願要做好一個出家人的樣子。

時間過得很快，我們不知不覺在沙彌學園學習了八年。二〇二一年印度第二波疫情嚴重，常住不得已只好讓我們還俗回家。這時候，我已經清楚出家學佛的功德和福報了，要我們離開，我真的很難過。

幸好回家兩個月後，印度疫情受控，各地陸續解封，我們又能再次回來出家了。這次受戒，常住特別安排了一場儀軌的解釋說明，讓我們更了解沙彌十戒的意義，所以這次受戒，我是清楚明白的。感謝常住和師長們，給我們再次的機會出家受戒。

乘淨——

二〇一三年出家時我還很小，不清不楚的換上僧服，根本不知道出家的意義。這次出家，我才知道沙彌是「勤息」：勤修戒定慧，息滅貪瞋癡的意思。所以，我很高興能夠再次發心出家修行，就讓我們一切重新開始吧。

乘海——

要當一個出家人，不是一件簡單的事，要具備慈悲、智慧和福報才能圓滿。很多學生因為福報不夠，到了學園沒有辦法安住就回家了。留下來受了戒以後，我們就跟外面的人不一樣了。一般人只要養活自己一個家庭，但我們的目標比他們大，我們要普度眾生。所以，感謝常住安排我們再次受戒，我們要發願一心一意的做好一個出家人的本分。

乘明——

第一次剃度受戒是在六年前，這是我第二次受沙彌戒了。因為今年四月爆發的第二波疫情，我們無奈被迫還俗回家。捨戒當天我非常的難過，因為誰也不知道什麼時候可以再回來。兩個月後疫情受控，我們好不容易回到沙彌學園，常住特別為我們舉辦剃度授戒典禮。

第一次受戒時，不了解出家是什麼，只知道跟著學長們跑，迷迷糊糊的就完成了典禮。

經歷了這次回家的考驗，我體悟到出家是要具備福德因緣的，有一些同學就因為因緣不具足，而不能再回來。我很幸運可以回來再次受戒，非常感謝常住及父母給我這善美的機會，更要感謝自己選擇出家，我為自己的堅持感到歡喜。

乘悟——

第一次剃度時我才九歲，完全不知道典禮的內容和意義。但這一次再出家受戒，我深深的確定是自己所追求的。師公的〈為僧之道〉說「發心出家最吉祥」，因為出家就是出世俗「煩惱的家」，是結束在家的生活，開始出家修行、守戒律的生活。父母給我「生命」，但常住給我「慧命」，除了教我怎麼做一個好人以外，還教導我出家人生活的規矩。

乘廣——

我們二〇一四年的剃度典禮，是在菩提伽耶舉行的。這是不一般的機緣，說明我們的佛緣很深。很感謝這個緣分，讓我能再回來剃度，我是滿心歡喜的。出家的基礎就是沙彌十戒，之後才能成為一個比丘，這也是我未來要努力的方向。

乘德——

印度爆發第二波疫情，迫使我們必須還俗離開沙彌學園。當下我開始思考：在家能做什麼？出家又能做什麼？後來經歷了在家的生活後，我才體悟到出家非常有價值，而且充滿「未來與希望」。

第一次剃度受戒時渾渾噩噩，根本不理解儀軌的內容，只是把程序念完。現在再次出家受戒，常住特地為我們講解戒本，讓我們更明白出家的意義。在儀軌中，有一句和尚的開示說「新受戒人與佛齊等」，讓我非常歡喜感動，也增加了我出家的信心。受戒當天風和日麗，我們在佛菩薩的加持下，重新種下菩提種子。有因緣出家，說明我們過去曾經跟佛教結緣，這輩子才能來到沙彌學園出家學佛，學習斷除煩惱，發心成為一個弘法者，這就是出家生命的意義和價值，我覺得很幸福。

發菩提心，行菩薩道，是難遭難遇的因緣，所以我當然心甘情願的向前努力，未來佛教才有希望。

乘宣——

三個月前，因為疫情我們無奈要離開沙彌學園，我第一次有捨戒還俗的經驗。受戒需要兩個半小時的程序，而捨戒卻不到十分鐘就完成了，可見出家是多麼不容易的。我覺得出家需要三個因緣，首先是我們個人要有願意出家，再來是父母家人的同意，最後是常住師長們接受我們出家。說到父母親的同意我就很難過，因為這次回家，我父親就在我面前意外往生。我是長子，應該代替父親照顧家庭。可是心懷廣大的母親，做出了很大的犧牲與奉獻，還是鼓勵我回沙彌學園出家。因此，我不會放棄這個出家人的身分。

乘諦——

我第一次受戒時年紀太輕，所以不知道出家的意義。雖然當時老師有為我們用中文講解，然後又翻譯成印地語，但是我的母語是拉達克話，我沒有學過印地語，剛入學當然中文程度也不好，所以一句話也聽不懂。只記得當時老師要我們做什麼我們就配合，要求我們大聲的回答「能持」，我們就用力的大聲喊，其實也都完全不明白意思。迷迷糊糊中完成受戒，沒有留下特別的感覺。

這次「再」受戒就完全不同了，因為這次是我自己選擇想要出家學佛，同時又得到父母的同意與祝福。父母會同意是因為他們看到我出家前後個性的改變，從過去的沒禮貌、不上進、愛撒謊，到現在的體貼懂事，又有辦事能力。所以，他們其實希望我能更早點回到沙彌學園。

能再度受戒，我覺得自己很有福報，因緣具足。我發願要生生世世出家修道，自覺的同時也可以度一切眾生。所以，這次在典禮中回答「能持」時，不是用喉嚨喊出聲音，而是用真心來相應。我清楚的知道，我是為了續佛慧命而出家的。

乘義——

二〇一三年第一次受戒時，我的中文不好，所以不了解受戒是什麼，也不知道出家應該要做什麼，似懂非懂的就受完戒了，自己覺得很慚愧。今天再次受戒就不一樣了，因為我明白了受戒的意義。感謝常住給我機會再回來出家受戒，我發願要在出家修道的路上，堅毅不拔的創造出家生命的意義和價值。

乘煦——

雖然在家人也能修行，但是在家人有很多俗家的責任，沒辦法完全安住身心在佛道上，所以在家人比較難修行。而出家人沒有這些煩惱，有很多時間修行，所以出家比在家好。出家後要受戒，戒律會告訴我們什麼是對的，什麼是錯，這樣的生活是滿好的。

乘相——

因為疫情嚴重的關係，所以我們捨戒還俗回家避難。兩個月後，我們再回到沙彌學園剃度受戒。我覺得再受沙彌十戒的意義是「懺悔業障」，過去沒有把握當下做好一個沙彌，現在我一定會做好自己的本分，再受戒消除惡業做一個好的出家人。

乘禪——

回到沙彌學園已經差不多一個月了，但我們只是一個「名字沙彌」。今天微風輕輕吹過我的臉，樹上的鳥兒在唱歌，天空也特別的藍。因為今天是我們再次剃度受戒的日子，所以我覺得特別歡喜，終於成為一個真正的沙彌了。

第一次受戒時我年紀太小，不懂出家的意思，只知道跟同學們一起快快樂樂的披上袈裟。但這次我長大了，懂得分別好壞、對錯，再來受戒就不一樣了。所以在典禮中，我是認真的在回答和尚所有的問題。成為佛光山的一分子，現在我也有一個責任感要弘傳佛法。為了佛教、為了佛光山，我發願要做一個好的沙彌。

乘敬——

「出家乃大丈夫之事，非將相之所能為也」，又說「人身難得，佛法難聞」，有因緣出家，成為佛光山的一員，是非常快樂的事。感謝常住給我們因緣「再」次受戒，尤其是在正授前，特別為我們講解儀軌內容，讓我們明白程序的意義。我記得第一次受戒時，我只知道一聽到「長跪」，就要跟著學長一起跪下來；聽到「一齊起立」時，就要跟隨大眾起立。還有就是老師很嚴格，要求我們不可以在典禮中打瞌睡。現在想起來，我就非常慚愧，看不起當時的自己。現在我已經長大了，我也很清楚我要做什麼，我的前途在哪裡。出家，是我自己的選擇。

乘廉——

出家是為了能夠幫助別人、利益別人，出家不是為了有一口飯吃，而是為了解脫輪迴，所以要發菩提心，學會控制自己的三毒。出家人感受到無常和苦，所以不迷迷糊糊的過日子，而要努力修行。出家生活不簡單，要早晚課誦和禪修，還有很多課業要學習，並不是無所事事。為了成就佛道，要先跟人結緣，有人緣，出家生活才歡喜。

犍椎再度響起

乘銘——

二〇一九年底爆發新冠肺炎，在很短的時間內就蔓延到全世界，至今還沒結束，感染率還一直不斷的在增加。疫情不但使人生病和失去性命，疫情更影響了大家正常的生活，為了防疫各地封城限制行動，大家不能上班上學，有人因承擔不起生活壓力而自殺，造成不少的鰥寡孤獨。

在動盪的局勢中，我們感恩有佛陀慈光的照耀，有師公及長老們的祝福庇蔭，還有護法信徒的鼎力支持，沙彌學園才沒有被疫情的大浪淹沒。在這「善緣好運」的加持下，沙彌學園五堂功課正常、鐘板信號不斷，各項的課程和學習也都沒受影響。

二〇二一年三月，印度教育部公告高考日期延後，常住便指示我趁這個空檔回家更新護照。四月印度暴發第二波疫情，每日超過三十萬人感染病毒，政府便命令教育單位、宗教場所等，人員聚集的地方解散群眾。聽到這個消息，我感到很無助，因為我不在常住，無法為常住分憂。

常住在百般無奈的情況下，只好先讓全體沙彌暫時還俗回家，避免違令學園被政府查封。我心裡想：難道法幢就這樣傾倒了嗎？慧燈就這樣泯滅了嗎？後來得知等度過難關後，常住允許有意願出家的同學再回到學園來，我那懸在半空忐忑不安的心才放下來，重新點燃了希望的燈火，因為我相信疫情總有消退的一天。

在沙彌們分批離開學園的同時，我家鄉的疫情也漸漸的嚴重了。可是人們不重視防疫，到處都是不戴口罩的人，政府通知民眾不可以聚集，但人們固執不依。我真的很困惑，北方邦男性識字率近八成，女性也有六成，為什麼大家都不遵守防疫呢？這是教育最大的失敗，培養出一群「受過教育的文盲」。

我每天輾轉聽到的消息，不是有人要結婚，就是有人往生了。我家門口不是有人滿面春風的來送結婚請柬，就是一群愁雲慘霧來告知某某人往生的消息。家人每晚吃飯時，就要討論決定誰要代表出席婚禮，誰又要代表出席葬禮，碰到這兩種極端的尷尬情景，真是叫人「哭笑不得」。

在家鄉等待的三個月中，我被疫情的恐懼困擾著，同時也罣礙著解散回家的沙彌大眾，在俗家的生活又天天上演喜怒哀樂的各種戲碼，護照又沒有消息，心中很是不安。天天浮上心頭的是，學園大眾什麼時候能再相聚。學弟們離開常住已有兩個月，在紅塵中是很容易失去道心的，萬一迷失了不想回到常住來，我們的力量就會減少，不回來就等於毀滅自己的慧命。

七月初印度疫情受控，各地政府開始陸續解封，同時我護照更新的手續也完成了，因緣成熟我興奮地回到學園。隔離數天後，見到師長和同學們時的歡喜實在不可言喻。當天剛好是我十八歲的生日，感恩母親十八年前把我帶到人間，給我生命，今天是菩提樹面臨「法難」後，再次萌芽的日子，是復興印度佛教的火苗再次燃燒的一日。我感覺到能回到常住來的法喜，是超越了世俗所有一切的快樂。

七月中旬，常住規劃安排有心回來的學生，分批、分區回寺，並委派我負責通知所有學弟學園開學的日期。過去出家是在童年懵懂無知時，被父母親帶來剃髮的。而這次回來再出家是要自己做主，自己選擇。有些同學的確失去了修道的心，打退堂鼓不回來了。希望這些人不要失去在佛門薰陶多年的道德觀，希望他們奉行三好，做一個厚道的人。

當然，更多的同學是迫不及待的想馬上回到沙彌學園，大家在佛道上有緣，覺得因緣難遭難遇，是常住選擇了我們，同時也是我們選擇了常住。老師說經得起考驗的才能叫做「道心」，否則只能稱為「露水道心」。歷經了這麼大的變動，大家仍然堅定不拔，真是難能可貴。大家能重新凝聚在一起，實在是千載一時、一時千載的妙因緣啊！

大家回來後，接下來最重要的事情就是要重新剃度受戒。八月一日早上下了一場雨，猶如諸佛菩薩灑下甘露法水，祝福將受戒的沙彌們。一場無上殊勝的典禮開始了，戒子們宏亮的聲音，唱著香讚供養十方諸佛菩薩，邀請護法龍天降臨護戒，犍椎再度響起的震撼，我感覺到法幢又被重新豎立起來了。受戒圓滿後，我看到一張張笑臉，比昨日更可愛，可以說「平常一樣窗前月，才有梅花便不同」，受過戒之後多了一種「法」味。

從疫情爆發沙彌解散，到有道心的沙彌再回來，我參與見證了整個過程。得到的結論是沒有什麼比出家更好，沒有什麼比做和尚更有價值，沒有地方比佛門更幸福。在沙彌學園的辦學歷史中，這次的疫情使我們跌得很徹底，但我們要愈挫愈勇，發奮圖強增勝鞏固自己的菩提道念。我們要用學習上的進步，來為佛陀、師公及常住大眾爭光榮，在生命的每一個考驗裡，也能一樣保持這樣的道念，築夢踏實，集體創作的完成復興印度佛教的使命。

乘良——

二〇一九年底爆發的疫情，讓人聞風喪膽。隔年初，疫情蔓延至印度，常住為了保護我們的安全，馬上封寺不允許任何人進出。但我們的生活作息一切照常，只是上課模式要改成網路線上上課。常住為了不中斷我們的學習，立刻增設了投影機等設備。

這段鎖國封寺期間，我們更精進的投入學習。除了正課以外，常住每個星期規劃不同的活動，比如佛經背誦考核、《百喻經》講座、印地語和英語的詩歌朗誦、中文詩歌背誦、佛教聖歌音樂會、瑜伽觀摩、佛學名相海報設計等，豐富了我們的學習內容。

二〇二一年四月印度疫情更嚴重了，政府嚴格規定不可以超過四人群聚，要求所有學校和寺廟解散人員，並暫停對外開放。常住被逼無奈的決定讓大家暫時捨戒還俗，放假回家避難，等疫情受控以後再回來繼續修道。雖然很多沙彌捨不得離開常住，但大家也沒有其他辦法。

大家離開後，學園就剩下老師和我們畢業生共七人留守，所有教室空蕩蕩，一切的鐘板信號不再像以前一樣發號施令，大操場也失去了學生嬉鬧的蹤影。沙彌學園變得一片寂靜，好像沒有什麼希望了！

幸好佛菩薩都還在，觀音菩薩一樣坐在「大悲廣場」，彌勒菩薩一樣在大門口迎接大家，佛陀在大殿裡對我微笑，還有師公星雲大師的「一筆字」一直在對我說法……。我相信「只要信仰的根還在，暫時倒下的菩提樹，還是可以重新生長的」。

人少有人少的做法，我們調整了日常的作息。早上一人負責做早課誦《金剛經》，兩個煮早飯，一人到花園澆水，還有一人去掃地。早上上完課後，下午安排禪坐和瑜伽練習。週末我們還去花園剪草，之前看園丁們在用除草機時，覺得很容易，實際上一點也不簡單。我不過只剪了十幾分鐘，就覺得不行了。後來想到師公說「佛光山是我的家」，就充滿力量，不一會就把草皮修剪好了。

一切都是最好的安排，暫時放假兩個月，就是要為將來更好的沙彌學園做準備。不久後疫情已受控，常住就陸續安排沙彌們分批回來。雖然是流失了一些人，但有道心的沙彌還是佔大部分。看到他們回來，感覺就充滿了希望。

八月一日，我們特別為回來的學弟們舉辦剃度授戒典禮。聽到大家充滿信心和力量的梵唱聲，我知道他們對出家的意義更清楚了。對於這次自己的選擇，大家是認真的，佛道是自己這一輩子要走的路。大眾的真誠感動了龍天護法天降甘霖，使原本炎熱的夏天，變得清涼。

乘勇——

從二〇一九年底爆發的新冠病毒，持繼蔓延到今日，感染了成千上萬的人。同時，世界各地也不斷地出現很多災難，不知多少人失去了生命、失去了存活的價值和希望。《八大人覺經》云：「世間無常，國土危脆」，就是提醒我們要把握當下，精進勇猛修福修慧，利益自己也利益他人。

二〇二一年四月，印度第二波疫情慘重，政府嚴格規定不可群聚。常住不得已，只好先讓所有沙彌還俗回家，待疫情受控時，再安排同學回寺。大家當初來出家時才七、八歲，是父母或親戚為我們做了選擇，我們可以說是迷迷糊糊地來到沙彌學園。而如今捨戒回家後，未來是否還會選擇回來僧團，就要自己決定。

送走最後一批學弟後，學園只剩下我們三個畢業生和四位老師。學園要打掃的地方沒有變小，而人力卻只剩下七人，但有老師的帶領，我們也很歡喜的學習了很多。同時，我們報讀的泰國摩訶珠拉隆功大學線上課程也開學了，時間就變得緊湊起來，感恩師長們處處為我們設想，成就我們三人的學習。

不久後，學弟們陸陸續續回來了，早晚課誦和生活作息也慢慢恢復正常。接下來也舉辦了剃度授戒典禮，大家都十分的歡喜，讓我們一切重新開始。大家經歷那麼多考驗都能不退心，必定是與佛有緣，能再有這樣的緣分學佛出家進入僧團，大家都覺得十分幸福。

老師提醒我們：「這次既然是自己決定要出家的，就請尊重自己的選擇」。的確，自己做了選擇就要努力用功、珍惜感恩這份因緣，不可以讓常住與師長們失望。沙彌學園有最好的教學環境與教育制度，培養我們正確的人生觀，教導我們向善的生活觀，沙彌們的未來當然是充滿希望。

感恩常住的愛護，感謝師長們相信我們是可栽培的，我們一定會乘風破浪往前邁進，把師公交付的使命「光大佛教，捨我其誰」銘刻在心中，我相信我們也會有成功的一日。

乘得——

二〇一九年底，新冠病毒開始爆發到全世界，至今疫情還沒結束，嚴重的影響到人民的生活。為了配合政府封鎖防疫，很多人失去了工作，甚至三餐不繼。感謝常住這段期間的照顧，讓所有沙彌不但衣食無缺，還可以繼續上課學習。

二〇二一年四月，印度第二波疫情嚴重，政府更嚴格的執行隔離政策，不允許群聚。常住無奈被逼讓沙彌暫時捨戒放暑假回家，學園只留守四位老師和我們五個畢業生。剛巧其中兩人的護照到期，要回鄉更新，所以只剩下我們三人。

除了每天的忙碌外，我們也準備報考泰國的摩訶珠拉隆功大學。非常幸運的我們都順利被學校錄取，並已經開始線上上課了。除了上課，我們也利用空檔時間，配合老師們整理學園、出坡剪草。心中一直罣礙著回去的學弟們，不知他們會不會回來。有些學弟每隔三、四天就會打電話來詢問學園幾時開學，他們都迫不及待的想快點回來。

過了兩個月後，學弟們一批一批的回來了。只有年紀太小的學弟，常住先不讓他們回來，因為專家們都預測十月會爆發第三波的疫情，他們最好還是先留在家中。非常歡喜看到回來的學弟們，自己決定選擇學佛這條路。出家修行不容易，但很有意義。出家人的平等包容，給人信心和歡喜等，並以解脫輪迴為目的，一般人可能不容易做到。

過去我們每年都有舉辦剃度授戒典禮，疫情爆發以來，快要三年沒有再聽到傳戒的梵唄唱誦了。終於今年因為學弟們回來了，我們又再次傳沙彌戒，真是餘音繞梁，令人法喜呀。這次「再」度受戒，是在大家有了佛法基礎，又明白受戒意義的情況下進行，所以同學感受特別深刻，受戒時臉上充滿了歡喜和希望。

希望大家好好努力，堅持這條出家路，以後完成復興印度佛教的使命。

犍椎再度響起，戒子們宏亮的聲音，
唱著香讚供養十方諸佛菩薩，邀請護法龍天降臨護戒。

我們要依教奉行、
集體創作的完成復興印度佛教的使命。

經歷那麼多考驗而不退心，必定是與佛有緣，
能再有這樣的緣分學佛出家進入僧團，
大家都覺得十分幸福。

開學典禮

乘正——

我一直不敢相信常住要我還俗回家的事，甚至我回到俗家後，感覺好像還在床上作夢一樣，我只想趕快起床，要去做早課。我從來沒想過會發生這種捨戒的事，因此非常難以接受。

一段時間後，我慢慢接受了這苦澀的事實，告訴自己這不是夢，我是真的還俗回家了。我決定不再浪費時間妄想過去，要習慣家裡的生活，善用時間和機會去學習。

不久，到了慶祝佛誕節的日子了。有一個很虔誠的佛教徒，提前一天來邀請我在慶典當天「開示佛法」。什麼！要我開示？我沒準備，也不知道要講什麼。我就想以我年紀輕為理由來拒絕他，因為沒有人願意聽一個小孩給他們講佛法吧。

父親說：「你是出家人，你應該要發心講佛法啊！」

我多麼希望父親能放過我，但我又不敢不聽從。因此，我決定要為大家介紹沙彌學園。因為我希望他們了解沙彌學園復興印度佛教的目的後，也會送自己的孩子來出家。佛誕慶典非常成功，大家也很喜歡聽我的介紹。

終於等到學園通知可以開學了，在我準備要回去的前一天，我表哥來看我，我心中明白他是來非難我出家的。他問我為何不要跟自己的父母親在一起，還說我現在年輕又聰明，以後可以賺很多錢，為何一定要出家。他分析了現在佛教在印度被人看不起的情況，未來出家弘法真的會很難。

我還是堅持要出家的想法，我不在乎別人對我的看法。因為我的心思不在賺多少錢或生活多享受，而是在現實生活裡，每天過得有價值和有意義。我清楚明白復興佛教不容易，但不是不可能，所謂「天下無難事，只怕有心人」。我相信「萬丈高樓平地起」，所有大事都從不起眼的小事做起，只要我開始推廣佛教，誰知道未來印度的佛教，不會變成世界第一呢？

老師常說「機會只給準備好的人」，要想看到未來佛教的成功，現在就要開始「準備好」。今天是沙彌學園的開學典禮，代表一個新的開始，我決定要準備好去面對一切的問題和考驗。

乘明——

二〇二一年開學典禮代表一個新的開始，要學習規劃自己未來的路要怎麼走，設立一個目標，努力往前邁進。沙彌學園這一次的開學典禮，跟以往不同，因為這次是歷經疫情解散後，劫後餘生的開學典禮。

在這次的劫難中，我們流失了近一半的學生，有些是因為家庭問題、有些是個人因素。所幸我沒有遇到這樣的問題，感謝父母給我這個機會，也感謝自己能堅持到現在。能再回來是很幸福的事，因為回來才看得見未來的光明。

希望從今後認真學習，我發願要做到師公說的四點：

第一、要有辨別是非的道德思維，第二、說話、做事和行為都要正派，第三、要有靈巧的智慧，第四要有慈悲的風範。

乘煦——

開學典禮就是一個新的開始，懺悔改過以前的錯誤，我們有了新的目標，二〇二一年我要更努力學習。就像我們要讀一本書，會先看書的標題，不然我們不知道這本書主要講什麼，就無法讀明白書的內容。比如，讀阿彌陀佛傳記，沒看書題就直接開始讀到四十八願，我們怎麼知道是哪一尊佛。所以，開學典禮就是要讓我們立下來年的目標。

在沙彌學園有很多好因緣，有很多機會做很多的事、參加很多的活動、親近很多的老師、結很多人緣。我們辦活動表演給信徒們看，大家都被我們感動，下次有機會一定會再來學園。像這次葛葆萱大使來參加我們的開學典禮，原來是前任田中光大使交接時，推薦他一定要常常來沙彌學園。

能來到沙彌學園是很難得的機會，所以我們要多努力學習。生命苦短，一年很快就過了，等到那時候檢查一年努力的結果，看看自己滿意嗎？

乘德——

開學典禮代表一個新的開始，給我們改進過去，重新生活的機會。經過這次的疫情，能再回來參加開學典禮，真的不是那麼簡單的因緣。回一趟家鄉，感受到生活的辛苦，不但沒有機會讀書，更找不到人生的目的。

回到沙彌學園，看到大家精神抖擻，我對未來弘法的信心也增加了不少。復興印度佛教的路還很長遠，現在最重要的就是語言的學習，有語言能力才能跟別人溝通，才能弘法。所以，老師常常要求我們認真學習語言。感恩常住、老師們的愛護管教下，讓我們學習到很多。未來的路，要靠自己不斷的努力，才有希望，才能創造人生的價值。

乘禪——

每一年的開學典禮，我都設定不同的目標要去完成。二〇二一年我發願要在語言的學習上更進步，因為語言是弘法最好的工具。以前，我的語言一直都學不好，有一次中文考試還考全班最低分。當時我真的很難過，為什麼我的語文一直都學不好呢？

後來，我看到乘銘學長常常利用空檔時間，到圖書館用功看書，因為他喜歡閱讀，所以他不但三種語文都很好，能寫出美麗又內容豐富的日記，而且知識還很淵博，難怪老師們都很欣賞他。

所以，我今年的目標是要加強學習語言，我要像學長一樣多多閱讀。

乘樂 ——

聰明和智慧的差別在哪裡？沙彌學園有些人讀書很聰明，考試常拿第一名，學習什麼都容易上手。但偏偏選擇還俗回家，他沒有智慧，所以看不到這裡的價值和出家的意義。是因為他們不喜歡出家修行嗎？佛法的道理他都明白，但是不夠智慧去決定走一條有未來的路。明明知道沒有未來，為什麼還要回家呢？最好是做一個弘法的和尚，廣結善緣不是更好嗎？

能留下來的都是很有福報的人，前世累積了善根、福德，才有因緣出家修行。有智慧的人知道沙彌學園可以學習佛法、可以讀書上課，還有很多課外活動等等。而這些，在家鄉一個也沒有。

乘海 ——

自從疫情爆發後，沙彌學園就沒有再招收新生了。不過，我們照樣舉辦開學典禮，給自己機會重新開始。開學典禮上會頒發上個學年度的成績優越獎，有努力的人就會有表現，就會在典禮中得到表揚。為了對得起自己，大部分的沙彌都會很努力的學習與進步，將來要好好的弘揚佛法。

老師說「努力的人最可愛，不努力就一點也不可愛」，我才發現自己從小迷迷糊糊的過日子，也沒有考過第一名，覺得真慚愧。我決定不再浪費時間，不再散心雜話，我要自我進步，我要成為不退轉菩薩。

常住為我們安排的一切，比我們親生父母還要好，所以要有感恩心，提起正念，感謝常住教我們成為一個正派的出家人。未來要回饋常住，要很努力的弘揚佛法，教導大眾佛法的真理，普度一切眾生。

乘廣——

經歷過疫情後，我們能再開學，是可喜可賀的事。感謝常住師長們的努力，給我們這個幸福的因緣。在我家鄉，學生因為疫情所以還不能上課。鄉下又沒有太多資源，線上上課也很難辦到。沙彌學園具備一切的設施，能上網上課、有電腦做功課，又有很多老師為我們上課，我們應該好好珍惜。

開學就是一個新的開始，我們要努力認真學習，每天都要過得有意義，為了自己，也為了度一切的眾生。

乘敬——

第一次參加開學典禮時我才七歲，二〇二一年我十五歲了，還能在台下聽師長們的開示，我覺得自己是有善根的。每年的開學典禮，我都有不一樣的感覺，每次都有很多的收穫。尤其是師長的開示，給我們一個很大的鼓勵，警惕我們要精進、奮鬥、發心、忍辱，提醒我們在日常生活中不要發脾氣。

記得有一次下課後，我們幾個同學在班上打架，被老師處罰去出坡工作，不給我們上課，要我們體會受教育的珍貴。不久後就是那一年的開學典禮，老師開示時說我們要「怕」，怕自己懈怠，才會精進、才懂得努力；怕自己不夠慈悲，就不會發脾氣打架。從那時起，我們就不再打架了。不是因為怕處罰，而是因為我們明白了發脾氣沒有用。所以，開學典禮給我們很大的幫助，可以說是一年一次的充電。

今年雖然有疫情，但我們還是邀請了台灣代表處葛葆萱大使為我們的貴賓，使我們的典禮變得更加殊勝。感謝一切的因緣，成就我們在這個不安的時期，有一個學習的機會。

乘淨——

我們「再」開學了，能看到大家真的很高興！以前參加開學典禮，我只知道會頒獎給我，還有就是我們要把節目表演做好，典禮的真正意義都不了解，回想起來覺得真慚愧。不知不覺時間過得真快，現在「再」參加開學典禮，我是清清楚楚的發願，我要走好出家這條路，作一個有用的出家人。

這次回來，是我們自己的選擇，自己很確定要出家修行。所以從今以後，要把握時間，努力、專注的把每一件事做好，未來才可以把佛法帶到印度的每一個角落，讓更多人來學佛。

感恩師公及老師們給我們一切的因緣，點點滴滴的栽培，我們才有機會學佛、讀書受教育。尤其是定師父每年來印度，為我們剃度授戒，又為我們講佛法，關心我們，無非是希望我們在佛法的路上，走得更順利、更圓滿進步，我要感謝一切的因緣。

乘諦——

開學後，面對每天要上七堂課，又要參加課外活動，晚上還要寫功課，想到就覺得很辛苦。尤其是在放了兩個月長假，回到家鄉後很少看書，不是不想讀書，而是沒有像沙彌學園這樣的環境，更何況有時還要幫忙父母親挑水、下田工作等。這樣突然的轉變，確實需要一點時間去調整和適應。

老師鼓勵我們說，如要想要成為一個偉大的人，就要能接受很多的考驗和辛苦訓練，而且不能有打退堂鼓的念頭。又說既然已經選擇了再回到沙彌學園，就不是「普通人」，就要能接受師長們的教導，好好把這一生奉獻給佛教、奉獻給眾生，不能有第二個想法。聽到老師的這番話後，我心中充滿「正能量」，去除了所有的懈怠感，感覺充滿精神和活力，很期待想要上課學習。

其實能「再」回來上課，真的很不容易。報紙報導，現在印度各地因為疫情，學校關閉，甚至有些學生繳不起學費無法繼續上學。還有世界各國的天災不斷，火燒、水淹等等。我告訴自己要更用功的學習，把握能讀書的機會，為將來成為有能力去幫忙別人的弘法者做好準備。

大家有同樣的目標，同樣的人間佛教思想，因為是「有緣人」才能同堂共學。很高興看到所有的老師和同學們，也很期待我們要開始上課了。

乘義——

經過疫情的一番波折後，剩下有道心和上進心的同學，懂得選擇再回來沙彌學園，要「為教爭光，為己爭榮」。今天終於開學了，這次的典禮很有意義，我們大家都非常歡喜。

老師曾經鼓勵我們要養成閱讀的習慣，如果每個月讀一本書，一年就讀了十二本書。當時我心想，時間生命還很長遠，又不是明天就要往生，可以慢慢閱讀，不必擔心。

時光飛逝，二〇二一年我們班即將面臨政府的初中考試，這時才體會到「一寸光陰一寸金，寸金難買寸光陰」。我們開始緊張害怕，後悔以前沒有認真用功，現在只有現世報「受苦」。時間不等人，時間也很公平，不會多給誰一分，更不會少給誰一秒。所以要把握當下，加倍用功努力讀書，做好一切準備，祈願考試可以順利通過。

這次再度回來，不能讓舊戲重演一次，我要下定決心改過，珍惜因緣，學習分配時間，控制習氣。更要學會遇到困難時，找方法解決問題，提升自己的智慧。希望日後，我可以安住身心，一心一意做好一個出家人的本分，將來服務大眾。

乘望——

二〇二一年的開學典禮，葛葆萱大使和他的夫人也來到沙彌學園。這是他們第一次來學園，我們很開心的歡迎他們。開學典禮的意思是，新的開始要有新的目標。有目標就知道要做什麼事，這樣才會成功。我的目標是要做一個好沙彌，了解佛法、學習佛法。

乘圓——

經過疫情後再開學，我們自己選擇要回到沙彌學園，這是一件很歡喜的事，所以每個人都很開心。開學典禮就是一個新的開始，告訴我們要認真努力學習。感謝常住安排了很多課程給我們，感恩老師認真的教我們。

這次特別請到葛大使來參加典禮，這是他第一次來到沙彌學園，也是他第一次參加佛教的活動。在「成果表演」時，我們這一班演示「八段錦」，我告訴自己不能緊張，要好好的完成表演。往年有「十大沙彌獎」，二〇二一年因為人少了，改為「優秀沙彌獎」，而我獲選「喜捨第一」。

乘觀——

第二波疫情時，我們還俗回家避難。能再回到沙彌學園，我覺得自己很幸運。有些人的福報用完了，所以沒辦法安住下來。而我選擇出家學佛的路，是有福報的人。因為師公的因緣，才有沙彌學園，感謝常住和師長們的愛護，我們才能受教育。第一次參加開學典禮時，我還不會中文，所以一句話也聽不懂。但現在我能完全理解師長們的話，我在學園學習到很多東西，以後我會繼續努力的學習。

乘相——

印度疫情受到控制以後，常住決定重啟沙彌學園，並訂於八月十四日舉辦開學典禮。感謝駐印度台北代表處葛葆萱大使，出席參加結緣，讓我們的典禮變得更加殊勝。感謝常住給我機會當司儀，經過多次反覆練習後，就克服了一開始的緊張和害怕。

乘宣——

二〇二一年參加開學典禮的同學，跟過去被父母親安排來出家的不一樣，都是自己發心選擇出家這條路的，所以很特殊、很殊勝。就像我們的師公，他在十二歲時就選擇了出家，然後發願一生做和尚。因為出家是他自己的選擇，所以即使遇到很多困難，如戰爭和飢餓等，他一生都堅持這個身分，最後成為一個成功又偉大的大和尚。

回想我第一次來出家，是家裡長輩的指示，所以對出家的身分沒有特別的感覺，甚至有一次因為被老師教訓，而動了還俗的念頭。但現在「再」出家，是我自己的選擇。就以今天開學典禮為第一步，讓我開始學習師公，堅持走好出家路。

葛葆萱大使和他的夫人，特地來參加沙彌學園疫情後的開學典禮，這是他們第一次到訪。

善用其心

乘勇——

老師常常提醒我們「活在當下」、「不要心不在焉」、「心還在嗎？」、「要專注」、「心中要有人」、「注意自己的威儀」，就是不斷地在教導我們《華嚴經．淨行品》中所講的「善用其心」。

出家之前，平時我們也會幫忙做家務，所以來到沙彌學園後，對於常住安排每個星期的輪組打掃工作，我們沒有起過煩惱，也沒覺得很困難。難道出不出家就只是換了衣服、剃了頭嗎？一樣在吃飯、走路、打掃、煮飯，好像跟家裡的生活一樣，實際上也不是完全一樣。因為佛門強調「生活即修行」，在佛門生活與做事，都是在修「善用其心」。所以，看起來出家人一樣在過生活，但在心態上，處處想到大眾、事事要求認真細心，要有對常住負責到底的態度，直到把任務圓滿完成。

上課不認真、不諦聽，所以經常忘東忘西，當然成績就會很差。而用功修學佛法，發心幫助別人，處處給人信心、歡喜、希望與方便，當然福德與人緣就會增長。也就是說，用正確的心態面對一切，就會引來好的結果。能「善用其心」，就有察覺能力分別當下所做是善還是惡、是不是符合規矩。

我剛開始學席塔琴時，覺得非常的困難，手指頭是疼痛難耐，慢慢的就不想練琴了。但在團體中生活，當我看到其他同學在用功練習樂器時，我就覺得很慚愧。《佛遺教經》說「制心一處，無事不辦」，我要超越我自己，絕不輕言放棄。經過「善用其心」的努力，我終於可以彈奏一些傳統音樂的曲子。

農夫在田地上耕耘，而修道人就在自己的心田上修練。每天發願「今天的我，要比昨天的我進步」，用感恩的心學習活在當下「善用其心」，相信一定能自我超越。

乘銘——

《佛遺教經》云：「制心一處，無事不辦」，勉勵修道人要「專心」，因為心浮氣躁，成不了大事。「八大隨煩惱」中的放逸、昏沉、掉舉、失念、散亂，都是修行的障礙，因此，被五欲六塵蒙蔽的我們，要深知「制心」的重要，因為唯有「活在當下」才能「善用其心」。

在佛門，糾察師父常常會提醒大眾「活在當下」，要求大眾行住坐臥的威儀，若有不守時遲到者，就會被當頭棒喝。不只是在早晚課誦、過堂用齋或禪堂打坐時，被要求要活在當下，而是分分秒秒都要如此修行。如果有人散心雜話、東張西望，或無意義的戲論，一樣會被糾察師喝斥「活在當下」。他的職責就是要幫忙我們：以遵守規矩為「戒」，以活在當下為「定」，以善用其心為「慧」。這樣「勤修戒定慧，熄滅貪瞋癡」，才能增長菩提，邁進佛道。

從晨鐘暮鼓，到晚上的開大靜，每個環節都有「善用其心」的教導。早晚課誦可以「隨文入觀」；齋堂吃飯先發願「願斷一切惡，願修一切善，誓度一切眾生」，再觀「食存五觀」；禪修時「眼觀鼻，鼻觀心」觀察心念的生住異滅。即使辦閒事，如洗澡、上淨房，或是在花園散步、跑香等，都有《毘尼日用》做為提起正念的依據，可以說在在處處都是修行。

「不怕無明起，只怕覺照遲」，若當下能看到念頭的生起，念頭自然就會消滅。最可怕的是散亂心，像行屍走肉一樣，糊里糊塗的過日子。《星雲說偈》〈心佛眾生〉的文章中提到「真心與妄心並不是兩個心，而是一體的兩面，當真心顯露，妄心就沒有；當妄心做主，真心就不見」。所以，究竟是「佛」還是「魔」，就要看有沒有活在當下，有沒有善用其心。

記得有一次，放香日吃自助餐。我看到菜色非常的好吃，就趕快打飯菜，走到定點坐下來後，張口就想吃飯。當下，老師嚴肅的問道：「有念四句偈了嗎？」我小聲的回答沒有後，馬上放下碗筷，合十念完四句偈才開始吃。我感到慚愧，沒有活在當下，沒有善用其心，跟隨吃的欲望而忘失正念，實在可恥。

以前老師經常要求我面帶微笑，不要愁眉苦臉，展露暴力兇相，如《阿含經》說的「該笑而不笑，非人也」。後來我漸漸發覺，顯現在臉上的情緒，源自於「心」。所以要改變我的陋習，就要治心，而不是改臉變相。為了治心，就要「知」心、「看」心。我就以讀書為我心靈的依靠，每日「善用其心」的翻書。佛法洗滌了我的煩惱，滋潤了我的心地，去除了習氣的汙垢，拔除了無明的雜草。佛法在我心中，種下了慈悲與智慧的菩提種子，我現在終於懂得微笑了。

生活中的每一個時段，每一件事情，都是修行的媒介。所謂「搬柴運水無非是禪」，唯有把握當下「善用其心」，每日一步一腳印的在心地上下工夫。不能等待以後，不要期待未來，當下即是，命運才會被自己的毅力翻轉。

乘良——

我加入沙彌學園的時候，就很清楚知道自己的未來，是要出家弘揚人間佛教。所以一心一意的活在出家的當下，這一輩子只做這一件事，把握現在，就是我的未來。

時間過得很快，我二〇二一年畢業了。在沙彌學園寶貴的八年裡，學習了很多，現在即將要出國升學了，真的有點捨不得。在這裡有很多的體驗，能跟師長及沙彌學弟們，像一家人一樣共度美好的時光，日子過得很快樂。所以，出國前留在學園的日子，我更加「善用其心」的珍惜。

如果能自覺的「善用其心」當然很好，但我們常常會忘記自己的本分，所以我覺得身邊善知識的「提醒」就很重要。比如說當我在拍照時，如果沒有人來提醒我，我可能就會拍一整天，其他的事都不用做了。雖然在拍照時，我是活在當下只做一件事，可是這畢竟不是出家人的本分，佛法才是我們的根本。其實，最好是能夠自己提醒自己，尤其現在要出國讀書了，更要學會「善用其心」。

為了提升自己的佛學程度，我開始學習翻譯師公星雲大師的法語及人間佛教的書籍。「善用其心」的一邊閱讀，一邊翻譯，讓我更了解佛陀的本懷和佛法的根本道理。我希望將來可以把師公著作全部譯成印地語，讓印度人民也知道佛法的意義，把佛教回傳印度。

乘得——

《華嚴經．淨行品》文殊菩薩回答智首菩薩云「若諸菩薩，善用其心，則獲一切勝妙功德」，意思是修行菩薩道，要時時刻刻「善用其心」才能具足一切功德。感恩佛菩薩的教育和鼓勵，我們才懂得怎麼在日常生活中「照顧腳下」。

出家前，我的記憶力很差，常常忘記父親交代的工作，惹他不高興。後來，我就在心中重複多念幾次我要做的事情，並專注在這句話上，果然把健忘的問題解決了，這是我最早體驗「善用其心」的一次。

來到沙彌學園出家，這裡的環境很適合學習和修行，有老師們的指導，我們時時刻刻都在增加智慧和能力。當然有時候我們也會偷懶或不專心，感謝老師教導我們「善用其心」的觀念，改變我們的壞習慣。

佛門中的五堂功課和禪修，是我們日常修行的功課，透過每日「善用其心」的誦經拜佛和參禪，幫助我們鞏固道心。除了自我的修行以外，我們更重視「菩提心」的修行。所謂「上求佛道，下化眾生」，出家學佛就要勇敢的去追求真理，然後「善用其心」的幫助眾生也明白真理。

師公星雲大師「善用其心」的創辦了佛光山，建立起一座又一座的寺廟、完成一件又一件的事情。雖然過程中千辛萬苦，但師公提倡的人間佛教，為世界貢獻生命，為佛教留下歷史，完成他菩薩道的修行。師公重視教育，建立多所學校，讓千千萬萬的人們受益，其中包括我們沙彌學園。感恩師公、感謝常住，給我們機會讀書、學佛，我們將來一定「善用其心」弘揚佛法遍滿世界各地。

乘明——

《華嚴經．淨行品》告訴我們菩薩如何時刻保持正念，如何在修行的過程中，不斷的發願利益眾生，如何學習在每一個當下「善用其心」，乃至最後成就佛果。善用其心，也叫「活在當下」，就是分分秒秒以正確的思維和安祥的意識，來認知生活的一切事務，也就是每時每刻保有一顆清淨的心。

我們在沙彌學園生活，怎樣做到「善用其心」？早晚課誦時，我們的身要安住在佛堂，心要專注在經典的內容，千萬不可以身在佛堂，心「飛」到外境，這樣就等於沒有做早晚課了。

當我們走路時，我們的心必須要安住在每一步伐，不要打妄念，想過去和未來的事。如果心不專注走路，很有可能會踩死許多蟲蟻，造作殺業。走路不善用其心，腳步聲就會很大，打擾到別人的清靜。

當我們說話時，要用心講利益別人的話，或對別人有幫助的話，不要「散亂心」講沒有意義的話，或別人不喜歡聽的話，令人傷心討厭。日常生活中的工作、吃飯等，都要以「善用其心」扮演重要的角色，發現自己的缺點與不足、明白自己的問題和煩惱，進而能改進和解決。

所謂「心田不長無明草，性地常開智慧花」，心中的菩提種子要長成菩提樹，需要很多養分，如果心中生長無明的雜草，煩惱就會把養分搶光，使菩提種子沒有辦法茁壯成長。尤其是在禪修專注呼吸時，發現到不應該有的想法出現時，就注意「看」著它，妄想自然會消滅，這樣就不會被煩惱影響了。

我小時候總愛發脾氣打人，雖然父母多次的教訓，我依舊習氣難改。來到沙彌學園出家後，老師教導我們要「善用其心」，我也因此改掉了自己的壞脾氣，發願做一個善良的人。這一次放假回家時，母親發現了我的變化，驚歎沙彌學園的教育不可思議。

沙彌學園改變了我的人生態度，教導我做人處事的方法，教育我時刻「善用其心」，觀察自己，努力學習和改進。

乘正——

現代人的生活過得並不快樂，他們會常常為了昨天的事而煩惱，同時又會為明天的事而擔心。工作上的繁忙和壓力，導致情緒不穩定，所以經常生氣。我覺得他們有這樣的煩惱，是因為沒有「活在當下」，沒能時刻保持正念，在正確的地方，正確的時間，做正確的事情。

當我們遇到問題時，緊張和生氣並不能解決問題。保持寧靜的心，活在當下的每一分每一秒，才能盡快找到處理方法。我相信，只有「活在當下」的生活態度，才能活出快樂和尊嚴，才會有光明的未來。

還記得二〇一九年，我們為初中考試做準備時，常住為了讓我們專心應考，把我們原本負責生活組的工作，交由其他人承擔，並且規定我們不能去運動，連一星期僅有一次的電影也不可以看。對於這樣的安排，我當時覺得很厭煩，好像一點自由都沒有。

後來細想，我應該要「活在當下」才對。現在是我努力準備考試的時候，而不是抱怨的時候，如果我不把握當下的時間，將來成績必定不會好。我也明白到現在暫時的不自由，是為了獲得未來更多的自由。不管將來成績如何，現在認真準備了，以後就不會有遺憾。

我想起二〇一七年，我們到北方邦鄉下義診時，看到當地很多「半路出家」又沒受過教育的出家人，為了吃飯爭先恐後，結果一群人跌成四腳朝天，動作非常不雅。身為出家人，應該要有出家人的威儀，應該遵守出家人的本分。他們因為年輕時沒有「活在當下」的努力，所以現在就要面對很多的生活困難。因此，一定要把握當下，日後才會有好結果。

「活在當下」的修行是隨時隨地都能進行的，比如每天的排班過堂等待的時間，如果能靜下心來念佛，或觀照自己的起心動念等，就是很好的例子。再來就是過堂時自己吃飽後，要等待大眾吃完才能結齋回向。這段時間要安安靜靜的坐在位子上，當下就是在修「忍辱波羅蜜」，只要有功夫，能讓煩惱不生，就能身心自在。

乘煦——

修道人的心要善用在每個當下，在走路時、在吃飯時、在讀書時等等，都要看自己的「心」還在嗎，有沒有專注在當下正在進行的事情。我們在沙彌學園都要學習做到「善用其心」：做早課不善用其心誦經時，就會不知道誦到哪裡了；吃飯時不善用其心，飯菜就會掉出來；禪修時不善用其心，就會睡著或想東想西；打掃時不善用其心，就會掃不乾淨，到時學務老師就會來要求我們重新打掃；上課時不善用其心，就會不明白老師教了什麼，考試時就會考不及格。所以，所有事情都要善用其心去做才會圓滿。

乘樂——

「善用其心」就是在日常生活中用心，每一分每一秒，活在當下專注修行，做任何事情都能照顧腳下，保持警惕。而不善用心的表現就是：走路腳步聲很大；吃飯時，不但口張太大、速度太快，而且發出聲音；講話的聲量太大聲，又喜歡散心雜話；工作時懶惰不認真，上課時東張西望，考試時忘東忘西，平常時無所事事。

我們最大的問題是「六根」喜歡往外攀緣，無法專注在一件事情上。譬如說眼睛愛往外看，我們以為閉起眼睛就能專注，這時耳朵聽到一些聲音，心馬上就被打擾了。鼻子聞到食物的香味時，舌頭就馬上開始分別這食物好不好吃。好不容易讓心專注時，有蚊子來叮咬，我們的身體就開始亂動，完全無法專注。我覺得「忍耐」可以幫助我們專注，不受外境的打擾，生活要善用其心，做事才會圓滿。

乘宣——

二〇二一年五月我們放假回俗家時，我原本規劃好自己每天的生活作息，但這樣堅持不到一個星期就放棄了。慢慢的，我也習慣了世俗人的生活，漸漸忘了出家人的威儀，不再注意自己的行為。

回到沙彌學園後，我發現自己威儀舉止的不如法，例如走路發出聲音、講話沒有禮貌、工作時音量太大聲等。還有靜坐的時候，我的心沒辦法專注，一直想起過去的種種，無法「活在當下」。

謝謝老師教導我們「善用其心」，告訴我們第一步，就是要先發現自己的問題。只要能開始注意到自己的行為，接下來就學習改進自己。「善用其心」提醒我們，在每天的生活當中都要「提起正念」，讓我們分分秒秒注意自己身、口、意的行為。

乘教——

「善用其心」就是把心專注在當下的事情上，比如說洗澡的時候，就提醒自己把心放在洗澡上，不要洗得太大聲、太急，不要驚嚇到左右其他人；打掃的時候要「活在當下」，不要一邊掃地，一邊想之後要做什麼，「看」自己的心還在掃地上嗎？佛世時有一個很愚蠢的弟子，因為奉行佛陀教導的「掃地、掃地、掃心地」，因專注當下而得開悟的。我們要學習念這句話，來清淨我們的心。

不善用其心就是不專注的「散亂心」，比如洗手時不專注，就會邊洗邊打妄想，浪費很多的水；忘記做功課也是因為不善用其心，所以常常會被老師罵。我以前參加早晚課時覺得很無聊，所以誦經不專心。而現在我改變了很多，雖然還是不懂經文的意思，但我已經開始「善用其心」的念經了。

乘觀——

不只是在禪修時要「善用其心」，其實在每一個當下都要用心。一開始學習在生活上「善用其心」時，覺得很困難。後來慢慢的習慣後，就覺得「善用其心」對我們幫助很大，讓生活變得更順利。在生活上用心，就是走路的時候要照顧腳下，不要起別的想法，心就安住在腳上。另外，我們在讀書時就用功讀書，我們要知道當下應該做什麼就去做，不要想東想西。

乘淨——

《淨行品》云：「以水盥掌，當願眾生，得清淨手，受持佛法」，教導我們洗手時，發願清除不淨的手，同時也用真理的力量，來消除心中的煩惱。如果能夠在任何時候都這樣「善用其心」，生活中不但不會犯什麼錯誤，而且會「活在當下」，在該努力的地方努力，不應該做的事絕對不會去做。

有一次我因為好玩沒寫完功課，所以被老師處罰跪香。我知道老師是在培養我的責任心，學生的責任就是讀書、寫功課和考試。從小建立責任感，將來長大就能有擔當。「善用其心」就能在每個當下，認真做完一件事。

散亂心的人，不知道努力奮鬥，每天迷糊不清楚自己在幹什麼，活在世間上沒有什麼價值。所謂「心田不長無明草，性地常開智慧花」，如果你在心裡播下痲煩的種子，你將得到不好的結果。而懂得「善用其心」活在當下的人，就能圓滿的自度度人了。

乘相——

佛陀教導愚癡的周利槃陀伽「掃地掃地掃心地，心地不掃空掃地；人人若把心地掃，無明煩惱皆遠離」，周利槃陀伽就很用心的修持，最後終於開悟了。我們打佛七時，老師常開示我們「念佛」與「唸佛」的差別，一個是用心，而一個是用口。用心念佛當然與佛相應，而用口念佛則是「小和尚唸經，有口沒心」，白費心機了。

佛教禪宗講「當下」，也就是「善用其心」、「活在當下」，教導我們要「照顧腳下」，意思就是要照顧好自己的一顆心。比方說我們用電腦來做功課，有時候「散亂心」生起，就隨便上網或看臉書，做了我們不該做的事，這就是因為不善用其心的緣故。

有時候半夜起來上淨房，四周一片漆黑又那麼安靜，心裡自然就會特別害怕，因為總想起以前看過恐怖片中的厲鬼，這就叫「打妄想」。當我心專注時，我就不會覺得害怕，一個人半夜起床，心中感到很安靜，享受夜晚的寧靜和清新的空氣。所以善用其心、活在當下，照顧好自己的心，就能安然自在。

乘廉——

「善用其心」就是「活在當下」的修行，這是每個人都要發願修習的功夫。每一個當下都要專注的「照顧腳下」，常常「看」自己的心有在嗎？比如我們在打掃的時候，有用心好好的打掃嗎？還是只做了一半的工作？吃飯的時候，碗筷有發出聲音嗎？講話的時侯有禮貌嗎？做功課的時候，心有在功課上嗎？打木魚時，心有跑來跑去嗎？這些點點滴滴，都是六根專注「善用其心」的修行。謝謝老師們常常給我們提醒，讓我們在善用其心的觀念上，慢慢進步。

乘廣——

不只是修道人要「善用其心」，人人都要善用其心，學會「照顧腳下」、「活在當下」。不只是在禪修時善用其心，所謂「搬柴運水皆是禪」，日常生活當中，更要「提起正念」，知道自己的心在不在。什麼是善用其心？就是心念專注在每個當下，工作時工作、吃飯時吃飯，做什麼就安住在所做的事情上，而不被妄想牽著鼻子走。

《淨心品》云：「若諸菩薩，善用其心，則獲一切勝妙功德」，一個善用其心的人，所做的每件事，都能無事不辦，殊勝圓滿。不善用其心就寸步難行，不但是無法完成一件事，更會忘東忘西，最後是自己沒辦法進步。

乘敬——

日常生活中，要做到「善用其心」、「活在當下」，我覺得非常困難。因為我們已經習慣了放逸，不只是身體的懈怠，而是心的放逸。所謂「心田不長無明草，性地常開智慧花」，就是要我們發心精進，善用其心。懂得「善用其心」，就會知道自己的優缺點，清楚自己要做什麼；應該做的事我們一定會做，不應該做的絕對不去做，生命才更有價值、有前途。生活在這五光十色的世界裡，我們常常會被誘惑。知道「善用其心」，就不會「迷路」。

我以前很好玩，記得有一次下課後，我們幾個同學在踢曬乾的牛糞肥料，被老師教訓一番後，這種好玩的性格也沒有很大的改變。等我長大後，我才漸漸明白自己小時候真的沒有「善用其心」。我現在學習善用其心，「注意」每一個當下，希望養成一種自然習慣。

乘海——

老師常常告訴我們「做什麼，就要像什麼」，不可以吃飯時想讀書、而讀書時卻想運動。這樣做就會有很多煩惱，做任何事都不會圓滿。提起正念，專注在一件事情上，才能圓滿的做好每一件事。《毘尼日用》可以幫助我們練習「專注」，善用其心，照顧腳下：打掃的時候打掃、上課的時候上課、睡覺的時候睡覺。不善用其心的人，心散亂會常常忘東忘西，更會經常打破東西。時時刻刻「善用其心」，能增加自己的定力，禪修也會進步，讀書考試更能得好成績。

乘望——

出家前我不會善用自己的空檔時間，不知道什麼時候應該做什麼，因為我當時還不知道時間的價值。來到沙彌學園後，我沒有很多空檔時間，因為我們在這裡要學習很多東西，沒有時間可以浪費。佛陀教導弟子，世間是無常變化的，所以我們要努力學會「活在當下」，做什麼當下都要認真完成，這樣人生才會成功。老師教我們善用時間，利用有空的時間去圖書館看書，或在教室自習，就是不可以浪費時間。

乘圓——

「善用其心」就是「活在當下」，也就是「心」還在。就像禪修時，昏沉就會睡著，散亂就會妄想，只有「善用其心」才能專注。一個不善用其心的人，是沒有辦法把工作做好的，所以我們做事要一心一意，專注的做每一件事。做早晚課時，專注在誦經上；跑香的時候，專注在每一個腳步上；走路時，注意不要發出腳步聲；講話的時候，不要太大聲，也不要亂講話。記得有一次，阿寶教士吩咐我做事，我答應以後就忘了這件事，之後當然就少不了被教訓。

像這樣的事情經常發生在我的身上，因為我過去沒有善用其心。現在我有點進步了，比較少忘記事情，這都要感恩師長們，教導我「善用其心」的意義。

佛光山

沙彌日記

FGS Sramanera School
New Delhi, India.

心保和尚說佛光山的精神是「集體創作」，
印地語也有同樣的這句話，
叫「ekata mein bal hai」，
意思是大眾團結在一起，
不管多大的問題都能解決，將來才會成功。

攝影比賽

乘望——

我原本對攝影一無所知，也談不上有興趣。感謝常住給我一台照相機，我便決定要好好學習攝影。

我一開始沒有概念，所以亂拍一通。感謝常住安排乘銘學長為我們上攝影課，我才明白要怎麼拍才能拍得更美。

之後常住還特別為我們舉辦攝影比賽，鼓勵我們創作。我簡直不敢相信，我不小心拍到的一張照片「掃心地」，竟然能得到第二名，真的非常感恩。

攝影可以訓練我的耐心，尤其是要拍小動物時，為了等待最合適的鏡頭，往往要等很久。我決定要好好學習，努力發揮自己的才能，將來可以像乘良學長那樣，幫忙常住拍攝編輯。

乘正——

真沒想到自己會得獎，感謝常住舉辦攝影比賽，給我機會發揮所長，讓我找到自己的興趣。我喜歡攝影是因為攝影作品可以表達一個人的情感，不但可以記錄生命的點滴，而且可以留下永恆的歷史。

攝影可以「給人歡喜」，因為拍照時我們都會保持微笑，而笑容就是世界上最美麗的畫面。所以，攝影時看到快樂的笑容，拍攝者和被拍攝者，心中自然興奮歡喜。師公星雲大師每次出門，行程都很緊湊，但路上遇到很多人都很想跟師公合影，為了「給人歡喜」，師公都會滿人所願，給大家拍照，留下美好的回憶。

我這張得獎的作品「專注一心」，是在疫情後第一個月例法會「洪名寶懺」時所拍攝的。整個過程中，我一心一意的投入拍照，希望可以捕捉到最正確、最美麗的畫面。慧顯師父曾經說過「認真的人最美」，所以我開始尋找恭敬虔誠的面孔，因此拍到乘煦學弟認真、專注的神情。

感恩佛光山，感謝沙彌學園，為了栽培我們，為我們準備了該有的設備和器材。我很珍惜常住給予的一切，所以常常提醒自己要勤勞，千萬不可以懶惰，辜負了常住師長的慈悲。

未來，我會更努力的學習攝影，希望能把更好的畫面貢獻給大家欣賞。

乘教——

我以前很喜歡拍照，但是我沒有照相機。感謝常住給我們每人一台照相機，不但舉辦了攝影比賽，而且還第一次舉辦了分享會，我覺得很開心。雖然我不會拍照，但是我還是很努力的練習拍，希望能得獎，為沙彌學園留下歷史。分享會時，台北代表處的葛大使出席為我們頒獎。這是他第二次蒞臨沙彌學園，第一次是在九月的開學典禮。葛大使來到沙彌學園覺得很開心，當場答應協助要去台灣讀書的學長，辦理簽證的事情。

乘昫——

常住剛給我們照相機時，我不懂怎麼拍照，也不知道要拍什麼。謝謝乘銘學長為我們上課，告訴我們怎麼拍照。我就每天努力練習拍照，終於有一天不小心拍到一張比較好看的照片了。

常住看到我們那麼認真的在拍照，就決定舉辦攝影比賽，題目是沙彌學園的生活和自然生態。我們分成兩人小組，在大眾的互相配合之下進行拍攝。人人都希望得獎，但最後只選出了六張得獎作品。

我們還舉辦了頒獎典禮和分享會，感謝台北代表處葛葆萱大使，在百忙之中出席頒獎。看到現場展示大家努力創作的成果和貴賓們開心的笑容，我特別感恩常住師長們給我們的因緣。

乘明——

開學不久後，常住發給每人一台照相機，鼓勵我們大家拍攝創作，並宣布舉辦攝影比賽，題目是沙彌學園莊嚴的修行生活和美麗的自然生態。在一個月的期限內，每人可以提交六張作品進行比賽，常住將評選出最好的作品，並給予獎勵。

老實說，我喜歡攝影，但不喜歡比賽，因為比賽會有得失心。但這是常住舉辦的活動，我當然要隨順因緣的參與。人人都想得第一名，我也不例外，所以天天非常用心的補捉最美麗的鏡頭。尤其拍自然生態，我特別投注感情去拍，希望能拍出不一樣的清涼仙境。

最緊張的時刻終於到了，成績出爐可是我沒拿到任何名次。當下心情好失落難過，我責怪自己不夠認真，所以沒有得獎。看到自己心中生起的嫉妒心，我感到慚愧，覺察到自己應該要學會懺悔「轉念」，腦海中就冒出「把機會留給別人，也是一件好事」的隨喜念頭。

這次的比賽，讓我學習到很多。例如「榮譽感」，讓我們學會努力付出，不管結果是如何，我們都要全力以赴，盡全力的去完成。師公一生為了佛教，立定清楚的目標後，勇往直前，不怕過程中將會遇到多少困難、挫折、障礙，努力完成各項佛教事業，為自己和佛教留下光榮。

我們以師公為楷模，再接再勵精進奮鬥，透過攝影等「佛教藝文化」豐富自己的人生，同時也為佛教留下永恆的歷史。

乘觀——

感謝常住給我們照相機，我覺得自己很有福報能在沙彌學園學習。以前我不會拍照，經常亂拍一通。感謝常住慈悲，安排乘銘學長為我們上課，讓我們有基本的攝影常識，知道有「人文攝影」和「風景攝影」。人文攝影可以表達人們生活上的用心，通過照片可以給人希望和歡喜。觀賞過我們作品的葛大使，感受到我們的用心，所以讚美我們的照片可以參加外面的比賽。希望我們大家努力學習，將來也能透過藝術來弘揚佛法。

乘敬——

古人用文字記載歷史，但是隨著科技的發達，現代人除了文字，還可以選擇用攝影或錄影的方式保存紀錄。我小時候看到學長們提著很大台的照相機拍照，根本沒有概念，只知道我要保持威儀，拍出來的照片才會莊嚴。後來，乘光學長給我看他拍的照片，我就很羨慕他能拍得那麼好，我才明白拍照是一門藝術，也是一種能力。

我是喜歡攝影藝術的，記得以前上進寶教士的烹飪課時，我會要求負責拍照的同學給我照相機，讓我試拍。他起初不肯，但在我多次請求後，叫我保證照相機絕對安全，才願意給我拍。我想，這就是我最早對攝影產生興趣的因緣。

二〇二一年常住舉辦攝影比賽，我雖然沒有得獎，但看到其他人領獎，尤其是乘望學弟得到第二名，我就覺得很高興。感謝常住舉辦這樣的文化藝術活動，使到我們的學習非常的豐富。

乘圓——

以前看到學長拿著照相機拍攝，我就很羨慕，多麼希望自己也能擁有一台照相機，可以隨自己心意自由的拍。開學不久後，常住真的分配照相機給我們，我真的特別開心。

之後，常住舉辦攝影比賽，安排乘銘學長先給我們上課，教導我們「人文攝影」和「風景攝影」。還有乘良學長也發心為我們上電腦課，教我們 abode lightroom 和 abode premiere pro 後製處理照片的軟體，我們學習到很多知識。

雖然我在這次的比賽中沒有得獎，但我對攝影已經產生興趣，感恩常住、老師和學長們的栽培。

乘禪——

我們讀歷史了解到過去有很多偉大的發明家，不斷發展科技改善人類的生活、豐富我們的世界。其中照相機的發明，也是他們了不起的貢獻。

以前我們都有參加過總本山舉辦的攝影比賽，進寶教士和乘銘學長都有得過獎。很開心二〇二一年沙彌學園自己舉辦比賽，我們利用空檔練習拍照。感謝常住安排我們上攝影課，讓我們了解拍照的方法。

這次比賽，我雖然沒有得獎，但我的投入也讓自己的攝影進步了不少。攝影也是一種弘法的工具，我覺得很幸運，每天都可以學習很多東西，感恩沙彌學園不斷地培養我們。世界不停的在進步，我們不可以懶惰，大家都要不斷地努力學習。

乘淨——

我以前對攝影沒有興趣，感謝學長給了我一台舊照相機，讓我每天隨處亂拍，慢慢地拍出一點感覺。感恩常住安排閻老師為我們上攝影課，加深了我對攝影的興趣，漸漸的自己也能拍出一、兩張比較有水平的照片，謝謝一切的因緣成就。

這次的攝影比賽，我領悟到拍攝除了要「專心」才能拍出好作品外，還要懂得用心構圖。所以當我們有空時，就可以善用巧慧想想要怎麼創作，拍出來的照片才會與眾不同。

凡是比賽就一定會有輸贏，雖然這次我沒有得獎，但我曾經努力過，了解了自己的水平，下次再來全力以赴。

乘宣——

小時候只是因為對照相機好奇，所以會借別人的相機來拍照，但完全不了解拍照的意義和價值。有一年過農曆年時，常住安排閻老師來為我們上攝影課。我當時中文程度不好，所以上課時就半懂半不懂的度過，興趣也就慢慢的消失了。

開學不久後，常住發給每人一台照相機，老師還特別開示說，拍照能為佛教留下歷史，又說拍照是一種表達「美」的才能。並且安排乘銘學長為我們上課，加深大家對攝影的了解，同時也複習以前所學過的內容。

針對這次常住舉辦的攝影比賽，我選擇了禪修和茶禪為我的拍攝題目，希望能拍到優美意境的照片。為了拍茶禪，我們必須布置場地，所以要向總務借茶具和桌椅等，我便從這裡學會了如何溝通和規劃。

乘海——

攝影可以表達一個人的情感，透過照片傳達快樂或是悲傷。我喜歡攝影，但我的技術不夠，所以拍出來的作品比不上別的同學。但我覺得沒關係，最重要的是能比「昨天」的自己進步就很好了。

當常住分配照相機給我們時，我就已經迫不及待的去拍照了。感謝常住安排乘銘學長為我們上課，給我們一些攝影的基本觀念。身為大乘的行者，要法門無量誓願學，把攝影當成一種弘法的工具，用照片來弘法度眾。

拍照很考驗我們的耐心，為了拍到最好的鏡頭，要等待剛好的時刻，更要學會掌握時間，因為錯過了，時光是不會倒流的。例如要拍早上的風景，首先就要比別人早起，等待太陽出來。其實，做任何事情都要有耐心，事情才會做得完美。未來我們回到印度弘法，也是需要有耐心才能順利完成。

乘廣——

感謝常住給我機會學習攝影，雖然這次的比賽中我沒有得獎，但我已經學習到很多攝影的技巧，我對自己的成績很滿意。記得有一年的佛七，我負責拍攝，但我拍得不好。從那時起，我原本想放棄攝影了，但二〇二一年我又看到了一個學習的機會，所以我決定要好好努力。攝影可以是弘法很重要的工具，可以透過攝影把佛法傳遍世界，也是最好的歷史紀錄工具。

乘樂——

師公星雲大師一生用很多的方式來接引眾生，譬如打佛七、合唱團、體育弘法等，當然也包括攝影藝術。攝影可以讓人感動、可以記錄歷史，我們可以用攝影來復興印度佛教。

常住舉辦攝影比賽，不是要我們跟別人比，所謂「人外有人，天外有天」，這世界上比自己厲害的人很多，我們又怎麼可能比得完呢？所以，常住是希望我們跟自己比較，要常常超越自己。

這次的比賽，我看到大家都很投入，尤其是乘望學弟真的不簡單，每天都拿著照相機，用很多的時間練習拍攝，甚至是犧牲了自己午休和用電腦的時間，全心全意的拍照，這就難怪他會得到第二名了。所以，我們都要學習他的精神。

乘相——

感謝常住給我們那麼好的教育和設備，安排攝影比賽，給我們一個表現自己能力的機會。這段拍攝的期間，我看到大家都很配合，也會互相幫忙。希望我們能「為了佛教」延續這種精神，用在未來的弘法上，我相信任何困苦都難不倒我們。

禪宗說「搬柴運水無非是禪」，所以攝影也可以說是一種修行。像我們要拍日出時，要有「精進波羅蜜」起得比別人早，才能拍到最美的風景。而拍日落時則要「忍辱波羅蜜」忍耐蚊蟲的叮咬，才能完成拍攝。攝影尤其考驗我們的「耐心」和「專注」，這些都是很重要的修行。

乘望學弟比我晚學攝影，卻在這次的攝影比賽中獲得第二名，就是因為他有過人的耐心和專心投入的關係。我從這個比賽中，學到了很多知識和佛法，下次我一定會更投入創作和修行。

第二名 掃心地 乘望

第三名 專注一心 乘正

向前有路 乘煦

佳作 其味無窮 乘良

佳作 生機 乘勇

華開世界 乘明

靠自己 乘觀

香花迎 乘提

祈願 勇度

希望 乘圓

修繕 乘敬

燈 乘信

喫茶去！ 乘宣

武僧 乘淨

斬除煩惱

道場 乘菩

工作禪 乘海

山和水 印法

行單 慧顯

拂拭 乘相

洗滌 乘樂

銀河 閻靜蓉

傳燈學院「佛光學開山篇」上課的感動

乘明——

佛光山傳燈學院秋季課程「佛光學開山篇」的編排設計，無非是希望每一個佛光弟子，雖然過去沒有機會參與開山，但至少應該了解佛光山的歷史，知道當初師公星雲大師如何改革傳統佛教。師公創建佛光山的辛苦，一磚一瓦、一沙一石「為教爭光」的點點滴滴，真是一言難盡。

「佛光普照三千界，法水長流五大洲」是師公的慈心悲願，所以他率領弟子到世界各地弘揚「人間佛教」，舉辦各項活動接引眾生，讓佛教「走出去」，給人有機會和佛教結緣。他提倡佛教要「從僧眾到信眾、從寺廟到社會、從自學到利他、從靜態到動態、從弟子到教師、從本土到世界。」佛教唯有走出去關懷社會，才能重見曙光。

學佛不可以自私，不能只想到自己要了脫生死，更應該要發菩提心，行菩薩道。師公在《往事百語》中提到，自己當初出家時才十二歲，寺中的長老法師都鼓勵他要「好好修行，趕緊去了生脫死」。師公心中卻覺得，一個出家人的本分應該先要服務眾生，貢獻社會，完成弘法利生的目標才正確。我們應該學習師公這種「為了佛教」的精神，才能延續佛法的慧命。

佛教雖然源於印度，但卻光大於中國。印度佛教沒落最大的因素是大家不團結，各自發展、各做各的，缺乏集體創作的精神。印度比丘之間，因為想法不一、意見不和，經常相互批評，甚至爭吵。所謂「若要佛法興，除非僧讚僧」，僧團不和合，佛教就無法發展。

另外，佛教不走出去接觸社會大眾，就一定會衰微。所以，為了復興印度佛教，我們必須先實實在在的充實自己，努力學習，將來才能有更多的「方便」，能「走出去」利益眾生。

兩天半的緊湊課程，雖然有點短，但收穫滿滿。佛光山「集體創作」的精神，把來自全球五大洲，不同國家、不同語言文化的徒眾團結在一起，大家為法忘軀的精神，真令人佩服讚歎。佛光徒眾把「色身交給常住，性命付予龍天」，大家一心一意追隨師公的腳步，為佛教、為常住做事，才有今天的佛光山。

乘煦——

師公星雲大師一生「為了佛教」，不管有多麼的困難，他還是堅持不退。在創建佛光山時，有很多師公過去結過善緣的人，「心甘情願」的來幫忙建寺。以前台灣基督教盛行，師公用打籃球、唱佛曲等方式，慢慢影響年輕人來學佛、出家。師公教導我們，認定目標方向後，只管努力前進，不需要「想太多」，就一定能看到成果。我們的問題就是「想太多」，做事時想自己會不會成功，就不敢往前一步，這樣肯定會失敗。如果發現自己有錯誤，就一定要改過，只有這樣才能進步。

乘圓——

感謝傳燈學院的課程，讓我們更了解佛光山的歷史。心保和尚說佛光山的精神是「集體創作」，印地語也有同樣的這句話，叫「ekata mein bal hai」，意思是大眾團結在一起，不管多大的問題都能解決，將來才會成功。就像我們在沙彌學園一起生活、工作，當我們團結在一起的時候，就沒有人敢欺負我們。

乘樂——

第一天開始上課時，我很慚愧因為不太理解主講人在討論什麼，所以就覺得無聊、打瞌睡。老師就鼓勵我們要儘量用心聽，因為所有的講師都很用心，為我們準備了很多資料，大家應該專心上課，不可以浪費時間。

法師們跟我們分享，師公靠自己力量創辦佛光山的艱辛，和他們在弘法過程中遇到的困難。到不同的國家傳播佛法，語言、文化、法律都不一樣，法師們以教育、音樂、遊戲等輕鬆的方式，把佛法弘揚到五大洲。

我們偉大的師公雖然身體老了，但心沒有老，一生「為了佛教」、「以教為命」。我們要學習師公的精神，從現在開始發心、努力，所謂「一日不做，一日不食」，不要做社會可悲的懶惰人，要做社會有用的人。

乘海——

剛開始上課時，我不是很認真。後來聽到長老師父們，弘法時面對各種困境的故事，加上老師給我們的補充講解，我就很感動。我覺得很慚愧，大家都很努力，用心做事，我不應該懶惰。

聽到最感動的是，當師公在加拿大的巴士上問：「有誰願意留下來弘法？」依宏法師很勇敢的舉手，師公就馬上請他「下車」。看到依宏法師為佛教的心願，我覺得很不可思議，真的不是每個人都能做到的。後來他還度了一家人，弘法工作就從這裡開始展開，可以說是「有佛法就有辦法」了。

依宏法師的弘法，從接引一個家庭開始，說明了任何佛化事業，都是從小小的開始。就像沙彌學園，我們最初是從五個學長開始，慢慢增加到現在的八十人，這就是培養人才的方法。之後就要落實「本土化」，也就是用當地人的想法來接引信眾，這樣才能順利完成弘法利生的使命。師公在全世界弘法，都強調「本土化」，所以我們今天才可以看到世界各地都有佛光山的道場，很成功的度化當地人。

感恩，我們可以站在長老師父們的肩膀上，看到更遠、走上更好的路。

乘相——

參加傳燈學院的課程，看到佛光山的法師們，尤其是女眾法師，為了弘揚人間佛教，充滿了生命的熱忱。我印象最深刻的是，依宏法師分享他到多倫多弘法之初，借住在信徒家。那家人被法師的威儀和佛法攝受，對佛教的信仰更提升了。我們在佛門嚴格的教育訓練下，老師要求行住坐臥的威儀，自然是有他的道理的。所以，我們必須常常注意自己的行為舉止，如果有不如法的地方就要改過。

乘觀——

雖然我當時沒有機會參與佛光山的開山，但是透過上傳燈學院的課，讓我看到創建佛光山的歷史，感受到在這個世界上，沒有任何事情可以容易辦到。就像法師們在全球各地建寺時，都會遇到很多語言、文化等的問題。但他們都很勇敢地面對，這種「永不放棄」、「永不退票」的精神，啟發了我，給了我信心，堅固了我的道心。

我感受最深的一句話是保和尚說，我們不應該有「還好選他，不是選我」的心態。就像在沙彌學園的週會時，我們會推選下一次出來分享的人，可是一般人都希望不要選到自己，其實這樣想是不會進步的。感謝常住給我們很多學習的機會，給我們開心的成長，給我們光明的未來。

乘廣——

傳燈學院最後一天的課程，播放師公的開示，講到佛光山的兩百年。佛光山是靠徒眾的發心建立起來的，所以我們要重視培養人才和建立制度。有人才，還要有「集體創作」互相幫助的精神，願意從每一件小事開始努力，弘法的事業才能順利的完成。沙彌學園就是在培養人才，從五個人開始到現在的規模，已經有十四位學長畢業出國留學了。所以，現在我們要努力學習，未來堅持到底。

乘宣——

佛光山的長老師父們，跟隨師公星雲大師千辛萬苦的創建了佛光山。因為一顆「為了佛教」的責任心，建寺過程當中遇到的種種困難，他們都能堅持到底，沒有放棄過。我們後輩弟子，透過傳燈學院的課程，聆聽長老們的經驗分享，才能了解當初建寺的不容易。

現在，我們在常住的照顧下，不用經歷過去開山的苦，更應該把握機會好好學習，加把勁增長智慧。用同一個「為了佛教」的開山精神，改變自我，將來的佛教就靠我們這一代人繼續努力。

乘敬——

師公星雲大師「為了佛教」奉獻了自己的一生，從十二歲進入佛門至今，堅持自己出家的使命，帶領弟子創建了佛光山。〈弘法者之歌〉云：「尊者富樓那，布教遇蠻兇，犧牲生命都不惜，只望佛法可興隆。」早期跟隨師公的長老們，「為了佛教」精進無比，比如心定和尚，

「為了佛教」七十歲才開始建泰華寺。他們對佛教的貢獻很大，給我們因緣跟隨佛陀人間佛教的理念成長。雖然我沒有機會參與開山，但能聽到他們分享開山的經歷，覺得很感動。我們要站在巨人的肩膀上，吸收知識、增加智慧，將來要學習師公的精神，為佛教做出一些貢獻。

乘正——

上傳燈學院的課程，使我道心更堅固，對出家的選擇更肯定。透過長老師父以及世界各洲的法師們，分享開山的艱難，個中的困苦我們實在是難以想像，真令人感動。

心保和尚開示說，我們要集體創作、要團結，僧團的「團結」會產生不可思議的力量。師公剛到台灣時什麼都沒有，成立了一個「團結」的僧團後，現在師公沒有什麼？可以說佛光山的成功，是因為每個弟子都有為教犧牲奉獻的「團結」精神，以「六和敬」與人相處，分工合作的圓滿每一件事。

佛陀出生在印度，成佛在印度，甚至弘法也在印度，但是印度的佛教衰微後，就一直復興不起來。我覺得最主要的原因是沒有「僧團」大眾，出家人都住在森林，單獨修持自我的解脫道，完全不關心佛教的傳播，脫離群眾和社會。

老實說，我剛出家的時候也有這樣的性格，誤以為只有到深山才能修行。認識了「人間佛教」後，我才知道在社會跟大眾一起生活，一起面對問題，一起解決問題才是真正的修行。舉凡信徒大眾的婚禮、生兒育女、成年禮、喪禮等，我們都應該要有熱忱，用佛法去引導他們。

另外，僧眾之間不僅不說好話，而且還彼此惡意中傷，使佛教變成沒有力量。記得有一次，父親帶我去甲寺院，聽過法師開示後，我們便向法師告假。沒想到這位法師，聽說我們要到乙寺院聽講座後，便肆意批評那位法師沒有修行、不守戒律。當我們到乙寺後，法師知道我們剛從甲寺來過，便指責甲寺法師不懂佛法。

所以，我認為印度佛教需要「團結」的僧團，才能復興起來。

為了復興印度佛教，我們必須先實實在在的充實自己，努力學習，將來才能有更多的「方便」，能「走出去」利益眾生。

學佛不能只想到自己的了脫生死，重要的是發菩提心，行菩薩道。

沙彌日記

FGS Sramanera School
New Delhi, India.

每天清除一點貪瞋癡，
慢慢清淨我們的心。

線上佛學院《華嚴經．淨行品》

乘正——

「線上佛學院」滿蓮法師講解的《大方廣佛華嚴經》〈淨行品〉，我何其有幸能有因緣與「法」相會。以前早課大眾一起誦念時，我並不了解經文的意思。原來，經題中的「大」說明的是眾生的「本體」，也就是人人具足的「佛性」。「方」是指「方法」，象徵本體的「相貌」。而「廣」則代表佛性的「妙用」。

滿蓮法師提到「結緣」的重要性，所謂「未成佛道，先結人緣」，日常生活中必須處處廣結善緣，才能成就大事、不會四處碰壁。尤其是出家人，要有各行各業人士的許多助緣，才能使弘法事業法務興隆，給人創造接觸佛教的因緣。

師公推動「佛法生活化」，提倡結善緣的方法有「三好」：身做好事、口說好話、心存好心；「四給」：給人信心、給人歡喜、給人希望、給人方便。師公說佛光山是「給」出來的，給大家好因好緣，所以得到護法信徒的發心護持，因此所有功德都要歸於信徒。

佛經說「如是因，如是果」，做善事一定有善報，而做惡事一定得惡報。所以，修行人的言行舉止、起心動念都要謹言慎行，要保持「正念」，不要染著「色」等六塵，失念而犯錯。

乘明——

在沙彌學園上滿蓮法師主講的《大方廣佛華嚴經》〈淨行品〉線上課程，因緣真的很殊勝。經題中，「大」的意思是「本體」，代表「佛性」；「方」是「相貌」，代表本體的現象；而「廣」是「用」，指作用、妙用，如何運用方法顯現本來具有的佛性。

這部經典傳播到中國的因緣非常特殊，值得研究探討。早在東晉時期，慧遠大師的弟子支法領，覺得中國缺少戒律方面的經典，因此發願西行到罽賓國求經。帶回東晉的經典中，包括梵本《華嚴經》，因沒人能翻譯而供在寺院的藏經樓中。

之後，又有一位西行的智儼法師，到了罽賓國遇見佛陀跋陀羅法師。佛陀跋陀羅是釋迦族，博學多才又善說佛法。經智儼法師的熱情邀請，他終於答應前往東晉弘法。他們首先抵達鳩摩羅什大師的譯經場，但佛陀跋陀羅覺得這裡太熱鬧、供養太豐富，而他卻喜歡寧靜，便決定離開。

這時候，他們聽說慧遠大師在一個非常安靜的地方修行，便前往廬山，這就成就了後面佛陀跋陀羅翻譯《華嚴經》的因緣。梵本華嚴經，收藏了十二年後，終於翻譯成中文了。所有經典的翻譯過程，真是千辛萬苦、歷經險難，所以說「佛法難聞」，誠不虛也。

在日常生活中，〈淨行品〉幫助我們提起正念，每分每秒、每一個動作，甚至每一個念頭，都要發願祝福一切眾生。照顧好自己的三業，「身」的每個舉動，不可輕易讓人受傷害，要多行好事、善事利益大眾；「口」所出妙言，要能令人聞後歡喜、感動；守好「意」的念頭，不亂打妄想，心猿意馬。

總而言之，這部經典的重點就是告訴我們要「活在當下」，時時刻刻「善用其心」，每天生活要有正知正見。所謂「過去心不可得，未來心不可得」，因為「過去」的已無法改變，而「未來」則是個未知數。所以，只好把握和珍惜當下，專注於「現在」所做的事。

乘樂——

過去的高僧大德很偉大，為了西行取經，要走很遠的路。即使遇到語言不通、路況不好等困難，他們寧可犧牲自己，也要堅持不放棄，直到完成經典的翻譯。今天，我們能讀到這些漢譯的經典，雖然不懂經文的意思，也要用恭敬感恩的心，回向功德給一切的眾生。

修行要具足種種因緣，其中「生處具足」是因為過去生中，做好事的功德，才出生在好的環境裡，能夠接觸到佛法。還要「家具足」，出生在善人的家中，感恩我的家庭，願意從小就給我因緣到沙彌學園出家。記得當年我只有九歲時，有兩位出家人到我家誦經。在吃飯的時候，他們問我是否願意跟他們去修行。媽媽聽到我答應他們說「願意」時，也很高興的同意我出家。我到現在才知道出家是什麼，所以很感恩媽媽給我因緣。能出家是過去積累的功德所成就，所以叫作「生處具足」和「家具足」。

乘禪——

滿蓮法師在「線上佛學院」介紹《華嚴經》，講到這部經典傳播到中國的過程，是經由慧遠大師的弟子支法領，到罽賓國取回東晉後，再由慧儼法師邀請來的佛陀跋陀羅法師翻譯成中文。佛教在中國流行發展起來，佛法就融入了社會中。〈淨行品〉教導我們正確的人生觀，如何在日常生活中，用正確的人生態度解決問題；如何在每個當下「善用其心」而不懶惰，最後成就佛的智慧。感謝一代又一代的祖師，不惜犧牲生命，把佛法一直延續下去，讓真理的明燈，指引我們走向光明。

乘淨——

《華嚴經》〈淨行品〉中說，要有「十具足」的因緣條件，才能出家修行。可見我們能出家，是一個很難得的機會，所以應該把握時機，認真的把這條路走好。一般佛經都是佛陀跟弟子的對話，而這部經典卻是智首菩薩請教一百一十個問題，文殊菩薩提供了一百四十一個答案的對話記錄，要我們凡事「善用其心」不放逸。在日常生活中，要有正確的觀念，要正面思考。用「身」做善事，不犯規矩；用「口」說好話，不說是非、不惡口；「意」存好心，不仇恨等。

乘海——

〈淨行品〉是《華嚴經》的其中一品，當時是經過許多困難後，才翻譯完成。經文開頭提到修行要具足很多因緣，我感覺到「人身難得，佛法難聞」，雖然能出生為人，但卻不一定都有因緣學佛、聽法。感謝我自己的因緣都具足，出生在人道，而且又在佛教徒的家庭成長。這些都屬於「外具足」，所以我現在要努力的準備「內具足」。〈淨行品〉也告訴我們，時時刻刻都要「善用其心」。

我們在沙彌學園每天早上八點禪修，以前我經常打瞌睡，不是很認真打坐。後來老師嚴格要求我們「不要動」，當時我因為害怕而不敢動，所以現在我們的禪修就進步多了。感謝老師當時對我們嚴格，讓我們一心專注，善用其心。

乘圓——

〈淨行品〉教我們「善用其心」，要在每一個當下修行專注和發願，也就是用心去做好當下每一件事情。就像我們上廁所、盥洗、洗手、喝水等，這些小事上，散亂妄想、東張西望，就不能安住身心好好修行。

無明、懶惰的人，浪費時間和生命，不善用其心發願認真做事，又不聽別人的勸告，這樣的生活沒有什麼意義和價值。而有智慧又精進的人，一心一意做好每一件事，精進修行不浪費生命，將來成為一個有用的人。

每個當下「善用其心」才像一個出家修道人。

乘教——

人生當中要能圓滿修道的「十具足」很難，要有修行功德才能弘法利生、復興佛教。我們要把握今生能出家的機會，做好事、說好話、存好心，才會有功德去圓滿這「十具足」。以前我曾經做錯很多事，現在我上了《淨行品》後，理解到要去圓滿善因緣，所以改變了很多。

心定和尚「修行禪定的理論與方法」上課心得

乘教——

人因為有貪、瞋、癡，所以沒辦法解脫生死。定師父在「修行禪定的理論與方法」的開示中，講到修「不淨觀」能去除貪瞋癡，最後達到如同佛陀和阿羅漢一樣的解脫生死。天人因為做了很多好事，所以往生天堂，但是福報用完後，也會輪迴六道。

解脫生死不容易，因為人的貪瞋癡很重。出家修行比較容易得解脫，因為出家生活遠離殺生、喝酒等「惡業」。我很感恩有因緣能到沙彌學園學佛，師長們常常糾正我們的錯誤，給我們機會改過。每天清除一點貪瞋癡，慢慢清淨我們的心。

乘煦——

六道中最殊勝的是人道，因為在人道可以修行，透過修行才能得到涅槃解脫。天堂雖然比人間舒服快樂，但一切都是順境時，反而沒有人想要修行。人間苦多樂少，所以才想要解脫生死，像阿彌陀佛成道前，也是看到人間的苦，才發願要廣度眾生，解脫生死。

人的「身」其實很骯髒，身體有「三十六種不淨」，但依然很多人覺得自己很帥、很美。

我們如果深入觀察，就會發現身體的一切都是不乾淨的。比如眼睛帥嗎？但也會有骯髒的眼屎；皮膚滑嗎？但也會流臭臭的汗水。所以，身體的任何一個部分，都是不清淨的。

除了身，人還有「心」。心可以是骯髒的，但也可以是清淨的。透過禪修的修行法門，可以清除掉心的「灰塵」。心很難控制，只要想到任何一個地方，就馬上能到達。要控制心就要修禪定，沒修禪定就會「心隨境轉」，沒辦法專注在一件事上，事情就不會成功。

比如一個人在開車時，只想著要快點到，不專注開車就很可能會發生意外；喝水時不專注，就很可能會嗆到鼻子。所以，我們時時刻刻都應該要專注，這就是禪修的好處。

乘正——

參加心定和尚「修行禪定的理論與方法」線上課程，使我收穫滿滿。我對禪修感興趣，是因為禪修不但能增加自己的注意力，使身心內外平靜和清涼，同時也在日常生活中，增加我解決問題的智慧和勇氣。有禪修的人，就有正念，不會胡思亂想，所以比較不容易犯錯，而且對修道更堅定不移。

五停心觀是呼吸觀對治散亂心、慈悲觀對治瞋恨心、念佛觀對治業障、不淨觀對治貪欲心、因緣觀對治愚癡。因為每個人的根性不同，所以需要不同的修行法門來對治各別的煩惱。我第一次接觸的是呼吸觀，專注呼吸很快就能使我的心平靜。熟練後，還能觀察到自己的起心動念。

沙彌學園的早晚課，除了唱誦漢傳佛教的經典外，常住慈悲為增加沙彌們的學習，還安排了多元化的課誦，其中包括禪修。每學期連續兩週的禪修，包含跑香乃至佛法開示，可說動靜一如。防止我們打瞌睡，鼓勵我們專注一趣，向內心下工夫。

還沒學習禪修以前，我的心非常散亂，無法安住，所以容易發脾氣。在生活上遇到讓我不開心的一些小事，就會生氣吵架，甚至打架。現在有福報出家修行，每天早上的禪修，幫助我反省，修忍辱、慈悲等使內心寧靜，所以現在比較不容易生氣。是禪修的因緣，穩定我忐忑不安的心。

記得有一次，老師突然點名要我為學弟現場翻譯印地語，我原本很緊張，感謝平常有練習禪修，所以還有一點定力，就直下承擔，不急不緩的把佛法開示，為大眾順利的翻譯圓滿，我覺得禪修真的很妙。

還有一次，學務老師慈悲安排我打鉿子，我當下就十分地緊張害怕，因為其他法器我比較有經驗，但卻從來沒有打過鉿子。既然跑不掉，就應當好好努力表現。於是「一心專注」於板位，圓滿了那次的法會。

「禪修」不能只停留在理論上，如果不去實踐，就永遠不會進步。如果能把「好好照顧呼吸」，運用在平日工作中，就會發覺自己的進步了。

乘廉——

「修行禪定的理論與方法」開示中，定師父說有兩種「念佛觀」，一個是用口念佛的聖號，叫做「持名念佛」；另外一個是心中觀想佛的身體，叫做「觀想念佛」。念佛可以對治欲樂和散亂心，所以我要常常念佛，讓自己的修行慢慢進步。

乘樂——

我們首先要認識「無常」，因為認識了無常後，才會發心去修行禪定。當初悉達多在皇宮生活，淨飯王不讓他感受到一丁點苦，所以他完全不知道苦是什麼。但有一天四遊城門後，看到了生、老、病、死、愛別離等苦，他觀察到人生的無常和苦，就決定去修行，最後才成就佛道。

人很顛倒，該貪的不貪，不該貪的卻去追求。譬如「時間」很短暫，是應該珍惜、善用，而我們卻常常浪費時間在無益的事上。欲樂永遠無法滿足，我們卻不捨得放棄，一直貪求。忘了自己的心，沒有修行，所以常常感到人心惶惶。

定師父說修行禪定很重要，禪修的人知足常樂，生活上也充滿歡喜。我們每天早上八點禪修，專注數呼吸，訓練自己不打妄想。禪修可以幫助我們了解自己的心念，安定身心後，讀書也會有好的記憶力。

乘敬——

心定師父的開示很活潑，教導我們「修行禪定的理論與方法」。禪修是我們出家人的基本修行，禪定在生活上不能缺少，吃飯要有定力，工作更要有定力。沒有定力，所有的事情會有頭沒尾。禪不只是在打坐時，而是要在每一個當下下工夫，增加自己的專注力。心安定後，才能思惟佛法，讓我們的心常開智慧花。

還記得過去心培和尚曾經到沙彌學園，為我們開示完佛法要回寮時，跟我們打了個禪機說「不要忘記呼吸」。人只要活著，就不能不呼吸，但我們常常都會忘記自己在呼吸，根本就沒有活在當下。所以，心培和尚才提醒我們不要忘記呼吸，啟發我們的禪心。

乘海——

一個出家人必定要禪修，才會讓自己的身心安住不散亂。以前我對禪修沒有興趣，所以不認真禪修，還常常打瞌睡。這次聽了定師父的開示後，慢慢認識了禪修的意義和價值，就知道要努力認真打坐。我比較感興趣的是「呼吸觀」，因為它可以對治散亂心。大部分的人，並不時刻清楚知道自己在呼吸，所以辦事情不能完美成功。用心禪修，上課時才能專心，考試時才有好成績。

乘明——

禪修是修道人最基本應該具備的功夫，因為禪修使一個人寧靜祥和、身心輕安。透過禪修可以安住身心，控制自己的煩惱，更可以開發智慧，得到快樂自在。五停心觀中的呼吸觀，主要對治散亂心，是最為簡易，最適合大眾修習的法門。專注呼吸，從一數到十，每天努力練習，持之以恆才會熟練。其實，禪修不一定在禪堂，處處皆可禪修，只要時時刻刻提起正念、安住身心，照顧好呼吸，就是生活中的禪修。我們在沙彌學園的生活，每天排班過堂、早晚課誦等，大家努力專注的善用其心，日積月累，慢慢發現煩惱減少了，內心喜悅了。

乘淨——

現代的人生活壓力大，而禪修可以解壓，調整我們的情緒，還可以增加耐心和寬容，所以大家都應該要禪修。有些人什麼都有了，但還是不滿足，比如窮人希望能有一台腳踏車，一個有車子的人卻希望能有更好的車子，而禪修可以對治這種欲樂。禪修能對治散亂心，散亂心使人記性不好，常常忘東忘西。在沙彌學園每天早上八點禪修，訓練我們有正念，讓我們的心安定。

乘禪——

現代的人工作壓力大，加上疫情的關係，生活變得更困難了。感謝沙彌學園為我們安排一切，讓我們不用擔心三餐，還給我們機會學習，鼓勵我們寫文章。所以，我們應該努力讀書，將來才可以服務大眾。

我們讀書或工作時，身心沒有投入在每個當下，不清不楚的做事，就會切菜時割到手、洗碗時打破東西，所以常常被老師教訓處罰。我們需要一片寧靜的心，可以練習呼吸禪，對治散亂心。

我剛開始盤腿打坐時，心像猴子一樣跑來跑去，腳又很痛。後來我用老師教的方法對治，開始調整呼吸後，心就能安住在呼吸上了。每天的禪修，為我帶來很多好處，無論是在做功課時，還是在大寮工作時，我比較不容易忘記事情了。

定師父的開示，增加了我對禪修的認識，我會更努力，讓自己的禪修能更上一層樓。

來到沙彌學園出家後，我才知道什麼是對的、什麼是錯的，我的人生有了一個方向和目標。我要學習師公星雲大師「一生為了佛教」的精神，堅持走好出家的「正道」。

新年願望

乘煦——

過去我的新年願望，都是希望「自己」能過得更舒服、更安樂。去年我的願望改成「我」要多用一點時間來禪修，要自己的修行進步。這個願望是好的，然而只是對我自己有幫助，別人是不會得到直接的好處。只有我會進步，那別人呢？我覺得新年的願望，也應該要對別人有幫助才對。

所以，二〇二二年我的願望變成希望疫情要告一段落。看到世界因為疫情亂成一團，大人不能上班、小孩不能上課，有些人因此沒飯吃、有的沒地方住；有些孩子失去父母，沒有活下去的希望。疫情帶走了很多生命和財產，連醫生和科學家們都無法確定疫情會不會消失。但我們依然要保有希望，因為唯有人的「希望」可以讓病毒消滅。

乘教——

我希望二〇二二年病毒趕快消滅，讓眾生不要那麼痛苦，甚至家破人亡。這兩年科學家們已經很用心的為我們研發疫苗，但全世界的疫情還是很嚴重。希望他們繼續努力，最後成功的結束這疫情。

在疫情期間，大家應該「聽話」做好事、說好話、存好心，配合國家的防疫政策，我們才容易戰勝病毒。在家裡，我們要聽父母的話，因為有父母我們才能來到這個世界上。到了沙彌學園，我們要聽師長的話，也要聽學長們的話，因為他們會引導、照顧我們。在佛陀時代，有一個比丘僧團沒有聽佛陀的話，佛陀就離開僧團不想管他們了。最後他們向佛陀懺悔，才把佛陀給請回來。所以聽話是很重要的，希望眾生能明白聽話的力量有多大。

新的一年，我發願要「給人方便」的聽師長們的話，按照他們的吩咐，一件一件的完成工作，這樣才不會造成別人的麻煩，給自己帶來困難。還有，我今年也要改掉容易生氣的煩惱，讓我的人生更圓滿。

乘文——

過年大家都很開心，祝大家新年快樂。新的一年，我發願改掉過去容易生氣等壞習慣，用心工作，尤其是努力學習典座和歡喜幫助別人。

乘解——

新年就是新的開始，去年沒有完成的工作，今年應該完成；去年犯的錯誤，新的一年要改正錯誤。記得剛到沙彌學園時，我不懂禮貌又不聽話，感謝常住師長給我機會改進，培養我好的習慣。還有，二〇二二年我發願要用心禪修和學習。感謝師公給我們的法語「處世無畏，和平共存」，我們很歡喜。

乘正——

日復一日，年復一年，我感覺時光匆匆地、悄悄地從我身邊流過，不知不覺中又迎來了新的一年。世間無常，隨著一聲新年的問候，轉眼就要面對新年的種種了。回想自己過去一年裡，有過汗水、有過快樂、也有過悲傷，一切所發生過的事，彷彿就在眼前。在這辭舊迎新的時刻，我相信我跟大家一樣有許許多多的新年願望。

我最大的願望，不是要吃美食，更不是要玩什麼遊戲，而是希望自己認真學習，學業能更上一層樓，考好高考的成績，為沙彌學園爭光，讓師長、父母為我感到自豪。

回想剛學習中文時，覺得非常的辛苦，同班的同學們因為用功，所以中文程度都比我好。我感到非常的慚愧，所以二〇二二年我決定要像同學們一樣，堅持每天背單字，提升自己的中文程度，不但要能寫好一篇文章，更要能講一口流利的中文。

第三個願望是善用紙張，不隨便浪費資源。記得大約在三年級的時候，美術老師教我們畫鳥，我一不注意竟把鳥爪畫得比腳還粗，我順手就撕了紙重畫一張，卻因用力過度，筆尖把紙劃成兩半，於是我就毫不猶豫地再撕一張紙。剛好給父親看見，就被他教育要注意節約，不能輕易浪費。這件事雖然過去了很長的時間，但在我心裡卻留下了深刻印象。

再來，就是希望能身體健康。我從去年開始胃痛，為了不耽誤學習，我強忍著不舒服，仍然堅持上課。有一次胃痛比較嚴重，只好回房間休息，有一個學弟來問候我，並拿一杯熱水給我喝，對於大家的關心，我感到十分感動。老師安排我去看醫生，吃過藥後胃痛就慢慢好了。我明白到健康是世界上最寶貴的幸福，沒有了健康就等於失去了一切。所以，要好好的生活，足夠的休息和鍛鍊，因為健康才是生活的根本。

最後，希望世界能和平，每個人都能平安、快樂。希望佛菩薩保佑世界恢復正常，讓每個人都能感到幸福快樂。希望在新的一年裡，所有的長輩們身體健朗、開心平安。

乘峻——

在新的一年，我發願要做好人，不要調皮搗蛋，我要改正過去的種種錯誤：我工作時不要懶惰、禪修時不要打瞌睡，在課堂的學習也希望自己可以進步。感恩沙彌學園給我們機會學習，尤其是多種語言的課程，我們要好好把握。

乘振——

過年大家都很開心，新的一年我告訴自己，過去學過的不可以忘記，同時要去學習更多的知識，感謝師長給我機會成長。

乘圓——

時光飛逝，二〇二一年過去了，現在進入了二〇二二年，新的一年祝福眾生平安喜樂。新年除了要改過自新以外，還要有新的目標、新的想法和新的願望，希望自己在各方面都有成長，成為更善良體貼的人。去年我想要當圖書館管理員，學習怎麼管理圖書館及怎麼編書。感恩今年常住給我這個機會，所以我二〇二二年的新目標就是發願要把管理員做好。

乘廉——

二〇二二年我勇敢改造自己：第一個是懶惰的毛病，有一次我輪到行堂時，應該早起我卻懶惰賴床；第二個是愛計較比較，輪到洗碗組時，我跟行堂組計較誰該洗保溫餐具。從現在開始我要改過這個壞習慣，並學習跟人結善緣。

乘德——

新的一年帶來新的希望，如果想讓自己的生命更有意義和價值，就要努力奮鬥改進缺點，才會成就圓滿。

去年因為疫情的關係，我們無奈放假回家，語言的學習就停滯了。兩個月後再回到沙彌學園時，我們的語言都退步了。所以，我二〇二二年的願望就是要把自己的語言學好。除了感謝常住為我們安排師資，提升我們的語言程度外，我們自己要自我要求進步，常常去圖書館養成閱讀的習慣。

我第二個願望是要做一個正派的人，做好一個德學長的本分，好好的領導大眾。帶領比我小的學弟比較容易，要糾正他們的錯誤也不難，但領導自己的同班同學就不容易了。所以，我要學會平等的對待大眾，一視同仁的要求大家。為了沙彌學園的品質，為了讓沙彌像一個修道人，我必須提醒自己要嚴格，不要跟人開玩笑，甚至讓大家怕我，因為這是德學長的責任。我一定會堅持完成這個責任，讓常住老師們放心。

當然，我先要改變自己種種的缺點，才可以要求別人，這樣才能令大眾信服。我們要追求善良的性格，心善良了，所做的事必定都是好的。大家都養成這樣的好習慣，那麼人人都是好人，世界就會更美好。

乘觀——

二〇二二年我第一個願望是要改掉我的脾氣，要用慈悲心來面對所有人和事。第二是要加強數學，我覺得數學很難，所以我不喜歡這門課。老師鼓勵我們只要努力就一定會成功，這句話讓我很感動，所以我要自我要求，把數學考好，讓師長放心。第三我要發心做事，給人歡喜。

我們今年用彩繪燈籠來祝福新年，畫出自己新年的願望，大家很用心，所以都很有收穫。願以此功德回向，希望在這新一年裡，疫情告一段落，讓世界恢復正常，人們找到工作，學生可以上學，為人間帶來美好的希望。

乘海——

我以前新年的願望都很小，記得一年級時我就只想要一隻手錶。不久後常住舉辦英文說故事比賽，為了實現我的小小願望，我就很用心的準備，最後拿到第二名，得到了一隻手錶。從那時候起，我就明白了凡事都要先付出，才會有成就，因為「天下沒有白吃的午餐」。

三年級時，我在一次的考試上偷看被老師抓到，我當下不承認，後來還是被老師找到證據。我覺得很羞愧，不敢面對大眾。除了改過，就沒有別的辦法了。從那時候起，我發願要誠實做人，要做個正派的人，不再自欺欺人了。

出家是難能可貴的事，所以二〇二二年我發願要做好一個出家人，好好珍惜這個機會，學會靠自己，要有責任感帶動佛教利益眾生。所以，我發願：

第一要能常常去圖書館看書，尤其要提升自己的中英文程度。

第二要努力讀書考取好成績，報答常住的恩德。

第三要學習擴大自己的心量，容納不喜歡的人，要跟他們結善緣。

第四要成為一個有感恩心的人，感謝常住大眾給我們的栽培。

第五要成為一個有用的出家人，能夠利益眾生，共成佛道。

乘諦——

舊的一年，像寒風一樣過去了，留下了很多美好的回憶。新的一年，像春風一樣迎接我們，等待在前方的就是新的目標和新的願望。師公說新年要有「新觀念」，因為觀念影響人的一生，擁有善的觀念，就會成為慈悲善良的人，所以大家都喜歡他；懷著惡的觀念，所做的每件事不但損害別人，而且最後還會障礙到自己。

在沙彌學園，師長給我們很多好的觀念。記得我剛來時很自私又容易生氣，認識了師公人間佛教的觀念後，我轉變成為一個給人信心、給人歡喜、給人希望、給人方便的人。我要學習師公的觀念，將來把善的觀念弘揚到世界各地。人要不斷學習，無論是在家或出家，都要不停的增加新知識。常住鼓勵我們多閱讀佛學和世間學的書籍，或透過網路吸收新的知識，增加自己的學問，將來才可把佛法講得更好、更接近人們的生活，進而吸引更多人來信仰佛教。

乘廣——

這個農曆新年沙彌學園舉辦了很多活動，像燈籠彩繪等例行活動，但最特別的就是羽毛球比賽。一年的開始不但充滿了歡喜，而且這樣的活動可以學習到很多，還可以保持身體健康，不容易生病。一個出家人要從要求自己開始，自我改造自己不如法的地方，不跟貪瞋癡相應、不造惡業，而要認真的修慈悲、智慧等善法功德。

乘明——

因為因緣都在變化，所以一切都是「無常」的，這是諸法實相。道理大家都懂，但往往是「說時似悟，對境生迷」，面臨「無常」時，就會無法接受，非常苦惱。所以當我們遇到境界時，要能夠坦然面對「無常」，才能活得自在。

新的一年即將來臨，我相信每個人都抱著希望，期待新年的到來。新年應該好好回顧過去，這樣才能展望未來的目標。我們要好好反省自己，把以前的懶惰懈怠統統去除，才能歡歡喜喜的迎接新年。如果有未完成的事，應要努力達到成功為止，還要有規劃才能處變不驚。

除夕把二〇二一年送走了，迎來二〇二二年我有三個願望：第一時常提醒自己一切因緣都在變化，應該隨時隨地準備接受「無常」；第二今年一定要通過十二年級的高中考試；第三要腳踏實地把中文學好、學流利，將來想出國留學，語言是必修的。我還要培養自己的道心，做個體貼善良的人，努力勇往直前，使夢想成真。

乘望——

過去的兩年，是人類歷史上最糟糕的時刻，整個世界因冠狀病毒而顫抖。許多寶貴的生命被病毒吞噬，大家沒辦法正常生活、沒辦法上課，甚至沒辦法見面，所有人都面對很多困難。我希望二〇二二年帶來新希望，我們可以平靜的生活、上課。我們應該像蓮花一樣散發芬芳，做好事、說好話、存好心，利益他人，與他人和平相處。

乘義——

檢討過去，我覺得自己不夠發心，所以今年我就設定一個目標，要讓他人因為我而歡喜，所以只要別人有需要，我就做「不請之友」捲起袖子主動去幫忙。我也希望在印、中、英三種語言上下工夫，努力考取好成績。因為語言除了人際溝通外，還能讓我們讀通經典，更是為我們打開世界的門戶，走到五大洲去弘法的工具。這三年以來疫情不斷的變化，人民一再經歷鎖國封城，只能在家裡窗戶內看外面的世界、從手機中聽外界的聲音。如今世界各地都在慶祝新年，一個充滿歡樂的重要日子，希望二〇二二年疫情能夠消除，世界和平，普天同慶。

乘禪——

全世界到了新年時，都是歡歡喜喜的迎接新年，家裡到處掛滿燈籠，很熱鬧的在一起吃喝玩樂。我出家前也天天跟同年的小朋友玩耍，只要有好吃的東西，我們就覺得很開心，日子就這樣過著。到了沙彌學園後，我的生活、我的朋友等，一切都是新的，我就開始有了自我改變、不斷進步的想法，所以我也跟著大家一起，開始有了每年的新願望。二〇二二年除了希望改掉自己的壞習慣，工作要有頭有尾外，也希望在學習上有所進步，自己的記憶力再加強一些。

乘悟——

二〇二一年是個不安的一年，因為疫情的關係，大家在混亂當中生活得很不容易。世間無常，二〇二一還是過去了。新的一年，給我們新的希望，放下過去的種種，讓一切重新開始，要求今天的自己，比昨天的自己更圓滿。

二〇二二年我希望自己能勇敢的在大眾面前講話，可以自在的表達自己。一個無法表達自己的人，沒辦法在這個社會上立足，甚至連自己都保護不了自己，更不用說要去發展佛教。有時，不是自己不會在大眾面前講話，而是自己不發心講話。如果能把握當下發心開口說話，肯定自己演講的能力會有很大的進步。

只要我願意重新開始，相信一切都不會太遲。更何況成功不是天生的，而是透過後天的努力，堅持不打退堂鼓，不斷增加自己的自信心，肯定會有改變。

乘宣——

過去的一年，在剎那間度過了，時間從來不會等待任何一個人。現在又來到了迎接新一年的時候，很多人會在這個時候總結反省及計畫當來。如果不想歲月空過，就要實際執行自己的理想，最後才可能會有成就。師公發願要生生世世做和尚，因為他已經真正體會到出家修道人的幸福和價值。因此，我要向師公學習，讓我的道心增強，讓我的出家生活有大的進步。

乘敬——

「放下」是一切成功修持的要領，放不下就不會有成功的機會。二千六百年前的悉達多太子，因「放下」了皇宮的豪華富貴，才有頭陀喬達摩。喬達摩因「放下」苦行，才有了今天的人天教主、三界導師釋迦牟尼佛。如果釋迦牟尼佛沒有「放下」有餘涅槃的寂靜喜悅，投入社會弘法利生，就不會有五比丘、十大弟子、聲聞緣覺等千二百五十眾弟子。再經過每一代的祖師大德，「放下」俗世的欲樂，而堅定修道、傳法的決心，才有今天的佛教、才有佛光山。「放下」給了我很大的幫助，例如有一次在敲打法器時，不小心打錯了一個板位，我就提醒自己要「放下」緊張，之後就沒有再打錯了。新的一年，新的開始，希望自己能在每一個時刻、每一個場合，都能把煩惱「放下」。

乘淨——

沙彌學園到處掛滿紅燈籠迎接新的一年，常住每年都會給我們紅包作為新年的祝福，還發巧克力給我們，希望我們幸福甜美。新的開始，大家必須努力，要比去年更進步、更好。過去還沒有完成的事，要發心完成；以前做錯的地方，要盡量改過。情緒要正常、做事要耐煩、性格要穩重，發心做事幫助別人。師公今年的春聯是「處事無畏 和平共存」，意思是二〇二二年我們不再恐懼，要以佛教為力量，跟眾生結善緣，才能幸福快樂的生活。

新的一年，祈願佛菩薩護佑世界無災無難，每個人都能平安，感到幸福快樂。

疫情過後，新的一年新的希望，
希望今天的自己比昨天的自己更圓滿。

—沙彌彩繪燈籠，畫出新年的願望。

線上佛學院《華嚴經．普賢十大願》

一者、禮敬諸佛，是人格的尊重；二者、稱讚如來，是語言的讚美；
三者、廣修供養，是結緣的實踐；四者、懺悔業障，是行為的改進；
五者、隨喜功德，是心意的淨化；六者、請轉法輪，是真理的傳播；
七者、請佛住世，是聖賢的禮遇；八者、常隨佛學，是智者的追隨；
九者、恆順眾生，是民意的重視；十者、普皆迴向，是功德的圓滿。

——摘自《星雲大師全集．華嚴經普賢十大願》

乘樂——

「禮敬諸佛」是人格的尊重。世間上富人欺負窮人、大欺負小等，弱肉強食、看不起別人的事，經常發生。為了自己的利益傷害別人，因此卻傷害了自己的一生。出家人學習以恭敬心對待每一位眾生，如《法華經》中，常不輕菩薩對每一位眾生起恭敬心，因為眾生是未開悟的佛。所以，師公教我們不可以罵信徒，因為信徒供養我們一切衣食住行，我們應該要起感恩心，常常回向功德給他們。

二〇二一年因為疫情，我們不得已還俗回家避難。那段期間，我經常跟來到家裡的客人合掌表示尊重，他們因此讚美我母親很會教育小孩，紛紛向她請教方法。母親告訴他們，是沙彌學園的師長們教育得好，使我成為一個聽話的小孩。後來，家人也因為我的改變，真心同意我再回到沙彌學園學習。所以，是因為「禮敬諸佛」的尊重別人，成就了我再次出家修行的因緣。

「稱讚如來」是語言的讚美。我們只想得到別人的讚美，卻從來不願意讚美別人。因為嫉妒心和愛面子，所以見不得別人好；也因為我執很強，覺得自己很厲害、很帥，卻不知道「三人行，必有我師焉」，即使比自己小的，也有值得我們學習的地方，小看別人只會讓自己少學很多知識。所謂「人外有人，天外有天」，世界上比自己厲害的人有很多，別人有的優點，或許自己沒有，所以要學會讚美別人，學習他的優點。

過去，在沙彌學園舉辦的各項比賽中，看到別人得第一、拿冠軍時，我就開始起嫉妒心。為什麼不管我多麼的努力，我卻從來沒拿過第一名呢？我檢查自己的心，發現因為嫉妒，所以我才沒得到第一名。我開始懺悔自己的我執和嫉妒心，我一定要學習讚美別人。沒想到心態和行為改變後不久，在最近的羽毛球比賽中，我果然就得到第一名了。

乘煦——

「稱讚如來」是語言的讚美。只說「好話」不夠真誠，而只說「真話」卻容易讓人生氣。所以，我們要先「說好話」讓對方覺得舒服後，再來講「真話」告訴他真相。比如一個考試不及格的人，你如果直接批評他沒有用心讀書，他就會不高興。換一個方式，先肯定他的努力，但也告訴他下次如果「更用心」就一定會考及格。這樣，我們即說了「好話」，也說了「真話」，人家才願意聽我的講話。

「常隨佛學」是智者的追隨。我們要跟有智慧的人走在一起，因為智者會帶領我們，走出六道輪迴。而愚癡的壞人，只會帶給我們痛苦和煩惱。像舍利弗和目犍連，他們選擇跟隨佛陀修行，因為他們知道佛陀是覺者，能究竟引導弟子。但不正見的弟子們，卻愚癡的離開僧團，盲目跟從提婆達多，最後墮入惡道。

追隨智者，要能跟得上智者的腳步，否則落在後面就很可能會「迷路」，被煩惱糾纏就找不到「正道」了。就像一個孩子，在人潮擁擠的地方跟著爸爸走，突然看到有趣的玩具，就停下來把玩。等到再抬起頭來時，發現爸爸已經不見了，這時才感到害怕已經來不及了。

乘教——

「懺悔業障」是行為的改進。做錯事就要勇敢承認，這樣才知道要怎麼改進。反之，做錯了又不認錯還說謊，這樣對自己的未來就不好了。過去我無知，做錯事後還矇騙師長們，結果當然是被師長狠狠的修理一番。從那天起，我就明白了說謊話是不對的。比如我們種了一棵樹，如果常常給它澆水，照顧它，有一天它會給我們好吃的水果。相反，我們如果都不理它，有一天它會枯死，就不可能長出水果給我們吃。佛教講「前因」「後果」，凡事都會有報應的，如果不小心犯錯，應該去佛前懺悔改過，業障就會慢慢減輕。

我記得二年級時，我脾氣不好，會跟老師還嘴講理由。當時年級小，老師不但包容我，還用愛語鼓勵我說：「你如果沒有做錯，就不用害怕；如果有做錯，就要慚愧改過，這樣才能進步」。現在我不再那麼容易生氣了，我覺得自己有福報，能在學園學習慢慢改變自己。

乘海——

「普賢十大願」是菩薩度眾生的基礎。記得我第一次背十大願時，沒有背起來，所以被老師處罰了。後來，老師告訴我們不要硬生生的背誦，教我們用自創故事的技巧背誦。現在又有覺培法師線上佛學院的講解，就比較容易背了。

「禮敬諸佛」是人格的尊重。沙彌學園有來自印度各州的人，我們相聚在一起，就應該要學會互相尊重。我剛來時，曾經為了一個水瓶跟同學打架，老師就讓我們互相說對不起，並教育我們彼此是「法兄弟」的關係，而兄弟間當然不應該吵架。我覺察到尊重別人就是尊重自己，所以我們應該要重視別人的想法。

「懺悔業障」是行為的改正。生而為人，我們都有犯錯的可能，重點是要能改過。所謂「放下屠刀，立地成佛」，只要知錯能改，當下就是個善良的人了。又所謂「沒有自然的釋迦，沒有天生的彌勒」，只要能改變自己的壞習慣，即使是從不完美開始，從自己的錯誤中學習，最後也能成就偉大的事業，所以說「錯誤」就是我們最尊貴的老師。

感謝自己從小就有這個機緣，在沙彌學園出家學習佛法，所謂「有佛法就有辦法」，在生活中遇到困境，就知道用佛法來解決。感謝佛光山給我們的教育，我們要用心的學習佛學和世學，未來發願利益別人，完成復興印度佛教的使命。

乘德——

「禮敬諸佛」是人格的尊重。我們尊重別人，別人就會尊重我們，所以學會尊重別人是最基本的禮貌。記得剛入學時，我除了自己認識的朋友以外，不會尊重其他地方的同學。後來，上課時聽到慧能大師回答五祖的話：「人有南北，佛性沒有南北」，我覺悟到雖然我們大家來自不同的地方，可是我們的佛性是一樣的，所以我不可以不尊重這些「未來佛」呀！

「稱讚如來」是語言的讚美。我們對待別人，不應該有嫉妒心，要學會讚美別人。有一次，有一位同學發心烤蛋糕給大眾吃，得到了大家一致的歡喜讚歎。看到他如此受歡迎，我卻開始嫉妒他。後來自我反省，我們在同一個僧團出家，大家有共同的目標，就是復興印度佛教，如果我們現在不能互相鼓勵，彼此讚美，將來如何達成目標呢？所以，我們應該學會尊重他人、互相讚美，未來才可能有光明與希望。

「廣修供養」是結緣的實踐。佛陀是從人，出家修行到成佛，覺悟之後廣度眾生，與無量的眾生結緣。我們雖然還在輪迴中，更應把握這一輩子的生命，與人結緣，供養大眾增加自己的福報，同時讓自己的生命變得更有意義。沒有習慣跟人結緣，遇到問題時就不會有人來幫助，當然會感到孤單。所以，我覺得結緣是一個基礎，讓我們容易跟別人交流，互相理解。願意結緣的人，從來不自私自利，給大家一種「有你真好」的感覺。

「懺悔業障」是行為的改進。人人都有可能犯錯，若想將來有成就，就應該勇敢改正自己。我小時候犯錯怕被老師罵，就會找一些藉口來保護自己。後來，我慚愧覺得自己是一個出家人，不可以把缺點和錯誤藏在心裡，應該要勇敢的面對自己。所以，我決定改變自己的行為，做一個好的行者。

乘望——

「懺悔業障」的意思是，做錯事就要懺悔，然後改過，並從錯誤中學習，下次不再犯錯。有不對的行為，就要改進，否則就會增長出很多煩惱，而且會令別人不舒服。其實，每個人都有可能犯錯，但能改正錯誤的人很少。膽怯的人拒絕面對錯誤，只有勇敢的人才有意志從錯誤中改正。

乘護——

普賢菩薩的「十大願」教我們要尊重別人，才會得到別人的尊重。我們還要結緣，將來才會有很多助緣。最後，就是要跟別人分享，才可以學習更多，所以我常常教乘嚴數學，我的數學就會更好。

乘廣——

「普賢十大願」我們都會唱誦，但卻不明白經文的意思。經過這次線上佛學院的課後，才知道「十大願」就是修行的方法，比如尊重、讚歎、結緣、懺悔等等。學習佛法有很多好處，因為「有佛法就有辦法」，生活中的煩惱就會隨之減少。

「稱讚如來」是語言的讚美，有些人很難讚歎別人，因為他的「我執」和嫉妒心很強，所以看不起別人。我來到沙彌學園後，老師教導我們學習不嫉妒別人，看到別人做好事時要讚歎，做錯事時要提醒，所謂「見賢思齊，見不賢則內自省」。

「恆順眾生」是民意的重視，這對一個弘法者很重要，我們要「法門無量誓願學」才能理解眾生，學習種種的語言才能跟人交流、認識種種的文化才能體會別人的生活。恆順眾生是為了度化眾生，而理解一切眾生才能度化他，所以我們一定要好好學習。

乘圓——

「恆順眾生」就是為了度化眾生，我們要先準備很多東西，像語言、醫療、教育和佛法。語言是最重要的因素，因為沒有語言就無法溝通、交流。而說話的方式，要學會用「愛語」和「真實語」，別人才願意聽從。否則就會產生誤會，引發衝突。我們在沙彌學園學三種語言，如果我們把這三種語言都學好，以後傳播佛教就沒有困難，可以和其他國家的人交流。

學會急救和基本醫療常識，對一個弘法者也很重要。如果我們能為別人處理一些小小的病痛，比如頭痛、包紮傷口等輕微的疾病，就可以馬上利益到眾生，這對推動佛法很有幫助。

要先讓自己受教育，自己先學習，開發了自己後，才有能力給別人指明方向，解決他們的問題。否則，沒有受教育，沒有知識，就什麼也做不到。當然，我們的目標是要弘揚佛法，所以現在開始學習基礎的名相和佛理，將來才能度人解脫輪迴。

乘義——

「普賢十大願」容易背誦，也容易讀懂，但卻非常難實踐。比如「禮敬諸佛」是說明人格的尊重，因為人人皆當成佛，所以應該尊重每一個人。而「稱讚如來」則說明語言的布施，常常說好話，更要說實話，要讚歎別人的優點，看到好榜樣就向他學習。明白這些道理不難，難就難在要放下我執，才能實踐、運用在日常生活中。

「廣修供養」是結緣的實踐，所謂「未成佛道，先結人緣」，可見結緣的重要性，所以我們應該把握每一次結緣的機會，更要珍惜每一段因緣。在沙彌學園出家，我們有很多機會跟人結善好因緣，比如到偏鄉義診，就是把課堂上所學的慈悲、關懷、同理心等等，實際運用在生活中，與人結緣的同時，豐富了自己的人生。

我第一次參加的義診，是到拉賈斯坦邦。老師在出發前叮嚀我們，要效法佛陀「無緣大慈，同體大悲」的精神，用一顆真誠的心，熱誠的為人服務。義診的過程中，身體肯定會疲累，但要時時刻刻保持正確的態度，秉持「服務勤勞不後退」的理念，內心歡喜就會把所有的辛苦統統忘掉。七天的義診，大家收穫滿滿，看到病患從疾病中解脫，臉上掛著痊癒後的笑容，我覺得義診的價值千金難買。

在古聖先賢的行誼中，也告訴我們「結緣」的重要性，例如六祖慧能大師在大寮苦行，才開啟智慧，與人結下許多緣分。我們在沙彌學園，每週生活輪組也會輪到典座。典座需要勞力，確實非常辛苦，但我喜歡典座，所以享受煮飯菜的過程。有時我會主動去大寮幫忙，因為有機會能夠跟大眾結緣，為人服務，是一種福報和榮幸，不僅可以學習到如何管理、搭配菜色，提升自己的烹飪能力，更可以學習相處和溝通之道。

乘杰——

我們一定要禮敬所有的佛，同時也應該要尊重我們的長輩和其他的人。尊重別人的人，自己也會得到別人的尊重。我們應該跟人結善緣，像這次放假回俗時，過去我一直有結緣的朋友，幫了我很大的忙，所以結緣是很重要的。

乘悟——

在佛教裡，發大願心是很重要的修行，比如地藏菩薩發願「地獄不空，誓不成佛」，普賢菩薩發「十大願」等。而觀音菩薩原是已經成佛的正法明如來，因為不忍看到眾生受苦，所以發願「倒駕慈航」，再來娑婆世界度眾生。

一般人都是為了自己的未來而發願，希望將來可以賺更多錢，做一個有錢人，生活順利就滿足了。但我們出家人要像師公星雲大師一樣，發願做「眾生的馬牛」，以「我能為眾生做什麼」的精神來生活。師公出生時生活貧窮，過著三餐不繼的日子，戰亂使他沒有機會讀書。師公受過這些苦難，特別能體諒別人的辛苦，所以發願佛光山普門大開，讓所有來山的人，都能吃飽歡喜而歸。

普賢菩薩的第一大願「禮敬諸佛」，意思就是人格的尊重。然而住在欲界的我們，卻充滿了貪瞋癡，自我意識太強，所以常常跟人結下惡緣，不容易尊重別人。《法華經》的「我不敢輕視汝等，汝等皆當作佛」，就是在提醒我們要尊重別人。

有一次，在準備上「臨終關懷」的線上課程時，我沒有事先檢查電腦是否已經連上線，所以耽誤了大眾上課的時間，而且類似的事情還連續發生過兩次。老師教訓我「寧動千江水，不擾道人心」，既然負責一件事，就應該盡心盡力的完成它，絕對不可以因為自己的懶散，而影響大眾的學習，這樣就是不尊重大眾。從此以後，我記取教訓，要「禮敬」大眾，不敢再掉以輕心。

第三願「廣修供養」，就是要跟別人廣結善緣，將來才會得到很多助緣。反之，跟人家結惡緣，未來開示弘法時，或許就沒有人願意來聽法，甚至會惡意來破壞。

乘嚴——

普賢菩薩十大願的「禮敬諸佛」，說明不管是比我們大，還是比我們小，我們都要懂得尊重別人。另外，十大願還講到「廣修供養」，要我們常常跟別人結善緣，也就是「我為人人，人人為我」的意思。有一次，我不會做數學題，就去請教我的組長，組長教了我一個技巧，我就會了。如果我們願意幫忙別人，別人也會跟我們結緣。

乘諦——

「懺悔業障」是行為的改進。記得在正授沙彌十戒前，我們就不斷的演禮，雖然有時覺得很睏，但還是一樣認真的演練，因為只要有一人不整齊，一切就要重來。在一次的演禮中，我忽然覺得頭暈，全身冒冷汗，一陣的天旋地轉後，我的缽從手中滑落打破了。老師很嚴肅地教訓我，並處罰我跪香。我當時太小不會向老師說明，更不懂得懺悔，後來經過老師指導，我才慢慢明白，跪香就是給我時間去反省和改進。

從小到大，我不知道犯過多少錯、有過多少不圓滿的行為，但所謂「放下屠刀，立地成佛」，只要懺悔知錯，然後願意改過，再大的錯誤都可以透過懺悔清淨，而得以改進的。唯有透過懺悔的修行，知錯能改，才可以圓滿人生。

「稱讚如來」是語言的讚美。剛來到沙彌學園時，我一無所知，不知道如何學習。但常常在週會上，會聽到師長表揚一些學長，或讚美一些同學，並且鼓勵大家要向他們學習。有一次，老師讚美一位學長，因為有閱讀的習慣，所以不但能寫出一篇好文章，而且說話表達流暢，希望大眾以他為榜樣，努力學習。所謂「三人行，必有我師焉」，無論年齡大小，人人都可以成為我們的善知識，比如看到有道德的人，就要學習他的修為；而看到小偷，就要警惕自己不可以像他一樣。

看到有人被讚美，我是不會生起嫉妒心，反而會覺得要跟他學習。雖然在班上，有時會因為考試名次而彼此比較，但我清楚明白，嫉妒根本就沒用，反而會失去同學之間的默契。唯有自己爭氣用功讀書，靠實力才能取得第一名。所以我覺得，讚美別人可以增加福報，學習他人的優點自己才會進步。

〈淨行品〉幫助我們提起正念，
每分每秒、每一個動作，甚至每一個念頭，
都要發願祝福一切眾生。

〈淨行品〉教導我們正確的人生觀，如何在日常生活中，
用正確的人生態度解決問題；如何在每個當下「善用其心」而不懶惰，
最後成就佛的智慧。

修行禪定的體驗

乘樂——

清楚檢查自己的心，就會發現心是所有問題的根源，透過我們的「六根」向外捉取，六根接觸六塵後，是「心」決定一切的事。譬如說眼睛看到女孩子，如果是美麗的，當下心就想：「哇！這麼漂亮的女孩耶，我喜歡」，如果是不好看的，心中就生起不喜歡的想法。耳朵聽到聲音，好聽的就想繼續聽下去，不好聽的就會覺得討厭。吃飯的時候，心透過舌根產生分別，覺得好吃就會生起貪心，想多吃一點。

記得有一次我輪到典座時，看到冰箱裡有葡萄乾，我就打開來偷吃了。偷吃幾次被老師發現後，老師責備我沒有慚愧心。我體會到貪一時的快樂，而留下一個汙點是得不償失，所以貪是毒，是愚笨的。貪吃、貪喝，追求穿戴好看，這些都是不好的貪，只會害我們失去「正見」。

《星雲法語》云：「享受健康，不如享受平安；享受財富，不如享受書香；享受名利，不如享受無求；享受求得，不如享受施捨。」

除了自己健康，我們更應該關心世界。現在因為疫情、戰爭和通膨，整個社會大家人心惶惶，唯有世界平安，我們每一個人才能安心。錢財能被人搶走，但知識無法被奪走，所以才說「書中自有黃金屋」，做個「書香人」比富人更好。

悉達多太子出家尋師訪道時，來到摩揭陀國遇見了頻婆娑羅王。大王禮請太子當國師，並準備與太子分享自己的國家。但太子不追求名利，卻選擇無求的修行，發願要為眾生及自己，找到解脫生死的方法，這樣的選擇真的很偉大。所謂「人身難得，佛法難聞」，今生能出生為人，又能聽聞佛法，又有緣分出家，真是很不容易的事，所以要好好把握修行。

佛光山奉行星雲大師「給」的修行，才能把佛法傳布全世界。我們出家眾每天早晚課後回向功德，就是一種布施。願意布施給別人，才能擁有福報。

乘煦——

「六根」是無常的，任何一個意外或災難，都很有可能會失去六根中的任何一根，甚至於死亡時就會失去所有六根。所以說六根是無常，隨時都會離開這個身體。「六塵」也是無常的，因為六根不能永遠存在，所以六塵也不可能長久，只是當我們六根追逐欲望時，體會不到六塵的無常。因為我們的心是無常的，所以六根不會長久「住」在一個所緣境上，而是不斷的跟著塵境跑。

六根和六塵是無常的，所產生的六識當然也是不真實的。起分別的助緣是六根，六根沒了六識就無法存在、認識，像一個貪吃的人，如果有一天聞不到香味、嚐不到味道，就無法知道飯菜好不好吃，就不會貪吃了。

乘海——

一切事物，都是因緣和合而成，沒有任何一樣能夠單獨存在，甚至是氣體也都是因緣和合的，所以佛法教我們不要執著。但是住在欲界的我們，欲望和執著都比較強烈，沒那麼容易放得下。因此，我們需要努力的修行去除世間的欲望，每天至少禪修半小時，當「六根」對「六塵」時，至少稍微能控制住自己的心。

所謂「一切唯心造」，能做善事的是這顆心，會造惡業的也是這顆心，就看我們怎麼掌控它。佛陀過去生中，也曾經跟我們凡夫俗子一樣，有各種情緒煩惱。比如有一世出生為力士，被同為力士的提婆達多欺騙，氣而把對方攔腰折斷結下惡緣。記得以前我曾經偷拿母親的錢去買餅乾吃，被母親教訓後我就改過了，現在回想起來，真的感謝母親當時的教育。所以，學會控制好自己的心，就不容易犯錯。

乘德——

人從哪裡來？為什麼有輪迴？這是人們常常問的問題。佛法的真理告訴我們，生命從「十二因緣」開始：為什麼會有「生」？因為有「無明」，我們透過身、口、意，造作生死輪迴的業力。因為我們無明、沒有智慧，所以造作惡業，做了惡業就一定會有來生。所以，想要解脫生死，首先要斷無明，因為無明就是根源，讓眾生不斷地輪迴。

當「六根」碰到「六塵」時，心就產生分別，自己喜歡的就想要得到，不喜歡的就排斥到底。比如眼前看到一個美麗的女孩，心裡就想要與她交朋友聊天，非常喜歡她，久久都不能放下。反之，對於不喜歡吃的苦瓜，一看到就覺得噁心，甚至想吐。

可是，我們要知道世間是無常的，沒有一樣東西能恆常不變，只要有「開始」，就一定會有「結束」。所有想要得到的快樂，都是短暫的，一旦產生變化，最後就會感受到苦。例如夏天天氣很熱，我們就打開冷氣。剛開始吹冷氣時，大家都覺得很涼快、很舒服，吹久了以後就會覺得太冷了，甚至有人因此生病感冒了。我們可以發覺到，一開始的快樂，後來卻變成生病的痛苦，所以世間沒有永恆的快樂，無常變化才是「實相」。

大部分的人都會先想到自己，自己最重要，永遠把「我」擺在第一。要斷除這個自私的「我」，必須要有「無我」的理念。人生是沒有永恆的，有生就有死，色身再怎麼漂亮也會衰老，變成不好看。所以再怎麼愛護這個身體，死後也帶不走，唯一能帶走的，就是自己所做的善業及惡業。所以師公提倡「佛教第一，自己第二；常住第一，自己第二；信徒第一，自己第二」，多向別人布施結緣修福報，減少我執的同時，人生更有意義和價值。

乘文——

「無常」就是時間的變化，比如太陽的日出日落，就是一種無常的表現。明白無常的道理，對我的幫助很大，就像現在是夏天，天氣很熱，但我都能忍住，因為我知道再過幾個月後，就到雨季了，所以苦惱是沒有用的，只好接受夏天的天氣。

有一次我的數學不及格，在週會時被老師訓話，但我沒有放棄，因為我知道世間無常，只要我下次再努力一點，肯定可以及格，後來我再考數學時，我就及格了。因為一切是無常的，所以永遠不要放棄希望。

乘解 ——

無常就是改變，當我們長大了，就不可能再變回小孩子了，這就是無常。定和尚說每天要用心禪修最少半小時，放下所有妄想煩惱，檢查自己的心，這樣心中的貪瞋癡就會慢慢減少。

有一次，我在教室做功課時，突然覺得有點無聊，很想玩耍。但我又想到在自習時間玩耍，不但功課做不完，萬一被老師看到，就一定會處罰我跪香。我用「智慧」來解決了想玩的問題，而從「貪玩」中解脫出來。

乘教 ——

我們要學習控制這顆心，不要讓心散亂，而造作不應該做的事。比如人是為了活下去才要吃食物，但貪心吃太多的話就很容易生病，所以要控制好自己的心。眾生喜歡唱歌、跳舞、喝酒等五欲的生活，「心」每天都跟貪瞋癡在一起，完全失控。記得在我小時候的一個佛誕節，學長的父親買了很多飲料供養大眾，我當時就是貪心喝太多，所以就現場吐了滿地。我現在明白了貪心是毒，以後會多多注意自己的心。

乘望——

有智慧的人，知道什麼是「正道」，就不會迷路或走錯路。走「正道」，一開始可能會遇到很多考驗，別人的批評，甚至自己也可能懷疑是否選擇正確。但只要堅持，最後一定會幸福快樂。就像佛陀出家修行的過程，魔王多次打擾佛陀，但佛陀依然堅持「正道」，所以沒有被魔王迷惑而走錯路。所以，當我們正確了解「正道」，就不會被壞人干擾，也不會有後悔。我來到沙彌學園出家後，我才知道什麼是對的、什麼是錯的，我的人生有了一個方向和目標。我要學習師公星雲大師「一生為了佛教」的精神，堅持走好出家的「正道」。

乘悟——

菩薩從「十信」位開始修行，首先要對三寶、因緣果報等，生起堅定的信心。因為深信有因果，善有善報，惡有惡報，所以在做任何事前，都會先想「我這樣做可以嗎？」知道修行不是在浪費時間，所以我們才會在這裡修行。如果沒有果報，我們為何還要修行？當然，這世上也有人不相信因果，所以每天都在造惡業。但是，有智慧的人就會做出正確的選擇。

接下來的修行就是「十住」位，意思就是要「安住」在修行的道路上。要能堅持相信佛教、修持佛法，不被人誤導或影響，也不是一件容易的事。每天虔誠拜佛、念佛，回向功德給一切眾生，不管順境、逆境，都能安住在佛法中，道心不退。

之後就是「十行」，也就是要去實踐修行，明白道理後，就要努力去修行。悉達多太子當初看透了「苦」，就知道要去修行，所以才有今天的釋迦牟尼佛，因為實踐了他所知道的道理，所以才能成就佛道。再經過「十回向」、「十地」，最後就會達到「等覺」、「妙覺」的圓滿境界。

佛陀成道前，生生世世修菩薩道，就是從「十信」一直修到「妙覺」，最後一生在金剛座上成佛。如果我們學習佛菩薩的發願，一步一步地修菩薩道，有一天也可以救度一切眾生，圓滿成就佛道。

乘圓——

想要解脫生死輪迴，可以順觀和逆觀十二因緣。為什麼有「老死」，因為有出「生」；為什麼會出生，因為我們做了「有」業，而「生」就是它的果報。如果修行消滅「無明」，就會消滅掉「行」……，最後也消滅了生老病死，解脫輪迴。要斷生死當然不容易，但只要生生世世都堅持修行，就肯定會得到解脫。就像偉大的佛陀，在「因地」行菩薩道時，每一生的轉世都努力增加功德，廣結善緣的修行，到了最後這一生，斷盡煩惱，成就佛道。所以，我們只要學習佛陀的堅持，專心修行，總有一天也會像佛陀一樣圓滿解脫。

乘觀——

能出生為人是很難得的因緣，有些人具備六根，但有些人卻六根不具，這是什麼原因呢？二〇二一年因為疫情，我們回家避難，家人說我變比較白了。我覺得可能是因為沙彌學園環境的關係，所以會有這樣的改變，卻沒有深入去了解真正的原因。定和尚告訴我們，一切都是自己過去所造作的業，所以現在要承擔這個業果。雖然是過去的業，但我們今生可以改進，下一輩子才有希望。感謝定師父的開示，我要向定師父學習，讓自己成為一個有用的人。祝福定師父身體健康、平安吉祥。

乘振——

定和尚說：「用智慧來解決煩惱」，有智慧我們才可以分別好壞，避免做壞事情。例如有一天，我在廚房洗碗時，有一個同學來打我一下，我就生氣想要打回去，但想到如果我打他，就會失去我們之間的友誼。想到這裡，我就決定不打他，這就是我學習「用智慧來解決」我的瞋恨心。

其實在一天裡面，我們看很多東西、聽很多東西，但是看不到自己的心，所以每天都有很多錯誤，就是看不到錯在哪裡。要禪修看我們的心，才會看到自己的錯誤，然後要改過。禪修要用心，不要打妄想，再配合智慧，一天一天進步，就能得到解脫。

乘峻 ——

「無常」是我們現在，不會知道未來會發生什麼事情，更不能控制所有災害，我們只能夠接受無常。有因就有果，「因果」是這輩子做了錯事的因，下輩子就一定要接受惡果。所以，我們要多做好事，才會得到善果。

乘義 ——

「生死」是人人必須面對的功課，會投生到地獄、餓鬼、畜生或出生成為人，一切要靠自造的業力來判斷，誰也避免不了生、老、病、死。悉達多太子遊歷四城門，看到世間種種現相，經過深思後，決定放下財、色、名、食、睡及妻兒、家人等，出家修道，要去尋找解脫的自在。歷經六年苦行，還是不得解脫，最後選擇中道修行而成就佛道。佛陀覺悟緣起法，了解十二因緣是生死輪迴的根本。

記得在上小學時，我們就開始討論「生從何處來？死往何處去？」的課題。同學們來自不同地區，有著不同的文化和信仰，當大家向老師提問人類的根源時，老師告訴我們是上帝創造了世界，所以人類也是來自上帝。我對這個答案非常不滿意，心中不服氣。但為了當下和諧的氣氛，我並沒有說出心中的無奈。後來有因緣接觸佛教，並且到沙彌學園出家，讓我有機會深入了解「十二因緣」，找到了生命起源真正的答案。一切生命都是「因緣和合」，並沒有上帝主宰創造人類的邪說。

凡夫無始劫來因為「無明」，沒有智慧辨別善惡、對錯、是非、黑白，所以造下不正確的「行」為。所有的行為都將會儲存在心「識」中，成為下一期生命，進入母胎的「名色」。名色自然成長出「六入」，也就是六根。當六根（眼、耳、鼻、舌、身、意）接「觸」到六塵（色、聲、香、味、觸、法），就會產生六識（眼識、耳識、鼻識、舌識、身識、意識）不斷分別與染著，對於喜「愛」的樂「受」，就會想盡辦法「取」得。有了「取」的造作，就會留下「有」業，有了「有」的業力，必然會牽引下一期生命的「生」，而有生就必定有「老死」。

乘廣——

世間上一切的事物，全都是因緣和合而生的，沒有任何一樣能獨立的生存。周遭環境、親戚朋友等，都會左右我們的生活。我們無法完全自在的，想做什麼就做什麼，更不能掌控一切，這就是「無常」、「無我」和「空」的道理。

每天禪修練習把心靜下來，不讓這顆心透過「六根」，一直往外追求「六塵」，然後就開始分別執著。做壞事因此而下地獄的是這顆心，做善事因此而修行成佛悟道的也是這顆心。心是善的，還是惡的，就看我們怎麼選擇。

乘諦——

《六祖壇經》說「佛法在世間，不離世間覺」，意思是佛法的解脫法門，是一定要懂得在生活當中實踐。因為佛法不是知識性的學問，而是「生命體證」，所以要不斷的多聞薰習，才更能掌握實踐的方法。

記得剛入學時，我性格散漫又很愛講話，每次在晚自習時，快速地做完功課後，就開始講過去在俗家的種種事情。有一次，我們談得太高興了，沒有注意到講話的音量，所以干擾到其他同學，結果就被老師訓誡了一番。隨著學佛聞法的逐漸深入，我也找到了對治方法，那就是禪修。禪定的練習，可以減少念頭，念想少了，就沒有話題可以聊天了。我用禪修來對治散亂心後，生活寧靜了，菩提種子也增長了。

另外，透過智慧的力量，也是滅除煩惱的好方法。沙彌學園的師長們，就具有這種教育學生的智慧，來處理沙彌們的困難，讓我很敬佩。每一位沙彌的根性不同，有些要用鼓勵的方式來對待，有些要用打罵的方式來訓誡，每個人都不太一樣，全憑老師們的智慧，來教育每一位學生。

過去，我是個很容易發脾氣的學生，即使做錯事了，老師若用打罵的方式來教育我，我肯定無法接受。幸運的是，老師們不曾用情緒來對待我們，而是用鼓勵的方式來教導我，讓我自發性的想要改進自己的錯誤，啟發我想成為一個好學生。真的十分感謝師長們的教育方法，了解我們的根性，給我時間和機會成長。

二六時中我們看到、聽很多東西，就是看不到自己的心，
看不到錯在哪裡。定和尚鼓勵我們修習禪定，用智慧來解決煩惱。

戒壇日記

慧申（乘銘）——

之一

二〇二二年暑假時，得知常住安排了「國際萬佛三壇大戒」，我便開始醞釀準備，一邊面對大學忙碌的上課及考試，一邊騰出時間背誦經咒。但令我感到惴惴不安的，便是三壇大戒後，馬上面臨學校的期中考試。我有能力應付嗎？我的成績怎麼辦？另一方面又擔憂自己是否具備福德資糧？是否能順利登壇受戒？

一天夜裡，我坐在閱覽室讀書時，腦海中突然浮現「風蕭蕭兮易水寒，壯士一去兮不復還」，頓時內心充滿力量，慷慨激昂的告訴自己：「我可以做到！」走出閱覽室外的陽台，眺望宜蘭的夜燈，晚風徐徐吹拂，送來一陣陣的清涼。我是佛陀的弟子，是星雲大師的弟子，不就是「壯士」嗎？還要怕嗎？我應當全力以赴，做好全部的準備。

隔天，我向教授報告參加三壇大戒的事情，並請教期中考試的模式。大部分的老師都允許我們，在參加戒會前提前繳交報告，完成考試。同時，每天安排固定的時間，背誦經文和打坐禪修，讓自己身心更為安住。我時刻提醒自己「我要終身做和尚」，這是我對師父上人的承諾，更是對自己的發願。我很肯定，做和尚就是我的未來。

之二

十月十四日中午，我與四位學長從佛大出發，開車前往高雄總本山。車輪轉動的那一瞬間，內心的激動與興奮無法言喻。從宜蘭到高雄的車程約莫五、六個小時左右，我們準備了一些麵包和飲料充飢，豈料還未食用完畢，我們就抵達男眾學部了。

報到時，引禮法師為我們說明戒會規矩，他告誡我們道：「戒會期間規矩要求嚴格，大家必須要遵守。要成為比丘並不是那麼容易的事情，若你們受不了，可以跟常住說不要受戒。」我對這句話很反感，隨著情緒便拉下臉來，心想：「我是真心誠意來受戒，為何要與我說這些呢？」

用完剩下的麵包後，已經是晚上九點半了。剃過頭後，拿著臉盆進浴室時，卻忘了帶肥皂，於是便請同學拿給我。這時引禮師呵斥道：「淨房靜語，不要講話！」我大吃一驚，便自己出來處理。引禮糾察職責所在，無可厚非，我提醒自己不可忘失正念。

學部早已開大靜，我辦完閒事便放輕腳步走進戒寮，站在窗前合掌，默念釋迦牟尼佛聖號，嚴厲地告訴自己：「進入戒壇，要學習『接受』，不可以有自己的意見和看法。戒壇裡沒有對錯，法師們怎麼說，我們便怎麼做。因為有理是訓練，無理是磨練。」我躺在床上不斷的引導自己，要放下一切思維邏輯、放下一切我執己見。

之三

戒會不允許新戒攜帶手機，可是我習慣用手機看時間，已有一段日子沒戴手錶了。因為擔心自己會遲到，所以便向引禮師借一只手錶。沒想到引禮法師卻叫我聽鐘板信號，不必靠手錶。當下，我也沒有任何選擇，只好每時每刻加快腳步完成事情，以免誤事。

十月十五日早上，板聲一響我便立馬起床，儘快辦完閒事，便下樓排班完畢。引禮法師提醒大家要戴統一的口罩，但我沒有意識到我的與大家不同。引禮法師便呼我法名「慧申」，我卻因不習慣新的法名，而仍渾然不覺。直到對面的學長向我比手示意，我才察覺到自己的口罩顏色和大家的不一樣。為了此事，我的心變得有點浮躁。

從學部出班前往大雄寶殿，走下斜坡時，突然踩到一朵花，抬頭一看原來是洋紫荊盛開了，花瓣灑落滿地。在這斜坡上，在這一片寂靜裡，花兒襯托著生命的香豔，散發著沁透心脾的香氣，瀰漫著我浮躁的心，消弭了雜念妄想，使我獲得了清明警覺。

在靜靜走路的韶光裡，驀然回首，回想起自己九歲入山門，二〇一三年剃度出家成為沙彌。在努力成長的過程中，有父母與師長的犧牲和多少因緣的護持，當然也少不了自己的辛酸眼淚。往事如落葉，在秋風中拂面而來，每一片落葉好似唱著一首又一首的詩句。

早齋完畢，回到學部準備面試。走上大智殿，看到來自印度的學弟們，坐在一旁閉目養神，感覺到面試的問題，有些許困難。我深吸一口氣，提醒自己以平常心面對。

和尚問：「你從哪裡來？」我還沒來得及回答，他又再問：「是不是從印度來的？」

我回答：「是，我是印度的！」

他凝重的又問：「你現在就在印度沙彌學園嗎？」

「不是。」

「佛光大學？」

「是。」

他意有所指的說：「對嘛，從佛光大學來就說從佛光大學來，何必要說是從印度來呢？」

我默然點頭，對自己未經深思熟慮就開口回答，表示慚愧。

他又說：「舍利弗、目犍連有上過大學嗎？六祖惠能有上過大學嗎？」對這當頭棒喝的開示，我點頭表示受教。只是想不明白，舍利弗和六祖惠能的時代，並沒有大學啊，為什麼說他們沒有上過大學呢？所謂「假使熱鐵輪，於汝頂上旋，終不以此苦，退失菩提心」，我體悟到和尚苦口婆心的告誡我，不要被學問、知識、名利等，忘失菩提心，我會永遠銘記於心。

光陰荏苒，等待了十年，終於今年有機會受大戒了。感恩一切成就我法身慧命的因緣，我發願安分守己，懇切學習，接受善知識的教誨，做好一名來自天竺的佛光弟子。

之四

二千六百年前，悉達多太子在菩提迦耶開悟成佛，從此法音宣流在恆河兩岸，佛陀的獅子吼，曾經震悟萬千迷茫的眾生。佛陀涅槃後，如來一代時教，歷經時代的變遷與戰亂，隨潺潺恆河，經為法忘軀的祖師大德們，匯入印度洋傳遍全球。

遙遙天竺，曾經是世界的教育中心，唐朝的法顯大師和玄奘大師，就有幸遇見那爛陀大學曾經的盛況。當年龍樹菩薩振興大乘佛教，後來成為漢傳佛教的八宗共祖。敬服這些祖師大德，為了傳承佛陀的法脈，不惜粉身碎骨。

時光來到二十一世紀，在洋紫荊盛開的秋天裡，我來到了異國他鄉的台灣。虔誠跪在佛陀的座下，祈求登壇受戒，成為佛陀的弟子。三壇大戒儀式殊勝震撼人心，微妙的鐘鼓聲，震動了我內心的三千大千世界。當下，我感激不盡，因為「人身難得今已得，佛法難聞今已聞，此身不向今生度，更向何生度此身？」實在是一時千載，難遭難遇的因緣啊。

二壇請戒時，新戒跪在成佛大道兩單「恭迎十師」。我強忍著膝蓋的劇烈疼痛，觀照一切無常，如同碧空中變化的浮雲，沒有固定永恆，疼痛也是如此，終會消滅。當下抬頭，剛好看到十師和尚的袈裟一角，馬上感到幸福美好，不再疼痛。

在殿堂正授戒法，或合掌誦經、或跪拜頂禮，瞻仰佛陀聖相時，佛陀的眼睛好似也在凝視著我。佛陀對著我微笑，我也對佛陀微笑，這微笑含藏了佛法智慧，當下我納受了殊勝的「戒體」，法喜與感動遍滿一切處。

三衣披搭在肩上，雖然感覺有點「重」，但我有信心要力挽狂瀾，將來要把印度佛教復興起來。曾經玄奘大師與法顯大師冒著生命危險，到天竺取經；如今印度的沙彌，浪跡天涯到台灣佛光山受戒，為的便是日後將佛法，在印度再次發揚光大，菩提覺花將會在天竺佛國盛開。

慧典（乘量）——

我們暑假回總本山時，聽說常住要舉辦「國際三壇大戒」，要我們向學校請假參加受戒。為此大事，我們回到學校後，一邊上課，一邊為受戒做準備。請假的過程幾經波折，好不容易才得到允准，又要思考與戒期重疊的期中考試日期。幸好老師們慈悲，接受我們以提前交報告的模式完成考試。

經歷了一些過程後，我們在十月十五日下課後，立即開車回山。晚上八點半左右終於回到常住，準備參加三壇大戒，我感到無盡的法喜。感謝常住給予我們難遭難遇的機會，在星雲大師座下出家、受具足戒，成為正式的比丘僧。

隔天早上面試時，和尚問了很多問題，比如你為何而來？為什麼要出家？已經出家了還要出家嗎？你有什麼資格出家？出家後要做什麼？而最後一個問題最特別，他問：「你懂中文嗎？」我心想，我們不是一直在用中文溝通嗎？再說，不懂中文我也不可能讀佛大吧！

戒會第三天，我們才正式受初壇沙彌戒。二〇一二年我曾在沙彌學園受過十戒，如今重受，又經保和尚講解，更加清楚戒條內容。保和尚也為我們講比丘戒，我因為之前有稍微看過比丘戒的大綱，所以比較聽得懂和尚的解說。菩薩戒則由定和尚解說，和尚把《瑜伽菩薩戒本》和上座部戒條進行對照，讓我們了解漢傳大乘菩薩戒的同時，也了解南傳菩薩道的精神。

受戒儀軌很講究，跪拜起立、合十放掌、梵唄唱誦等，非常的殊勝，令人法喜充滿。只是長跪時間有點長，使我膝蓋痛得無法忍受，於是試著轉移注意力，專注在莊嚴的佛像上。藉由觀想佛陀的威德，不久身體上的酸痛漸漸消失，感恩佛陀為我「拔苦與樂」！

除了正授典禮，戒會也安排了許多課程，禮請本山長老，以及友寺住持法師大德等，為我們上課開示，增廣我們的見聞，使我們初學新戒受用無窮。課程包括：怎樣做個出家人、學佛行儀、禪門語錄、佛事儀、佛陀本懷、往生助念、為僧之道、我一生只做一件事「做和尚」、得戒和尚開示、菩薩行證及貧僧有話要說等。

戒會還安排了行腳托缽，讓我們新戒體驗佛世時的「托缽乞食」生活。一般在南傳佛教國家托缽，信眾是供養食物，而在漢傳佛教地區，轉變成供養金錢了。這是我第一次參與行腳托缽，看到信眾對佛教的熱忱、護持與信仰，令我感動不已。師父上人期許行腳者「走出國家富強的道路，走出人間光明的道路，走出佛教興隆道路，走出佛子正信的道路」。

最後，感恩過程中所有順逆因緣的成就，讓我們順利圓滿「國際萬佛三壇大戒」。

慧寧（乘諦）——

2022.10.5

有一天，我們在大雄寶殿打掃時，兩個學弟談到在海外讀書的學長，要回總本山受戒了。我聽到後又喜又悲，歡喜學長們終於能受戒了，同時悲哀自己因緣不具足不能參加戒會。我就對佛陀發願，祈求慈悲的佛陀給我因緣受戒，讓我能再往前一步地自利利他。

所謂「人有誠心，佛有感應」，沒想到過幾天後，老師便問我們是否有意願受大戒，要我們好好想一想，甚至彼此討論後再做決定，我們當下就直接回答說要去受戒。過去我雖然認識佛教，但從來沒想過要出家，是星雲大師在印度創辦了沙彌學園，讓我有機緣出家學習，因此就有了現在參加三壇大戒的寶貴機會，真是覺得自己三生有幸。

戒會規定年滿十八歲，才有資格申請參加三壇大戒，而我今年才十七，應該是沒有機緣的。但是常住慈悲，特別允許我受戒，所以我五體投地的感謝常住及師長們。在學園當沙彌，學習佛法準備了九年，心中嚮往成為真實的比丘，如今終於可以受戒了。要成為法師，的確需要大福報，因緣成熟時，才能滿其所願。

因為疫情的原因，我們從印度出發前，就要準備很多的資料。經過一些曲折後，終於等到了飛往台灣的日期。原本得到的訊息是到台灣才要線上填寫的「入境檢疫表格」，但在印度機場辦登機手續時，被地勤人員要求我們現場填寫。

因為手機沒有網路，又因為緊張，所以我一直無法填表格。我告訴自己不要慌張，先把心定下來，用冷靜的頭腦去處理困難。最後，我們在飛機起飛前通過所有關卡，登上飛機，順利到了台灣。

2022.10.14

到了台灣後，政府規定要隔離七天。單獨一個人隔離在一間房間七天，無聊得實在難以想像。幸好房間抽屜裡有《貧僧有話要說》，我就心滿意足的讀書，覺得收穫滿滿，沒有浪費時間。

戒會開始前，要先通過一場面試，我想應該只是問一些簡單的例行問題。但在一樓排隊等待時，就可以很清楚的聽到，二樓面試法師的叫喊聲，讓人覺得有點害怕。過去師父上人受戒時，引禮師父也是「有理三扁擔，無理扁擔三」，用棒喝的方式來對待師父上人。但他道心堅固，經得起考驗，並沒有被打倒。我很崇拜師父上人的堅持，所以學習他的精神，無論戒師怎麼對待我，我都不會反抗，因為我的目標只有一個，就是要受大戒。

雖然如此，輪到我時，心中難免還會七上八下。我提醒自己，師父給我法名慧寧，叫我用智慧把心寧靜下來，才有辦法寧靜致遠。這樣想後，心安定了許多。

主考法師問我：「是你自己要來出家的嗎？」我回答：「是」。他又問：「可以不忘初心嗎？」，我回答可以。其實他的問題並不難回答，我覺得最大的考驗與挑戰是自己可以堅持到底嗎？我從那天起就開始思考，要怎樣才可以堅持出家的身分，直到生命終結的那一天。

面試後，引禮法師為我們講解戒場規矩，及一些戒會期間要完成的功課，其中便有背誦考核。我不怕背誦，我認為只要用功一點就可以背完。我害怕的是唱誦，因為我覺得自己是個五音不全的人，這個考試要怎麼通過呢？

從來就沒有人讚歎過我能唱誦，沒想到我去抽考唱拜願時，引禮法師竟然誇我唱得不錯，而且還問我是否當過維那。我被引禮法師的話鼓舞後，就有信心唱完所有的讚佛偈。所謂「自依止，法依止，莫異依止」，先要對自己有信心，再透過個人的努力，不打退堂鼓，才有辦法成功。

2022.10.16

今天心培和尚為我們講解《沙彌律儀》，他說戒的根本精神是不侵犯，是尊重別人，持戒的人才能獲得真正的自由。有些人卻認為受戒是一種束縛令人不能自在，而且萬一犯戒了就會獲罪，所以都不願意受戒。但我覺得這不是一個正確的觀念，因為持戒才能真正自由自在。

過去，我有一個壞習慣，就是當我的鉛筆用完後，我就會拿其他同學的鉛筆來用。不問自取就是偷盜，所以當有人的東西不見時，大家都會以為是我偷的。我就這樣常常被懷疑偷東西，所以非常不自在。後來我發願捨棄這個壞習慣，不再隨便「拿」別人的東西，之後就再也沒有人懷疑過我是小偷了。從此以後，我就是自由自在的人，因為沒有偷盜，所以不會有被抓的煩惱。

《佛遺教經》云：「戒是正順解脫之本」，持戒沒有偷盜、妄語、淫欲等煩惱，所以一定會有功德。所謂「戒為無上菩提本，應當一心持淨戒」，我們不但不可犯戒，而且還要修布施增長福德，修禪定增長智慧，乃至最後得到最圓滿的解脫。

慧淳（乘勇）——

2022.10.14

我今年能有因緣參加三壇大戒，是作夢也沒有想過的事。雖然老師曾經告訴我們，常住今年會舉辦戒會，要我們先為背誦考核做準備，但是想到戒期是在學校上課的日子，大學老師應該不會允許我們請那麼久的假，所以這次應該是因緣不具足。其實，老師們都是佛教徒，知道三壇大戒的重要性，所以當我們報告時，馬上得到校方的同意，大家都願意成就我們去受戒。

接下來就是辦簽證的問題了。因為疫情的關係，所以台灣政府很嚴格審核簽證，非常感謝定師父及常住法師們，為我們處理相關文件，過程非常的辛苦，最後讓我們順利地拿到簽證。

從學校請假，到申請簽證，乃至訂購機票等，一切都是不容易的好因好緣，成就我們出國受戒。所以，我帶著感恩的心，感恩常住、師長們的栽培，珍惜這一次難得的緣分，回總本山受戒。

2022.10.15

今天是三壇大戒的第一天，我的心情非常緊張，尤其是想到師父上人當初受戒時，戒師對他「有理三扁擔，無理扁擔三」的考驗，我們是否也會遇到這麼嚴格的戒師？是否也會被打？

還好我不是第一個面試者，但看著一個個從面試室走出來的戒兄們滿臉通紅，我就更加緊張了。很想跑前去問他們：「裡面怎麼樣？都問些什麼問題？會不會打人呀？」但是戒會期間大家都要禁語，所以不能發問。只好自我鼓勵，以平常心去面對，不必想太多。

終於輪到我面試時，看到引禮師手中並沒有拿棍子，就安心了許多。然後陪堂和尚就開始問我：「是你自己要來出家的嗎？」我回答：「是。」

「你可以忍受戒會嚴格的要求嗎？」

「可以。」

「能發菩提心受戒嗎？」

「能。」

「你知道眾生難度，你要付出很多、犧牲很多，會很辛苦的，你做得到嗎？」

我心中第一個念頭就是「不經一番寒徹骨，焉得梅花撲鼻香」，當然要辛苦、要付出和犧牲，才會有所成就。我發願未來要盡心盡力為佛教做事，勇敢的去面對一切考驗，完成我們出家人的本分事。

2022.10.16

今天開堂和尚為我們新戒開示，講了很多鼓勵的話，叮嚀我們要堅固道心、不忘初心。常住、長老師兄及護法信徒們，為我們付出那麼多，我何德何能，心裡非常的慚愧。我之所以能得到大家的愛護與支持、能好好的出家受戒，都是因為師父上人及佛光山常住，師長及父母的加持，所以心中非常的感恩。

十年樹木，百年樹人，佛光山常住師長們的教誨之恩，我一生難忘。感恩師長的啟發、教導、關愛與照顧，給了我一雙有力的翅膀，使我能夠飛翔在佛法之中。師恩浩蕩，感恩師父上人在印度成立沙彌學園，給了我出家學佛的機緣；感恩學園的師長們，給我們最好的學習環境，期盼我們「青出於藍，更勝於藍」，讓我們身心安住，健康成長。常住、師長這份恩德，我將永遠銘記在心。同時，我也要感激父母親送我到沙彌學園出家，因為他們睿智的決定，為我選擇了最有前途、最偉大的道路。

一個人能出家，背後要有多少人的付出、支持與成就，所以師父上人叮嚀我們「要終身做和尚」，我們一定要牢牢記住，千萬不可辜負師長、父母和信眾對我們的期許。我發願一生要把和尚做好，更要做個正派的出家人。

2022.10.22

當佛陀即將入涅槃時，阿難尊者請問了四個問題，其中一題跟戒律有關，就是佛陀在世時，弟子以佛為師，但是佛陀入滅以後，弟子們應該以誰為師呢？《佛遺教經》云：「汝等比丘！於我滅後，當尊重珍敬波羅提木叉，如闇遇明，如貧人得寶，當知此則是汝等大師，若我住世，無異此也。」也就是說現在佛陀不在了，我們要「以戒為師」，就像佛陀在世時，我們以他為師一樣，可見戒律的重要性。

佛陀成立僧團最初的十二年間，弟子精進學佛，不行惡法，所以佛並沒有為僧團規定戒條。後來，僧團開始出現不如法的過失，佛陀為了保持僧團的清淨，便開始制定戒律。很多人覺得持戒很不自在，很有壓力，其實持戒的意涵就是師父上人所倡的「三好運動」，也就是要我們三業清淨，這樣聽起來就簡單了很多。

持戒可以昇華自我、可以淨化內心、可以進步道業、可以提起正念，修道之人應該深入了解每一則戒條，因為「戒住則僧住，僧住則法住」，所以未來要度眾生，先要從淨化自己開始。

2022.10.24

今天要受比丘戒了，我非常期待、非常興奮與歡喜。雖然演禮的過程有點辛苦，但比起過去長老師兄們受戒時的艱苦，現在戒常住已經給我們很多「方便」了，所以我們應當平常心的去忍耐接受。

所謂「天下叢林飯似山，缽盂到處任君餐，黃金白玉非為貴，惟有袈裟披肩難」，登壇受戒是一時的，典禮總會結束，但出家是一生的，受戒的熱忱與法喜，一定要保持一生，絕對不可以有「學佛一年，佛在心中，學佛三年，佛在天邊」的心態。

〈弘法者之歌〉云：「尊者富樓那，布教遇蠻兇，犧牲生命都不惜，祇望佛法可興隆」，又云：「尊者目犍連，為法遭賊兇，粉身碎骨心無怨，祇望佛法可興隆」，我不知聽了多少遍，但每次聽都會生起為佛教奉獻的道心。富樓那與目犍連尊者的弘法精神，使我道心堅固，對佛道修行更具信心，所以我要以他們為榜樣，與我的同門道友們一起加油，彼此鼓勵，「為教做先鋒」、「為聖教爭光榮」。

2022.11.1

三壇圓滿後，戒會最後兩天安排我們去行腳托缽。真的不可思議，整個托缽過程，我不覺得害羞，也不覺得驕傲，只覺得自在逍遙，非常的法喜。一路上，從小孩到老人，都歡喜地在排隊，耐心的等待托缽隊伍。他們臉上的笑容和那份要布施的熱情，讓我感動。是佛陀的偉大，是師父上人努力帶動佛教的功勞，使台灣佛教興盛，人人對佛教恭敬信仰。

托鉢又叫「化緣」，是供養者在跟佛教、佛法、常住結緣，在增長福德因緣，將來果報成熟時，自然會開花結果，所謂「十方來十方去，共成十方事；萬人施萬人捨，同結萬人緣」。所以，我不怕自己無福消受信施，因為托鉢收到的供養不是我的，而是常住、大眾的，我只是代表常住來接受今天的供養，成為常住與信眾之間的橋梁。

佛陀當初帶著弟子們到處行腳，弘法度眾，使佛法更加興隆。所以我們人間佛教的弟子，也要走進社會，接觸人民，才能夠傳播佛法，度化眾生。行腳托鉢雖然身體上會覺得累，但是非常殊勝又有意義，心裡一點都不覺得辛苦，能為佛教、為常住做一點事，我只覺得感恩與歡喜。

慧善（乘信）——

2022.10.15

首先很感謝常住、師長，以及所有有緣人，成就我們回台灣受大戒，我覺得很幸福。由於我即將升上大四要寫畢業論文，所以當我向學校請假時，老師並不批准。經我說明原因後，老師不但立馬准假，而且還鼓勵我要好好珍惜這份受戒因緣，令我無比的歡喜。

自二〇一八年從沙彌學園畢業後，大家各奔前程，而我就到泰國讀書，我們偶爾透過網路視訊通話聯絡。今年因為受大戒的因緣，大家很快就能在台灣見面，這讓我感到很開心。

戒會期間有很多規矩要遵守，而且引禮法師一定會嚴格的要求我們。所以，我開始緊張，擔心自己是否能適應，腦海中浮現很多亂七八糟的問題，害怕自己萬一不小心犯了規矩怎麼辦？

我轉念一想，這大戒是我自己要受的，是自己選擇的路，所以即使是會受苦，我也應該勇敢忍受，自己承擔。就好比鑽石，要從一顆普通礦石，到昂貴鑽石的過程，不知道要經過多少工序才能完成。我們也像鑽石一樣，需要很多的磨煉才能修行圓滿。所以，我鼓勵自己未來若受苦時，不要緊張慌亂，忍一忍就是，因為痛苦一定會過去，而美好必將留下。

2022.10.16

三壇大戒的第二天，今天最精彩的就是早上的面試。我原本以為這只是一個儀式而已，畢竟我已出家當了九年的沙彌，常住都很了解我們，更何況我從來就沒有質疑過這出家的身分，所以戒會很有可能不會安排我們去面試。

沒想到最後我們還是要去面試，「是你自己要來出家嗎？」、「你在泰國學習的如何？」、「在那邊有沒有敲打法器呢？」，都是一些生活、學習相關的問題。

我想起師父上人受戒時，引禮師也對他問了很多問題，令他倍受打罵與折磨。但師父道心堅固，化種種考驗成為他的力量，沒有被困難打敗。我們很崇拜師父上人的偉大成就，有幸成為他的弟子，一定要向他學習，發願把他的理念傳遍世界。

除了面試，今天也聽了心培和尚和依恆法師的開示。培和尚上「沙彌律儀」時，講到戒律的精神與如何在日常生活中提升自己，受戒就是不侵犯他人，就是要尊重每一個眾生，讓我們對戒律有更深一層的認識。

2022.10.17

三壇大戒第三天，今天整天都在演禮，到了晚上身體難免疲倦，但內心卻是法喜的。白天在大雄寶殿的那份喜悅，是很獨特的感受，讓我非常難忘。

《初壇請戒》儀軌中的〈說戒開導〉，提到出家與在家之間的差別，「原夫在家出家，只在形相差別；真心修行，一樣可以開悟證果，然眾生輪迴生死，皆因無明貪愛，故佛陀開示出離之道，而令出家；開示解脫之道，而令捨愛」。說明了真正的出家人，應該要「身」與「心」都捨離貪愛，一心修持佛法，才是出家的本意。

我反省自己有沒有像個出家人？有沒有身心都出家？有沒有真心修持佛法？我知道自己有所不足，所以更發願要好好努力、用心修行，將來一定要發心弘法度生。

2022.10.18

今天初壇正授，我又再次受了沙彌十戒。之前在印度沙彌學園，長老心定和尚已經為我們傳授過沙彌戒了。但是當時我才十二歲，中文程度又不好，理解能力有限，所以有很多搞不清楚的地方，甚至都不知道出家的意義。如今我已成年，再度受戒的感受完全不同，我很清楚地知道，出家是我自己選擇的道路，所以能跟著自己的意願走，我感到非常歡喜。

今天有四位法師給我們上課，講授的內容都非常精彩，讓我在佛法大海中，看到自己的心。其中香光尼僧團悟因長老尼，開示我們出家的意義和修持的方法；佛光山長老慈容法師，鼓勵我們要廣學多聞，而滿謙法師則教我們要發心和忍辱。晚上「禪門語錄」的課程，依來法師說生活就是禪，教導我們用禪的角度來看待每一件事情。

2022.10.19

回想起第一天進入戒場時，對規矩不適應而產生的種種不喜歡和身心痛苦，經過四天下來，我終於慢慢了解到，這些不適應其實都是自己內心所創造的煩惱。我是為了受戒而來的，這些規矩要求就是要考驗我們的道心，我應該用智慧，勇敢的克服內心的煩惱，這樣才能找到真正的自己。因此，我要特別感謝戒會及諸位引禮法師們的嚴格，幫助我改變自己。

今天，心保和尚開始給我們講「比丘戒」，保和尚說明戒律的起源和涵義，也提到當時因對戒律見解的不同，而造成了僧團的根本分裂。感謝常住為我們新戒安排了很多課程，增廣我們的佛學知識，我一定會好好消化這些課程內容，細細思惟個中的道理與精神。

2022.10.20

佛光山的四大宗旨是「以文化弘揚佛法、以教育培養人才、以慈善福利社會、以共修淨化人心」，我們可以依此展開度化眾生的事業，例如可以講經說法淨化人心、慈善救濟拔苦與樂、經懺佛事服務信徒、推廣教育正智正信等。感謝師父上人提供我們那麼多弘傳佛教的方向，雖然大家現在很少見到師父，但從長老法師們的開示中，依然處處都能看到師父上人的理念、教育與精神。

今天，叢林學院男眾學部院長慧昭法師為我們上課，講解了梵唄的歷史背景和唱誦類別，讓我們增加很多有關漢傳佛教法器及唱誦的知識。《華嚴經》云：「以音聲作佛事」，幾乎人人都喜歡音樂，所以用歡喜心來歌詠佛法、用佛教音樂來接引眾生，既可以自利陶冶性情，也是弘揚佛法的方便法門。

2022.10.22

二壇正授的前一天晚上，常住慈悲安排我們懺摩佛事後，回到大智殿繼續拜佛懺悔。我向文殊菩薩發願，會好好深入佛法，將來可以用簡單的語言，把佛法傳遍十方，讓眾生種下成佛的種子。拜佛時，我內心感到無比平靜和法喜，我知道自己已經準備好要受持比丘戒了，我已確定此生的道路，對未來充滿了信心，非常感恩這次戒期的殊勝因緣。

2022.10.24

我今天非常非常高興，因為我終於成為比丘，一個正式的出家四眾弟子了！從此在佛教僧伽裡，有了一個合格的位子。其實，自從進入沙彌學園後，我就一直等待這樣的一刻，終於在十年後的今天，能夠如願以償。

在二壇正授時，我感覺到一股清淨的威力，「稽首禮諸佛，及法賢聖僧，今演毘尼法，續僧伽命脈，正法得久住，三乘果不絕」，我願盡形壽續佛慧命，令佛教長住世間，流傳到印度的每個大街小巷。

最後，我要再次的感恩常住、師長、父母家人及一切因緣，成就我順利的受持比丘戒，我會努力學習佛法，不辜負大眾對我的栽培與期望。

2022.10.25

今天是我人生第一次，在總本山的大雄寶殿司打法器，雖然有一點緊張，但仗佛威力加持，所以法器司打得如法如儀。其實，能在佛光山大雄寶殿打法器，是我多年想要完成的夢想，今天能有這個難得的機會，我是永遠不會忘記這樣的感受。所以，人一定要有夢想，然後逐步的築夢踏實。

晚上慧昉法師的課，讓我深深體會到師父上人創立佛光山的偉大，師父所培養的弟子都非常的優秀，都是我們新戒學習的對象，從他們的人生故事中，啟發自己的僧涯規劃。很感謝常住為我們安排這些課程，能聽到這些開示，都是非常珍貴的學習。

2022.10.26

當我通過高考，從沙彌學園畢業後，我選擇了到泰國留學。因為定師父跟大學的友好關係，所以我很順利的就完成註冊，而且學校的老師都很歡迎我們。每個週末回到泰華寺學習，從定師父的身上，都能感受到一個弘法者的熱忱和菩薩道的慈悲精神，七十高齡奉師父上人慈命，發心到南傳國家建寺，如今八十歲了，還處處想要滿足眾生的需求，建立各種施設。

以前在沙彌學園，心定和尚每年都會為我們開示，講解沙彌十戒、出家的意義與修行的重要性。沒想到今天，常住禮請了定和尚，為我們講菩薩戒。此刻能再次聽到定師父的開示，我特別開心。戒律是我們日常行為的規範準則，錯誤的行為成就了惡業，就會導致未來生的惡果。如果人人遵守戒律，不侵犯他人，我們的世界就會變得清淨。

2022.10.31

三壇大戒最後兩天，常住在三個地方安排了行腳托鉢活動，分別是佛光山、嘉義地區以及台中地區。我們二百〇八位戒子，加上男女眾學部師生共三百多人，懷著感恩之心參加了這個殊勝的佛事。

我想起師父上人剛到台灣時，帶領青年騎腳踏車弘法布教，喊出「咱的佛教來了！咱的佛祖來了！」的感動。雖然我沒能來得及參與當時的盛況，但如今行腳，親耳聽到這些口號時，我感覺到師父上人，就真實的在面前指導著我們，行走菩薩道的每一步。這份觸動，非筆墨所能形容。

在泰國讀書，放假前學校都會安排到森林或河邊進行戶外禪修課程。每天的早餐和午餐，我們都要光著腳去托鉢，體驗佛世時的乞食制度。雖然在台灣的托鉢，信徒們供養的是金錢，但供養的虔誠度是一樣的。在台中的托鉢最令我感動，因為看到信徒們在雨中，堅持等著我們接受他們的供養。他們對佛教三寶的信心、對僧眾的供養心，讓人感動法喜。

慧緣（乘義）——

2022.10.15

要具備福德因緣，六根具足、身體健康的人，才有資格參與三壇大戒。還要感恩得戒和尚慈悲開壇授戒，實現我們成為佛門四眾弟子的願望。所以，能夠受大戒是三生有幸，難能可貴的，我們應當好好的把握一時千載、千載一時的因緣。今天是戒會的第一天，我要真心誠意的對過去所造做的惡業懺悔，希望順利得受大戒，今世再努力精進，創造更美好的未來。

長老慈容法師要我們成為佛門龍象，我自忖自己膽小害羞，不知道如何面對大眾，所以擔心自己不郎不秀。但我決定要放下一切罣礙，學習承擔如來家業，腳踏實地一步一腳印的勇往直前，畢竟自己即將成為一位比丘，理應努力上進。所謂「要作龍象，先做馬牛」，我相信只要勤勞服務，老老實實的努力上進，一定能有所作為。

2022.10.18

今天初壇正授順利圓滿，提醒我們對修行要負責，道心要堅固，要有堅毅不拔的信念。我要發「恆長心」終身做和尚，努力實踐六度菩薩行，因為「人身難得今已得，佛法難聞今已聞，此身不向今生度，更待何生度此身？」，所以即使遇到挫折，也要不忘初心，時時刻刻想到「為了佛教」，就能凡事「心甘情願」、「不惜生命」。

2022.10.19

之前受「沙彌十戒」時，我就擔心自己是否能持戒清淨，如今要受更多戒條的「比丘戒」，心中就更是惶恐不安。經過心保和尚為我們講解《四分律》後，我覺得自己做對了選擇，不應再胡思亂想，肯定自己走上出家之路。感恩一路走來，有常住師長的教導，讓我們知道如何勇敢守戒。所謂「凡走過必留下痕跡」，只要我們有上進心，就一定能清淨圓滿。

2022.10.20

今天《四分律比丘戒本》講完了，我體會到佛陀的慈悲心和威德力，為了使弟子們在僧團安住辦道，而制定了嚴格的戒律，並且詳細講解說明了每一條戒律。《佛光菜根譚》云：「常聽大法，心志自宏；銘記初心，悲願彌堅」，我會銘記佛陀的教誨，學習佛陀的慈悲，行菩薩道，廣度眾生。

2022.10.22

所謂「一子出家，九族升天；若不升天，諸佛妄言」，割愛辭親出家修行的福報很大，可以回向報答父母養育之恩德。只要自己安住身心，承諾做一個正派的出家人，而且要像得戒和尚星雲大師一樣，一輩子就當出家人。當下，我的內心充滿感動與歡喜。

2022.10.24

我們經常會執著過去，幻想未來，卻從來沒有活在當下，所以事情總是無法圓滿處理。還未到本山受戒時，我就一直在幻想戒壇是怎麼樣的呢？現在已經在戒場了，還是經常打妄想，時而回想過去，時而展望未來。我應該停止心猿意馬，活在當下，才能圓滿每一件事情。

慧廉（乘得）——

2022.10.15

當我得知總本山要舉辦三壇大戒的消息時，就覺得滿心的歡喜，自己終於有機會登壇受具了。但是，戒壇日期跟開學日期衝突，我們必須想辦法向學校請假。等到學校准假後，常住就為我們處理簽證和機票的事情。一切因緣具足後，我們於十月七日抵達桃園機場，再坐六個小時的車，大約凌晨兩點才到佛光山。在三好樓隔離七天後，十四日下午到傳燈樓向常住銷假。容師父開示鼓勵我們，並發給我們新的法名。

今天是戒會的第一天，演禮、上課和威儀訓練等，行程滿滿。上午報到面試時，和尚問我為什麼要學佛？為什麼要出家？出家路上會遇到的苦難都能忍受嗎？捨得割愛辭親嗎？我覺得這些問題都很重要，因為和尚在指導我如何不退道心、不忘初心。

出家人追求真理，透過學佛認識自己，知道怎麼如法生活，能去除種種煩惱。修行就是給自己一個空間，自我改進，激發自己的潛能。我出家前頭腦不靈巧，出家學佛後慢慢進步，因為佛門給我環境，重新認識自己，發現自己的不足之處，應該往哪個方向努力進步。出家人的目標就是要解脫，從欲望、脾氣、名利等解脫開來，不忘正法、懺悔業障，同時還要慈悲對待一切，弘法普度眾生。

雖然出家會遇到不少的考驗和磨難，但這些經歷都會給我們一種力量，更勇敢的去面對更大的困難。所以我們不必排拆苦難，反而要在困苦中學習，接受困難，以佛法為我們的明燈，努力用功修行，鞏固我們的道心。

感謝和尚面試的發問，增加我們的道念，感謝引禮法師們，戒壇儀軌的引導，使我們如法如儀。

2022.10.18

我昨晚第一次參與那麼多人的懺摩佛事，所以覺得有點緊張。懺摩就是給我們機會慚悔滅罪，為隔天正授做準備。大家都很大聲的唱誦，美妙的梵唄聲，淨化了我們的身心。只是長跪時間太久，我感覺膝蓋很痛，很希望演禮趕快結束。其實，師父上人當初受戒時，跪在砂石地上數小時不動，石子透過衣服，都嵌到肉裡面，但他都不退道心。所以，我也學習師父的精神，乖乖的跪著，一切妄想慢慢消失了。

今天是初壇正授，羯磨和尚將十戒逐條一一問我們「能持否」，我們都很大聲的說「能持」，長老們讚美我們回答得很真誠。我們二百〇八位戒兄弟，一心一意一起受了沙彌十戒，大眾的力量，彼此鼓勵，不會忘記今天發願做一個出家人，要不退初心，做個有用的出家人。

2022.10.19

保和尚今天為我們上《四分律》，我一直很好奇比丘戒的內容，因為我想了解佛陀是如何指導比丘的日常生活。戒律的根本精神是不侵犯而尊重別人，持戒才能得自由，戒律提醒我們什麼該做，什麼不該做。持戒的人，慈悲的性格自然生起，就會主動出來社會幫助人。

由戒才能生定，有定才能啟發出世間的智慧，所以出家人的修行，要從持戒清淨開始。有了清淨心，信徒供養才會得大功德，所以出家人要「勤修戒定慧，熄滅貪瞋癡」。

戒會每天安排長老大德為我們開示，讓我們認識到很多道理，建立正確的觀念。身為佛弟子，就應當好好學習佛法、珍惜因緣，尊重出家的身分，照顧好行為舉止，提起正念，發揮生命的意義。感恩今生有因緣學佛出家，發菩提心用功修行提升自己，學習師父上人「一生只做和尚」的精神，走好出家修行路。

2022.10.24

今天早上開堂和尚教我們「吃缽飯」，實在是不簡單，必須注意很多細節與動作，一不專注就會做錯。我因打妄想而忘了把湯匙放到缽裡，糾察師父就來提醒我，所以出家人光一個吃飯的修行，就不容易了。

下午二壇正授，代表我們已經是真正的「大僧」了。出家人要守持戒律，了解自己的不足與習氣，尤其是壞脾氣、嫉妒心、傲慢等，要想辦法去除這些煩惱。還要開始做種種的善事，為社會服務，積極教化眾生，修福修慧感恩知足。

2022.10.30

這幾天心定和尚為我們講菩薩戒，強調菩薩要發菩提心，要清淨持戒，更要精通佛法等。一般人遇到挫折時就會鬧情緒，接著煩惱委屈就來了，失去了喜樂就無法修菩薩道。菩薩要廣學一切佛法，要受得起委屈，要減少煩惱，甚至學習把眾生的委屈、煩惱背負在自己的身上，培養自利利他的性格，拔除眾生的痛苦，散播歡樂給大家，廣度一切眾生。

昨天演禮三壇正授，讓我們先熟悉程序，加上講戒開示，使我們對菩薩戒有概念，今天正式正授時，儀軌才得以順利進行。受戒時間是早上五點半到八點，在成佛大道舉行，這時間點很美妙，空氣清新，環境又很平靜，四周鳥語花香，感覺大家都來鼓勵我們、護持我們受戒，我覺得很幸福。

《發菩提心經論．誓願品》云：「菩薩發心，先建至誠，立決定誓，立誓之人，終不放逸、懈怠、慢緩。」菩薩以發菩提心為出發點，學習諸佛「無緣大慈，同體大悲」的精神，上求佛道，下化眾生，就能突破種種困難障礙。

2022.11.1

戒會最後兩天，常住安排行腳托缽佛事，給信徒機會種福田。這是我第一次參加托缽，對行腳完全沒有概念，感謝引禮師父教我們怎麼拿缽、怎麼走路、要注意哪些威儀等。我原以為信徒會投食物到我們的缽中，後來發覺供養的是錢。這些淨財供養，是常住弘法利生的資源之一。

第一天到嘉義地區，我們五點半就開始托缽，我看到信眾臉上充滿歡喜。第二天到台中時，信徒們已經排隊等待我們，有一位小朋友跟我們說：「師父！我們等你們很久了。」聽到這句話，我覺得很慚愧。也有很多佛光人來結緣，我們彼此說祝福的話，他們鼓勵我們好好修行，早日成佛。我們祝福他們家庭和諧、事業順利，對年輕學子，我們就說快高長大、學業成就。

我感受到信徒的熱情，甚至不介意淋雨排隊等待托缽隊伍，我們效法佛陀托缽弘法的慈悲精神，讓佛法普及世間，讓我們「走出國家富強的道路、走出人間光明的道路、走出佛教興隆的道路、走出佛子正信的道路」。

慧景（乘良）——

2022.10.15

在眾多因緣的成就下，今年有幸可以回到台灣總本山，參加久違的「三壇大戒」。等待了這麼多年，終於能如願登壇，成為一個比丘僧，讓我有很多的感觸。

掛單男眾學部時，戒常住先為我們面試、編班和認識環境。戒壇規矩說明後，引禮法師便帶領我們基本訓練，比如五堂功課、過堂吃飯、穿搭海青袈裟等。其實這些規矩在沙彌學園時就學會了，我們配合戒會的要求再複習一次。

回憶起剛到沙彌學園時，我什麼都不會，老師們很有耐心也很嚴厲的開始教導佛門禮儀，如合掌拜佛、問訊齊眉、走路與上下樓梯等，使我漸漸的熟悉出家人的生活規矩。當學會用筷子吃飯時我特別開心，因為這對印度人來說，是很大的成就呢！學習問訊時，老師要求九十度彎腰；而練習合掌時間特別長，讓我覺得很辛苦。

有一次，我在房間倚靠著床邊沒有站好，結果老師從後面打了我一下，我真的嚇到了。從那以後，只要我沒有站或坐好時，我都會想到老師的那一棒棍子。我的威儀就在這怒目金剛的慈悲要求下，得到了改進。感恩過去學園老師的用心教導，我們今天才能接受三壇大戒更嚴格的訓練。

戒會第一天的行程，勾起我小時候的回憶，感覺一切就好像是昨天才剛發生的事。感恩過去種種因緣，給我力量與信心，促使我腳踏實地的不斷往前學習。

2022.10.17

戒會最初幾天，心裡有很多的妄想，感覺還沒有完全進入狀況。身雖然進入了戒場，但心卻還在掛念學校的課業，因為這次是特別向學校請假回山參加戒會，而現在是大二第二學期的開始，我很擔心一個月後回到大學會跟不上進度。

但是我很清楚的知道我是出家人，今天回山是為了受大戒，要成為僧團的一份子，將來要復興印度的佛教。再次釐清目標後，我的心便安住下來，感受到一種寧靜與快樂。之後就很投入的隨眾學習，認真聽講，我似乎已經開始進入狀況了。其實，是我自己太過緊張，心中又有太多不必要的疑問，所以才造成這些困惑。只有親身經歷過後，才能真正明白個中的道理與價值。

小時候老師教什麼，我們就很單純的學什麼，完全沒有疑問、沒有懷疑，只知道努力學習。我覺得小時候的自己真好，沒有太多過去、未來的掛念和疑問，只活在當下。也沒有現在那麼複雜，有太多自己的想法，讓我們停止進步。長大後的掛念、擔心和憂鬱等問題，都是因為「想太多了！」，尤其是與佛法無關的、沒有正念的妄想，期許我自己能夠永遠帶著一個年輕與單純的心態學習。

2022.10.19

明天是初壇正授，所以今天晚上在大雄寶殿進行懺摩佛事。羯摩和尚開示時，大家都要認真跪聽佛法，時間一長我的膝蓋就開始疼起來了。但我不能動，因為一動膝蓋就會感到更痛，所以我必須要忍受這個苦。要成為一個出家人，真的不是那麼容易。我想到得戒和尚星雲大師，他們的時代並沒有什麼平整的地板，跪的地上都是小石子，跪到石頭嵌入膝蓋的痛我無法想像，相比之下我的苦真的不算什麼。

記得在沙彌學園二年級時，某一次的週會上，老師叫我們每人講一些心得分享，練習用中文來表達自己。結果所有人都講過了，就剩下我們班沒人發表。當時大家都在鼓勵我們開口，也幫忙提供內容給我們講，甚至最後老師以處罰跪香激勵我們，但我們還是執拗不開口。就這樣熬到半夜，以為老師已經睡下了，沒想到念頭一動，老師就出現在我們後面，大家都嚇了一跳。

從那時起，我們才明白原來處罰我們的同時，老師其實也陪同我們在受罰。為了培養佛教人才，無論多麼辛勞，老師都可以忍受，耐心地教導我們成為有用的出家人。感謝常住及老師們怒目金剛的教育，讓我們印度的同學今天也具備條件受三壇大戒，這份恩德我將永遠記在心裡。

2022.10.20

共有二百〇八位戒子求受大戒，男眾只有三十四位，其中十六位來自印度沙彌學園，我們也是在佛光山登壇受戒，成為比丘的第一批印度籍沙彌。

十八天的戒期忙碌又緊湊，要求禁語並規定我們要完成「功課」，有時間就要背誦、拜佛、念佛等，總之就不讓時光空過。常住更安排了教界長老大德為我們上課，如禪門語錄、僧事百講、認識戒常住、如何做個出家人等。

既然決定出家，就要能接受嚴格的訓練，每天早上四點半起床，五點十分前排班去大雄寶殿早課，過堂吃飯後回到學部快篩，打掃生活區域後，準備到「雲來集」上課。午餐後休息一會，下午又是上課或演禮佛事。四點半盥洗，同時也要抓緊時間背誦經咒。晚上藥石後，還是上課或懺摩佛事，十點以前回到床上打坐十分鐘後才能躺下睡覺。

兩百五十條比丘戒，都與日常生活相關，就是怎麼吃飯、穿什麼衣服、住在哪裡等，每一條都很重要。我省察自己生活中都有合乎戒法嗎？如今科技發達，現代人已經不清楚自己真正需要的是什麼？或許因為時代不同，生活模式是改變了，但戒律依然起到提醒與約束的作用。戒律不會說話，不過我們要學會與自己的內心對話，就能體會戒律的意義了。

依照戒律而生活，能讓我們活在當下，清楚知道什麼該做、什麼不該做，使我們的生活變得單純，內心就能離苦得樂。

2022.10.24

今天是二壇正授，早上我們都跪在成佛大道，恭迎十師和尚，儀式非常莊嚴。當十師和尚走過我面前時，感覺就像兩千六百年前的佛陀，走在成佛大道一樣，真是吉祥、感動的一天。「問遮難」時，要大聲回答和尚好多的提問，四個小時後受戒圓滿，大家都如願成為比丘、比丘尼，真是法喜充滿。

今天碰巧也是藥師佛聖誕，記得當初我在學園落髮時，也是藥師佛聖誕，沒想到這兩個重要的日子，都與藥師佛有緣，真的很開心。因此，我發願學習藥師佛的十二大願，不忘初心，照顧眾生的安樂。

在戒場聽到最多的就是「忍」字，得戒和尚星雲大師的開示影片裡教導我們要「忍」、長老們上課也在教我們「忍」，有理、無理都要接受。只要為了佛教，我們什麼都可以「忍」受。

2022.10.29

有因緣參加三壇大戒，我感到很幸福。感恩諸佛菩薩保佑，感謝幫助我們申請簽證的大德，從泰國回到佛光山，尤其在疫情期間，一切都非常的不容易。

戒會期間，是常住大眾的辛勞、義工菩薩的辛勤、護法信徒的護持等，我們才能毫無障礙的圓滿受戒。有些義工白天要上班，下班後就來幫忙戒會，實在是很感謝大家。

感恩師父上人星雲大師在印度創建沙彌學園，讓印度人有機會「再次」接觸佛教，並成為正統的出家人。也要感恩沙彌學園的師長們，不厭其煩的耐心教育我們，給予好多正確的觀念和知識，糾正錯誤，陪伴我們長大。離開沙彌學園到國外讀書，一切都要靠自己了。雖然老師們不在身邊，但已為我們建立正知、正見。將來我們要把人間佛教帶到天竺，發揚光大，以報師長及常住大眾的恩德。

慧樂（乘明）——

2022.10.19

佛陀在世時制定的戒律，都是為了保護出家弟子，身心安住於道。佛陀即將涅槃時，亦告誡大眾「以戒為師」。因此可知，遵守好戒律是出家人的本分。

心保和尚為我們講《四分律比丘戒本》，戒律如同老師一樣，指導我們不走偏路。受戒之人，必得護法善神的守護，所以應當持戒精進。叢林生活要求我們清淨淡薄，少欲無為，身心自在。僧團以六和敬共住，僧人和樂無諍，進而勇猛精進，成就佛道。「戒住則僧住，僧住則法住」，僧人只要守護戒律，佛法一定興隆。

2022.10.30

非常感謝常住在印度創辦沙彌學園，推動人間佛教，我今天才有機會出家學佛。如今福德因緣具足，又能回總本山受三壇大戒，實在覺得很幸福，應當要好好把握。從印度出發時，我們在機場遇到了一些問題，被櫃台卡關不能出境。我便開始念佛，所謂「人有誠心，佛有感應」，又或許是要去受戒的殊勝功德，最後終於平安通關了。佛菩薩的力量，實在不可思議。

所謂「不依規矩，不能成方圓」，戒是僧團的根本，有戒法才有六和敬的僧團。戒會第一天的課程是學佛行儀，訓練大家抬頭挺胸，做一個威儀莊嚴的法師。因為過去在沙彌學園已經上過威儀訓練的課了，所以課程一開始我就覺得無聊煩躁。後來我轉念往好處想，在總本山的修道氛圍下，我們的觀念會更正派，威儀自然就更標準，更肯定自己出家的意義和價值了。

登二壇正授比丘戒時，正好是藥師佛的聖誕，同時也是印度慶祝以光明驅走黑暗，以善良戰勝邪惡的「排燈節」，所有人都在為我們這些戒子點燈祝福，真的是一個非常殊勝的日子，令我法喜充滿。

受戒儀軌含括唱誦、跪拜和聽和尚開示等，大約進行了五個小時。其中一次的長跪時，我的膝蓋疼痛難耐，叫人無法忍受。我當下心想，如果連這小小的痛苦都沒辦法忍受，將來要怎麼復興印度佛教呢？我提起正念，開始觀想佛陀慈悲偉大的力量，漸漸的疼痛就消失了。

三壇正授菩薩戒，時間安排在一大清早進行。菩薩是「覺有情」，要發菩提心，行菩薩道，廣度眾生，進而成就佛道。祈求佛菩薩給我力量，加持我永不退道心，荷擔如來家業，並且能圓滿實現復興印度佛教的使命，及把佛法傳遍世界每一個角落的責任。

2022.11.1

三壇大戒最後兩天，戒會特意安排了行腳托缽活動。在佛陀時代，托缽是以化緣食物為主，所以出家人不需要典座，只要把所得到的食物，利和同均的分享給僧團的每一份子。佛教傳到中國後，因文化、背景不同，托缽的方式就有所改變，成為供養金錢而不是食物。

今日的印度佛教已經沒落，一般人覺得出家人好吃懶做，所以不但不恭敬，而且還會批評出家人托缽，就如同乞丐一樣，所以現在很少人會在路上看到托缽的隊伍。

台灣的佛教則完全不一樣，信徒早早就列好隊，等待行腳隊伍，令我感到很驚訝。看到大家的熱誠，有些甚至坐著輪椅、冒著大雨，依然虔誠的投缽供養。尤其看到跪拜在地上的信徒，更是讓人感動。信徒對佛教的肯定，讓我覺得佛教有未來與希望

行腳圓滿後，在回程的路途上，我不斷的沈思與自省，自己何德何能接受十方的供養，

慚愧之心猶然生起。我提醒自己要在道上更精進，才不辜負信徒的發心護持。

慧諭（乘德）——

2022.11.1

「人身難得，佛法難聞」，感恩師父上人在世界各地創辦道場，給我們學佛修行的美好因緣；感恩常住舉辦國際三壇大戒，給我們來自印度的十六位沙彌，一個成為佛門龍象的機會。出家這條修道路，是我們自己選擇的，所以要懂得珍惜和堅持這個身分。

戒會第一天，開堂和尚慧思法師給我們面試。他提問時非常嚴肅，讓我感到非常緊張。感恩佛菩薩的加持，我才得以平安過關。引禮師父也嚴格的提醒，要我改善自己的壞習慣、並管理好散亂的那顆心。他說：「除非自己願意改過，否則沒有人能改變我們」。我開始反省自己，照顧腳下並全心全意的把一個出家人的本分做好。感恩引禮法師的栽培，我的心漸漸安住下來了。

戒會第二天，心培和尚開示《沙彌律儀》，說明戒律是為了保護我們的法身慧命而設立。下午慧浩法師上課，講解如何管好自己的心。人的心一直都在變化，難以控制，所以出家人要學習照顧好自己的心，千萬不可以散亂心。心如果有方向，就會有未來，自然就有希望。

戒會第三天是「初壇演禮」，在大雄寶殿一整天的演練，我的身體非常疲倦，但依然學習忍耐、練習耐煩，體悟「有理無理都要接受」的境界。晚上「初壇懺摩」，希望斷除煩惱，學習做一個正派的出家人。

戒會安排「背誦考核」，包括大悲十小咒等，五堂功課的基本內容。糾察師父今天點名抽考，我開始坐立不安，祈求千萬不要點到我。感恩過去在沙彌學園，就已經學習過這些考核項目，也經常有機會司打法器，所以後來我也很順利就過關了。

等待了十年，今日因緣成熟，終於受比丘戒了，我真的太高興了。我提醒自己，要珍惜這個難遭難遇的出家因緣。接下來受菩薩戒，發菩提心學習菩薩的精神，行菩薩道，犧牲自己，救度眾生解脫生死。

戒會最後兩天，常住安排在佛光山、嘉義及台中地區「行腳托缽」。這是我第一次體驗托缽，與信眾結善緣。行腳隊伍到了台中地區時，開始下大雨，我心想托缽活動應該會暫停。沒想到信徒們依然冒著雨，虔誠的等待要種福田供養我們。大雨澆不息信徒的信仰，我看到了星雲大師在台灣，帶動人間佛教的成果，這樣的景象更啟發了我的菩提心。

出堂前還有綜合座談，讓大家發表心得感想。之後，長老們還慈悲與我們會面叮嚀。回到大智殿整理內務後，我們就領取到自己的戒牒了。感恩常住及一切成就我們受戒的因緣，我會努力學習師父上人的精神，將來把人間佛教帶動到世界各地。

慧玄（乘悟）——

2022.11.1

有一天，老師集合我們班，跟我們說總本山舉辦三壇大戒，問我們是否有意願受大戒。為了自己的道業，為了報答父母恩，為了對得起師長的栽培，我們立刻回答說「要」，因為我們到沙彌學園出家，就是為累積功德、福報，準備將來成為比丘。更何況三壇大戒要多少年才舉辦一次，不是經常能遇到，所以要把握當下難得的機會。

正當大家準備辦理出國手續時，突然發現我的護照快要到期了，我就趕緊回拉達克更新。在印度，通常要三、五個月才能把事情辦好，感謝老師到處拜託，找到內部的人處理，不出兩個星期我就拿到全新的護照了。

到了出發那天，我們在機場也遇到了障礙。所幸在最後一刻順利通關，地勤人員催促我們以最快的速度，直奔登機匣口，我們在最後一分鐘成功登上飛機。我覺得這一切都是常住、師長的心靈力量，加持我們順利飛往台灣。

戒會開始，我很專心地聆聽引禮法師的指示，並認真的依教奉行，當他說要「照顧腳下」時，我沒有第二個念頭，就認真的照顧腳下。這樣專注，沒有妄想，讓我覺得很舒服。但要堅持可是不容易的，所以修行很考驗功夫。

戒常住為我們安排了很多課程，禮請教界諸山長老、長老尼為我們開示，教導我們怎麼做一個出家人。所謂「弘法是家務，利生為事業」，要發願「佛教靠我」，出家人要有能力講經說法、弘法度眾。上課是為了增長智慧，所以上過課後要思考今天老師所教的內容，也就是三慧「聞思修」的修持。

「初壇正授」圓滿，和尚、和尚尼都為我們歡喜，祝福我們繼續努力，堅持到底。師父上人從小就堅持要把和尚做好，所以才成就了今天的偉大。我們「以師心為己心，以師志為己志」，要學習師父的堅持，肯定自己這一生就是要把和尚給做好。

二壇懺摩時，想起以前聽說過，福德因緣不具的人，會遇到魔障，無法登壇受具，我就開始擔心自己是否能順利登壇，為此事罣礙了一整個晚上。隔天「二壇正授」時，我全心投入，不再消極擔憂，反正未來是個未知數，不如活在當下一心受戒更踏實一點。當下內心法喜充滿，我覺得我選對路了。

「三壇菩薩戒」是在成佛大道舉行，因為會有六百多位護法信徒，跟我們一起受菩薩戒。看到信徒們的發心，讓我受到啟發，如果處在複雜社會裡的信徒，可以發心受戒守戒，那麼從小就在清淨佛門裡生活的我，更應該能持戒淨清。

戒會最後特別舉辦「行腳托缽」，讓我們感受佛陀時代的乞食生活。來供養的信眾，有的歡喜虔誠，有的感動落淚，每一場行腳都是一時的盛況。這都是師父上人從宜蘭開始，一步一步走上國際弘法，提倡人間佛教，佛教今天才能得到社會的肯定，被大眾所接受。

最後，感謝常住給我因緣參加「三壇大戒」，感恩三師和尚、尊證引禮等，諸位法師的教導，感謝佛光山的大眾和護法信徒的護持，成就我們這次的三壇大戒。

慧悅（乘菩）——

2022.11.5

受戒因緣

人身難得佛法難聞，得了人身又能福德因緣具足出家修行，就更不可思議了。我進入佛們前可以說什麼都不懂，要怎麼做個好人？應該怎麼讀書學習？十二歲到沙彌學園出家，在佛光山的培養下慢慢學習。轉眼間七年就過去了，拿到高中文憑後，就到泰國讀大學，現在已是碩士班研究生。

今年總本山舉辦三壇大戒，實在是難得的因緣，感謝菩薩保佑，教授們都同意我請假。等了十二年，終於因緣成熟，十月七日從曼谷飛抵高雄佛光山，隔離一星期後，等待進入戒場。今生有福報在佛光山出家，感謝師父上人、各位長老法師，給我的鼓勵加持。

戒會開始

今天是戒會第一天，課程非常多，而且心中還在罣礙背誦考核的事，所以需要時間調整適應。上午面試時，老師第一句話就說：「你變了！」，我嚇了一大跳，馬上回答說：「我沒變！」，老師說我變胖了，彼此會心一笑才化解了這緊張的氛圍。然後就是三壇大戒規約的說明，明瞭了戒場規矩後，才覺得比較安心。

演禮威儀

戒會的前三天比較辛苦，各種威儀訓練，舉凡上下樓梯、走路、合掌和跪拜等，引禮師父都嚴格的要求。等到大家慢慢的進入狀況後，就不覺得困難了。平時大學生活都是急急忙忙，心常常跑來跑去，看不清楚事情的真相。

現在在戒場，練習把心安定下來，向內觀照自己，走路時清楚明白每一個腳步，這樣就不會起惡念。另外，長跪每次練習，都是一跪就三十幾分鐘以上不能動，使我膝蓋非常痛，我就心裡念「南無消災延壽藥師佛」，祈求藥師佛給我力量，非常不可思議，我的膝蓋就真的不痛了。

上課聞法

戒期中的課程非常豐富，有很多長老法師來給我們上課，多數都開示戒律相關的課題。佛陀成立僧團之初，弟子善根清淨，佛陀開示修行的方法，弟子聞法後，就依教修行，最後離苦得樂。在很長一段時間後，開始有人做出違犯佛法的事，佛陀才為僧團制定戒律，流傳至今。佛制戒的目的，就是要僧團三業清淨，專注在心性上用功。

上座部佛教只有沙彌戒和比丘戒，而大乘佛教在此基礎上增加了菩薩戒。上座部佛教受戒儀式很快，只要兩、三個小時就能完成，來受戒前就被要求，先熟悉戒法。而我們大乘佛教安排了很多引禮師教導生活，也在戒會期間授課講戒。

行腳托缽

佛經裡說，出家眾為滋養色身及令眾生種福田而乞食，以維持生命為限，養氣力為要，心不貪著，故得食時不喜，不得亦不憂。泰國的托缽方式，維持了佛陀時代的樣貌，不穿鞋襪，乞討食物為主。我在泰國讀書，也有多次參加托缽的體驗。而大乘的托缽，隊伍整齊，威儀莊嚴，令人法喜。

要成為一個正式的出家人，一個真正的比丘，一定要受三壇大戒。今生有福報才能在佛光山依止師父上人出家，希望今生好好努力深入經藏，一生做和尚弘法度眾。

慧曄（乘正）——

2022.11.9

現在社會的年輕人心浮氣躁，比較不願意尋找幽靜的地方培養心境。如果懂得選擇出家修道，成為佛門弟子，可以說是難遭難遇的宿世善根因緣深厚了。社會雖然是進步發達了，但卻更不容易找到一個「安身立命」的地方，世界每一角落，好像都不安寧。慶幸自己在小小的年紀時，父母就送我到佛光山沙彌學園出家，讓我找到身心安住的學佛道場。

在學園學習多年，積累了一些福報與功德，才有今天的因緣參加總本山舉辦的「國際三壇大戒」。順治皇帝說「天下叢林飯似山，缽盂到處任君餐，黃金白玉非為貴，唯有袈裟披肩難」，能登壇受大戒，確實是件非常不容易的事。

因為疫情的關係，各國都有自己的防疫政策，要求旅客嚴格遵守。我們從印度出發前，就要準備很多的相關文件，出國手續可以說是非常複雜。時間來到十月五日，我們飛往台灣參加戒會的日期。我們原本得到的訊息是，到了台灣以後才要填寫線上「入境檢疫表格」，但在印度機場辦理登機手續時，地勤人員卻要求我們現場填寫。後來因為聯絡電話一欄，一直不能通過，我們不斷重複填寫也無濟於事。

我們緊張不已，不知道怎麼辦才好，多麼希望有人能幫我們把事情搞定。我一面懺悔自己的福報不夠，一面鼓勵自己不能輕易放棄，堅持淡定地把表格填寫完成，其他的就交給佛菩薩。佛菩薩的力真是不可思議，最後終於讓我們順利通關了。

到了台灣隔離完畢後，就進入了戒場。剛開始的幾天我有點不太適應，因為戒場有很多規矩要大家遵守。這時想起老師常說的「要在正確的時間、正確的地點，做正確的事情」，我就開始轉念對治。不久後，不但身心能安住，而且還覺得天天生活在佛法大海中，更是法喜充滿。

另外，戒場還規定了一些考核項目，要我們在十八天的戒會期間背誦完成。我原本就是一個五音不全的人，在沙彌學園司打過法器，但從來就沒有當過維那，所以唱誦對我來說好比是上戰場打仗一樣。好不容易練習了三、四天的讚佛偈，卻因為緊張唱到第三行就通通忘光光了。沒有通過考核，我心裡好難過。

我繼續努力練習，卻因為太累不小心睡著了，睡夢中還夢到老師罵我說：「你出家這麼久了，連一個簡單的讚佛偈都不會唱嗎？真丟臉」。醒過來後覺得很慚愧，就更認真的練習。隔天再去背誦時，不但三首讚佛偈都通過了，連比較難唱的藥師偈也過關了。所謂「天下無難事，只怕有心人」，經過這件事後，我明白到只要肯努力認真的學習，就一定會有好成績。

戒會最後一個星期的晚課，我被開牌在大雄寶殿司打鐺子，可是我比較擅長打鈴鼓，所以當下又進入了一種緊張的心情。我又再轉念的想，這是一個難得的機會，我絕對不可以錯失良機。我要求自己不可打錯任何一個板位，感恩佛菩薩的加持，晚課順利平安的圓滿了。

戒常住安排了很多很豐富的課程，教導我們成為正派的出家人，學習現代弘法的各種善巧方便，將來擔負起弘法利生的工作。我覺得出家修道人，應該要努力斷除煩惱，才能清淨莊嚴、悠游自在。然後提起慈悲，心無罣礙的到處弘法培養人才。慈悲的力量不可思議，有慈悲心的人讓人見了歡喜、感動，信眾自然會前來親近信仰。

戒會最後兩天，安排了非常有意義的行腳托缽活動，讓信徒大眾有機會種福田。我們仿佛回到佛陀時代，分別走在佛陀紀念館、嘉義和台中的路上托缽乞食，我覺得能夠參與其中，真的是很有福報。行腳的過程中，我看到台灣佛教徒的正信與發心，甚至有信徒虔誠流淚，這些畫面都令我感動不已。我提醒自己「地獄門前僧道多」，我要用心修行，才不辜負十方信施的供養。

出堂前的綜合座談，大家都很踴躍的發表了心得。這些感想令人鼓舞，我們都很受啟發，道心更加堅定。其中，有人提到要終身做和尚和復興印度佛教的使命，最後還說「我為了佛教而生，為了弘法而活」。他的這句話，令我全身毛豎，我也發願要弘揚佛法傳遍法界，做一個本分弘法利生的出家眾。

社會雖然是進步發達了，但卻更不容易找到一個「安身立命」的地方，
世界每一角落，好像都不安寧。慶幸自己在小小的年紀時，
父母就送我到佛光山沙彌學園出家，讓我找到身心安住的學佛道場。

我覺得出家修道人，
應該要努力斷除煩惱，
才能清淨莊嚴、悠游自在。
然後提起慈悲，
心無罣礙的到處弘法培養人才。

戒常住安排了很多很豐富的課程，
教導我們成為正派的出家人，
學習現代弘法的各種善巧方便，
將來擔負起弘法利生的工作。

我們很崇拜師父上人的偉大成就，
有幸成為他的弟子，一定要向他學習，
發願把他的理念傳遍世界。

真正的出家人，
應該要「身」與「心」
都捨離貪愛，一心修持佛法，
才是出家的本意。

我知道自己有所不足，
所以更發願要好好努力、用心修行，
將來一定要發心弘法度生。

我很清楚地知道，
出家是我自己選擇的道路，
所以能跟著自己的意願走，
我感到非常歡喜。

因為看到信徒們在雨中，堅持等著我們接受他們的供養。
他們對佛教三寶的信心、對僧眾的供養心，讓人感動法喜。

行腳的過程中，
我看到台灣佛教徒的正信與發心，
甚至有信徒虔誠流淚，
這些畫面都令我感動不已。

長跪時我的膝蓋疼痛難耐，我提起正念觀想佛陀慈悲偉大的力量，漸漸的疼痛就消失了。

沙彌日記

FGS Sramanera School
New Delhi, India.

佛七第一天剛好是我的生日，
所以我就很用心、
很大聲的念佛回向給我的父母，
念到我全身發熱覺得溫暖。當天晚上，
我夢到父母鼓勵我繼續努力學習佛法，
我覺得很感恩。

佛七修行

乘禪——

每年跨年舉辦彌陀佛七，是沙彌學園的傳統，所以當世人狂歡慶祝的時候，我們卻在大殿佛前，安然的念著阿彌陀佛的聖號。一般人可能會覺得很奇怪，但對我們來說，精進修行的梵行生活，修福報也修功德，才是最溫暖的時光。

佛七期間大眾禁語，從早上到晚上，每個當下都在念佛。休息時間，就利用空檔完成「自課」，念佛五千聲和禮佛五百拜，借此淨化自己的身心。過堂時，老師幾乎每餐飯後，都為我們開示，告訴我們「食存五觀」要怎麼觀想，還說了很多因果故事，勸我們在日常生活中改變自己的行為。

佛七某一天的午齋後，大眾回寮午休養息，結果香燈人員睡過頭，是老師把大家叫醒，而大家的速度也很快，洗把臉後搭好袈裟就到大殿集合完畢，很幸運的，時間剛剛好，一個也沒有遲到，佛號聲又在大殿響起。

現代很多年輕人，養成一些壞習慣，比如說早上喜歡賴床、不吃早餐等。我剛出家時就有賴床的惡習，所以經常排班遲到，結果當然是被學務老師處罰。經過一段時間後，我慢慢改過，對於上早晚課，不但漸漸熟悉，而且我還覺得可以每天誦經、拜佛，自己是一個很有福報的人了。從此，每天早上一聽到板聲就馬上起床，變成了我的一個好習慣。

養成好的習慣，一開始可能會不適應，但會給自己帶來長期的快樂和幸福；而壞習慣只享受了短暫的快樂，但卻會帶來長期的苦惱。日常的習慣，能決定一個人的命運，所以不可不小心呀。

乘廉——

佛七一剎那間就過去了，每年能有機會精進，把修行養成一種習慣，念佛、拜佛、禁語等，所謂「人有誠心，佛有感應」，自己的福德肯定會增加。佛七第一天剛好是我的生日，所以我就很用心、很大聲的念佛回向給我的父母，念到我全身發熱覺得溫暖。當天晚上，我夢到父母鼓勵我繼續努力學習佛法，我覺得很感恩。佛七第五天，我只感覺到我和佛號的存在，其他大眾都「不見了」，這樣的感覺非常愉悅法喜。

乘淨——

我第一次參加佛七是在二〇一三年，不知不覺今年已是二〇二三年，經過十年後我對佛教的信心更堅固了。每年「打佛七」用阿彌陀佛的聖號來迎接新年，已經是沙彌學園的傳統。一年一度收攝身心，集中火力修行，是很難得的福報與機會。我們不但為自己念佛，更為世界祈求和平、為人民祈禱安康而念佛，祝願新的一年大家都吉祥如意。

「過堂」是中國佛教很特別的用餐儀式，吃飯前要先唱〈供養咒〉，供養十方諸佛菩薩，及一切眾生。同時，由行堂人員為大家打飯菜。透過過堂吃飯，控制自己的心，也就是「食存五觀」。

第一「計功多少，量彼來處」，觀想飯菜來之不易，是十方大眾所供養，應心懷感恩，不應批評哪道菜好吃，哪道菜不好吃。第二「忖己德行，全缺應供」，慚愧自己修行不夠精進，何德何能享用供養。第三「防心離過，不生瞋愛」，吃飯時遠離對食物的分別執著，不起貪瞋癡的妄心。第四「正事食藥，為療形枯」，把飲食當作「藥石」以治療飢餓之病。第五「為成道業，應受此食」，吃飯是為了續命，以完成佛道。

這次七年級的同學學習開示，說到有兩種「願」，一種是凡夫為自己所發的願，自私又渺小。而另一種則是佛菩薩所發的不可思議大願，比如阿彌陀佛發四十八大願、釋迦牟尼佛發五百大願等。我們應該學習佛菩薩，善發大願。

慧曄（乘正）——

打佛七除了在佛堂裡誦經拜佛外，還要輪組典座行堂等，因為服務大眾也是一門修行。老師說無論是在佛堂內「修持」功課，或是在佛堂外「護持」工作，只要用心，一心一意的把任務完成，「修持」和「護持」的功德都一樣。所以，工作時應該認真、用心，用正確的態度完成這難得到的機會，因為發心才能修福報，才能功德圓滿。

過堂吃飯更是修行，從過堂前的排班，就要能靜下心來念佛，或看到自己的起心動念等；吃飯的過程，食存五觀，對自己喜歡的食物不起貪心等；吃完了要安靜忍耐，等大眾一起結齋。這樣的下功夫累積修行，讓煩惱不生，身心就能自在了。

乘宣——

我們在沙彌學園，每年用打佛七來迎接新年，希望新的一年，大家更有收穫、道心更堅固，以阿彌陀佛的無量光、無量壽，祝願世界和平、眾生和諧。

世上多數人，都希望自己做事能獲利，沒有人想要吃虧。但大家不知道，做善事才能得到真正的利益。但做善事，通常不是馬上就能看到結果，有些善報要下一輩子才能獲得。所以，愚癡的人往往放棄做善事。所謂「不昧因果」，我們要相信「有因必有果」，善業只要堅持到底，肯定會得善報。

打佛七時，口稱佛號、身行繞佛、心意觀想佛及極樂世界的種種功德，稱讚如來的相好等，身口意都在行善業，只要具備淨土「三資糧」信、願、行，就能確定自己在臨終時，能蒙佛接引。

大家念佛時都很投入，因為我們相信阿彌陀佛，相信佛陀四十八大願所成就的極樂世界，能接引眾生「花開見佛」。所以，我們發願生彼國土，與「諸上善人」聚會，跟「不退菩薩為伴侶」。而「行」就是精進念佛，念到好像「無常」就在後面追著我們，想到「如少水魚」，用「最後一次機會」的念頭來念南無阿彌陀佛，這樣就能產生功德。

乘護——

「南無」的意思是恭敬、禮拜、皈依，「阿彌陀佛」的意思是無量光，也就是皈依阿彌陀佛、接受阿彌陀佛教導的意思。阿彌陀佛是西方極樂世界的導師，鼓勵我們念佛求生淨土。平常念佛要專注，才會得到功德。

有三種念佛，持名念佛、觀想念佛、實相念佛，我最喜歡的是持名念佛，也就是《阿彌陀經》所說的「執持名號」，因為每個當下都可以念佛，非常方便。

極樂世界清淨、圓滿，沒有痛苦，眾生相貌沒有差別。發願往生淨土的人，先要相信阿彌陀佛，相信有極樂世界，相信佛的四十八願度眾生。然後，為了度眾生解脫生死，而願生極樂世界。最後，要精進念佛、拜佛的修行，就一定能往生極樂世界。

乘敬——

過去看到學長出門去「助念」，我當時不太理解這其中的意思。如今，學長們已經畢業出國留學了，不知不覺就輪到我們出門誦經做佛事了。感嘆世間的無常，時光一去不復返。今天能跟老師一起到加爾各答跟大家分享，我感到非常感恩。

在五濁惡世的娑婆世界，「昨日才見花燦爛，今日又見百花殘」，不是我們在為人助念，就是人家在為我們助念，在這巨大的無常之中，我們需要信仰和真理的力量，去走出今天的考驗和困境，為未來尋找一線希望。

信仰當中的「相信」，在我們的生命中非常重要。《三時繫念》提到「淨土三資糧」信、願、行，我們先要相信佛法僧，相信有阿彌陀佛、有極樂世界，我們才能往生到淨土。如果不相信阿彌陀佛的種種莊嚴功德，念佛喊破喉嚨也徒然。

念佛的主要動機，當然就是要往生極樂世界，追隨阿彌陀佛和觀音菩薩等，修行佛道，將來自己也能成佛度眾生。問題是，我們真的相信念佛的力量嗎？

曾經有個和尚在講經，說到念「阿彌陀佛」會有很大的力量。有個年輕人不服氣的問道：「就念阿彌陀佛四個字，能有什麼力量呢？」和尚對著年輕人罵道：「混蛋！」年輕人一聽很生氣，握起拳頭想要打人。和尚才說了「混蛋」兩個字，就有那麼大的力量，更何況是「阿彌陀佛」四個字呢？

我小時候很害怕半夜起床去方便，所以一出房門，我就自然開始念佛。以前在拉達克，父母、師長也會教我們念佛或念咒，譬如念「嗡阿惹巴札那諦」可以增長智慧，到了寺院也常聽到「嗡嘛呢唄咪吽」觀音心咒等。所以，很自然的，我就相信念佛的力量不可思議，可以改變一個人的命運。

沙彌學園每年舉辦彌陀佛七，我參加了九次，雖然每年的程序都一樣，但我始終有不同的感應和法喜，推動我更用心地念佛、拜佛。比如有一次在念佛時，感受到一股暖流，遍滿全身非常舒服，我以為有人對著我打開了電暖爐，但當我張開眼睛一看，電暖爐並沒有被打開。這樣的覺受，鼓舞我更用心的念佛。

彌陀佛七圓滿，身為出家僧眾，我願功德回向世界和平、家屬幸福、信徒法喜，願我菩提心日日增長。

乘相——

佛教八萬四千法門，其實每一個人，都有自己相應的修行方法，比如說大勢至菩薩是以「念佛三昧」行菩薩道而得解脫，屬於淨土宗的法門。常住一年一度舉辦「彌陀佛七修道會」，有五個目標，也就是「對自己培養道念」、「對長輩祈願安康」、「對佛教傳承信仰」、「對國家祈福富強」、「對世界祝願太平」。

打佛七要大家共同來成就，所以每個人都要負責一些工作。頭兩天我是法器人員，接下來我又輪到「護壇組」要去典座行堂。從第四天之後，我才能一心一意的念佛修持。除了大眾共修的九支香以外，我們每天還要完成「禮佛五百拜，念佛五千聲」的自課修持。當我很專心的念佛時，體會到「瑞象」感應是暫時的，念佛要念到「一心不亂」往生極樂淨土，才能得到永恆的快樂。

有一次，當我連續不間斷禮佛四百拜後，身體不但一點也不覺得累，而且還想要繼續不停的拜佛。當下專注的力量，讓我內心充滿了感恩，感恩常住給我機會出家、感恩師長給我每日三餐的照顧、感恩沙彌學園一切施設、感恩這一生出家修善業功德。

作為出家修道者，即要經過嚴格的訓練，自己消除煩惱、解脫輪迴，更要學習師公星雲大師提倡的「人間佛教」，深入經藏、深入社會人間，幫助眾生離苦得樂。

慧曄（乘正）——

沙彌學園每年元月打佛七迎接新年，用念「阿彌陀佛」的聖號做為開始，為世界祈求和平，也為自己的道業安身立命。尤其是現在世界不太平，人心充滿了貪瞋癡「三毒」，又因疫情使世界到處都不安樂，這時能有福報靜心念佛修行，是非常不容易的。希望這七天的念佛功德，回向一切眾生，希望每一個人都平安喜樂。

我在二〇一四年第一次參加佛七，因為當時不懂佛法，所以覺得念佛、拜佛很無聊。尤其又是在過年期間，社會上各種熱鬧迎接新年，而我們卻要打佛七，所以當時覺得很不高興。這些年經過師長們的教導後，我慢慢了解佛法，知道修行的功德與利益，所以現在覺得念佛迎新年，才是最正確、最有意義的傳統。

專注念佛的人，會感應到一些瑞象，有些看到佛菩薩聖像、有些聞到特殊香味、有些感受到「地動」等。我今年特別認真念佛、拜佛，期許自己也能有瑞象「感應」。但我的心無法安住下來，只有「口到」，口中念佛；「耳到」，佛號入耳；「腳到」，繞佛專注；而我的「心」一直都不到，所以到了第六天依然沒有感應到什麼瑞象。

瑞象感應不是修持兩、三天就有的，要發恆長心才能感得。自己出家的時間還短，福德當然也就不足。不過我相信，只要繼續不斷的努力修行，善用每一分每一秒，堅持發菩提心，因緣具足時，自然有因緣見到佛、菩薩等的瑞象。

「阿彌陀佛」萬德洪名雖然只有四個字，但具足無量功德，只要我們有堅定的心，一心一意的念佛，與佛相應，並發願往生極樂世界，就必定能滿其所願。念佛的旋律使我非常法喜，梵唄唱誦一起，彷佛去到了另外一個世界一樣，甚至有一天還吸引了一隻野生孔雀靠近大雄寶殿，真是不可思議。

除了共修的九支香外，自己還要利用時間，在一天當中完成「禮佛五百拜，念佛五千聲」的功課。這樣的規定對大班的學長來說是沒問題的，但對沒有經驗的一年級學弟來說，就比較辛苦了。可是，沒想到學弟們每天都能完成「功課」。所謂「天下無難事，只怕有心人」，看到他們那麼歡喜的在拜佛、念佛，我看到了「不放棄」、「堅持完成目標」的理念。

慧曄（乘正）——

為了讓我們能更深入地了解念佛的意義，佛七期間特別安排師長及七年級沙彌，每天下午一小時，給大家「佛法開示」的課程。每天能聽聞佛法撫慰心靈，驅除心中的陰影，滋潤乾枯的心智，讓大家都很有收穫。

大家的開示都很精彩，尤其是慧寧法師（乘諦），整個在介紹極樂世界和阿彌陀佛時，一直強調我們要相信念佛的功德，給我印象最為深刻。「相信」真的很有力量，當初悉達多因「相信」能找到世間苦的原因和解決方法，所以成就了佛道；玄奘大師因「相信」西天有更純正的佛法，所以度過沙漠到了佛國；鑑真大師因「相信」能東渡弘法，所以成為了「日本文化之父」；星雲大師因「相信」能在台灣發揚佛教，兢兢業業的創辦了佛光山。

念佛能讓身體健康，氣力充盛，心情快樂，各種疾病不能侵害小病也很快就消失。念佛可遠離是非場合，以及水火、車禍、刀兵等一切災禍。所謂「禮佛一拜罪滅河沙，念佛一聲福增無量」，的確如此，去年年底，我患了胃病，吃了幾個星期的藥，都一直不好。神奇的是打過佛七後，只吃了幾天的藥，胃痛就完全好了。因此，我「相信」拜佛、念佛的功德，真的不可思議。

乘文——

我們天天吃飯，不只是為了要長肉，而是吃飯讓身體健康，才可以好好的修行。因為不吃飯身體沒力氣，躺在床上什麼事都做不了，所以我們每天三餐都要認真吃飯，身體好了才能做事和學習。

過堂吃飯要起「五觀想」，就是觀想盤中食物從哪裡來？農夫用心耕田，收成後賣到菜市場，然後老師去採購，再由典座組準備給大眾。我們慚愧，這食物要經過那麼多的因緣，才能供我們享用。所以，我們要感恩常住供應三餐，要珍惜食物，不可以浪費。慚愧自己修行不足，還可以吃這一口飯，所以不可以起貪心，分別好吃、不好吃，食物就是「藥」，專治「肚子餓」的病。為了修行成道，我應該認真吃飯。

用心五觀想，吃飯時就會覺得很感動，飯菜特別香又好吃，不起貪心也不打妄想。

乘教——

佛七第一天、第二天，我是法器人員，要專注在法器板位上，不可以司打錯誤。到了第三天，我就專注在念佛上，當我閉著眼睛大聲念佛時，感覺到阿彌陀佛就在面前，增加了我的信心。老師讚歎我念佛很認真，所以我覺得很開心。佛七第五天我是典座，雖然覺得累，但還是很專注的大聲念佛。

念佛和誦經有很大的力量，能解決我們所有的問題。譬如疫情嚴峻時，我們不得已還俗回家避難，過了幾個月後再回到學園，重新出家受戒。在某個演禮的晚上，我頭痛覺得很不舒服，但我依然很大聲的唱爐香讚，沒想到不久後我就不痛了。所以，我對誦經很多信心。

念佛可以增加自己的功德，並把功德回向給一切眾生，希望自己和眾生平安自在、離苦得樂，懺除業障、改過自新。我們在念佛時，要注意自己的心是否跟佛的心一樣，有這樣的感覺時才會跟佛感應。

念佛要專注，日常生活的每件事都要專注，譬如禪修時，要專注在呼吸上；誦經時，要專注在經文的意思上；唱讚佛偈時，要專注觀想偈語的意思；洗碗時，專注在工作上，才不會打破東西被老師教訓。總之就是「活在當下」，把注意力放在當下的每件事情上。

乘文——

我們打佛七的目標是為了世界和平，讓不圓滿的事成為過去，一切從新開始。打佛七要有熱情和信心，相信佛陀的教導，靜下心來虔誠念佛，感恩有福德因緣參加難得的修持，發菩提心，一心不亂的努力念佛。

我不斷提醒自己，好不容易才舉辦一次的佛七，念佛時不可以想東想西、想以前小時候在家裡的種種，一定要放下萬緣好好專心念佛。我非常喜歡念佛，希望所有眾生都能聽到我們的念佛聲，更希望佛號能一直念下去，永遠不要停下來。

除了念佛共修，老師還規定了自修的功課，就是每天要完成禮佛五百拜、念佛五千聲。每拜一拜就念一次「一心頂禮阿彌陀佛」，這樣的過程，讓我們感受到阿彌陀佛的慈悲和極樂世界的不可思議。

慧緣（乘義）——

光陰易逝，像蠟燭一樣一點一滴慢慢燃盡，時間靜悄悄的又來到年底，感嘆世間無常，時光是不等人的。所謂「一寸光陰一寸金，寸金難買寸光陰」，人要珍惜當下，學會善用時間用功修行。沙彌學園每當跨年，舉辦彌陀佛七，自我修持與反省，借此機會回顧過去，展望未來。想要得到未來的幸福，就從今天努力修行做起。希望透過佛七修持，養成平日時刻念佛的好習慣。

龍樹菩薩提出，修行分「難行道」與「易行道」。在娑婆世界修行既艱難險阻，且要三大阿僧祇劫才能成就，所以叫做難行道。而易行道的念佛法門，借由阿彌陀佛大願力的庇佑，往生淨土修至不退菩薩位，能夠快速成就佛道。

念佛法門唯「信」能入，要對阿彌陀佛深信不疑，信有極樂世界，並發「願」要往生，然後執持名號的念佛修「行」。具備信願行「三資糧」，便能心不顛倒的往生極樂國土。所謂「口念彌陀心散亂，喉嚨喊破也徒然」，念佛人的心，要和阿彌陀佛打成一片，才名為「一心不亂」，才能往生淨土。

乘觀——

懺悔文中「身業不善、口業不善、意業不善」，說明我們過去生中，曾經透過身、口、意，造作各種各樣的罪惡。如今，我們可以經由彌陀佛七，淨化自己的三業。佛七要求禁語，不可以講話，要精進念佛完成功課；身業則要禮拜；心則安住在清淨的佛號聲中，起心動念都是「阿彌陀佛」。

在紛亂的世界中，沙彌學園依然能安心的打佛七，真是感恩所有福德因緣。念佛不可以「心不在焉」，所謂「口念彌陀心散亂，喉嚨喊破也徒然」，專心念佛，觀想阿彌陀佛的種種不可思議，才能對治自己的煩惱。

記得二〇二一年，我們回家避疫的兩個月中，我學會騎摩托車。有一次我超速飛車，一邊是大卡車，另一邊是轎車，眼看就要發生事故了，當下我想起阿彌陀佛的聖號。佛號從口中念出時，我竟然平安無事的往前通過，我覺得是念佛救了我一命。

所以，與其打妄想，不如平常養成每日念佛的習慣，將來肯定會對我們有幫助。

慧寧（乘諦）——

我本來是個性內向的人，從來沒有在大眾面前講過話，更不喜歡在台上講話，一站上台不僅臉紅耳赤，而且還緊張到根本無法講出一句話來。還記得剛到沙彌學園時，每週開會大家都要輪流發言，我對自己沒有信心又不夠勇敢，很想保護自己不丟人現眼，但卻被老師逼著一定要發言。不知不覺中，我也漸漸的習慣在台上講話。

今年的佛七，老師特別給我們班一個機會，學習給學弟們開示佛法。一開始我不知道要講什麼，感謝老師給我們很多參考資料，讓我有概念要分享什麼。於是便選了「淨土宗與淨土宗的祖師大德」，作為我的題目，希望讓學弟們了解印度祖師精彩的故事與豐富的思想。

我們一定要認識祖師大德的偉大貢獻，像龍樹菩薩在印度弘揚大乘佛教，被尊稱為「釋尊第二」，後來更成了中國佛教的「八宗共祖」。世親菩薩造五百論推廣小乘，卻誹謗大乘，被哥哥無著菩薩點化後，再造五百部論弘揚大乘，其中包含特別有名的《往生論》，成為大家所讚歎的「千部論師」。

我有兩次被別人請教佛法的經驗，第一次是我回俗家辦護照時，一名導遊問我關於印度祖師的故事，幸好我有讀過一些祖師傳記，還可以回答出來。第二次是在飛機上，我座旁一位信印度教的先生，問我佛教的真理與祖師的思想，聽過我的回答後，他還讚歎我講得不錯。

所以，若要續佛慧命，就必須深入經藏，細心研究佛法，自己要很了解道理，才能說服別人相信佛法。

慧寧（乘諦）——

當世人跨年歡欣鼓舞迎接新年時，我們卻舉辦佛七，安靜的念佛修行，沒有放鞭炮慶祝、沒有新年餐宴。希望藉由念佛的功德，安撫忐忑不安的心、對治散亂心，更想改變過去不好的習氣。例如，以前我一生氣就會習慣惡口罵人，讓人不高興。打佛七養成我念佛的習慣，並把念佛與生活融合在一起，舉凡走路、吃飯、刷牙、睡覺，行住坐臥都可以念佛，因此獲得很大的利益。

第一次參加佛七時，因為不知道念佛的意義和功德，又沒有上課讀書，所以覺得沒有興趣也很討厭，只希望活動快點結束。當時最高興就是輪到典座組，因為可以不必禁語，又有事情可以做。

但現在我卻非常喜歡打佛七，而且還會等待下一個佛七的到來。七天中放下所有煩惱精進的修持，從早上五點半到晚上十點，共九支香的念佛共修。凡有休息時間，就要積極的完成自修的功課，也就是禮佛五百拜和念佛五千聲。雖然會覺得累，但是修行人心中常念「生死」，就不容易懈怠。

今年的佛七，我更容易投入念佛了，有很多次追頂念佛時，我體會到「一心一意」念佛的覺受，耳中清清楚楚聽到每一句的佛號，周遭彷彿只有我和佛號的存在，體悟到「佛即是我，我即是佛」的道理，所謂「彌陀教我念彌陀，口念彌陀聽彌陀；彌陀彌陀直念去，原來彌陀念彌陀」。

新來的學弟們都很優秀，雖還不懂佛七念佛的涵義，卻依然跟隨大眾大聲地誦經、念佛，看到他們專注的樣子，讓我很感動，也被他們鼓舞了起來，繼續精進用功修行。

乘觀——

佛七除了念佛修持的大眾外，也要有人行堂、典座，修福報護持壇場。否則，沒有人煮飯服務，修持的大眾就沒有飯吃了。護壇組一天下來雖然會覺得身體很累，但是心裡歡喜，所以就不覺得累。看到大眾精進念佛，我們就想煮好吃的供養大家，所以特別用心的準備。

以前不會典座，沒有能力煮好一道菜，所以沒有機會進廚房。今年終於輪到典座了，我覺得很開心，可以跟大家分享我的菜餚，我覺得自己會有功德。

〈大勢至菩薩念佛圓通章〉云：「子若憶母，如母憶時，母子歷生不相違遠。」念佛的時候，要像孩子想念母親一樣，投入的念、用心的念，就會有不可思議的感應。所以，我們每時每刻都要念佛，服務時念佛，工作就會比較容易完成；平常時念佛，就不會打妄想，日子也不會覺得無聊。

乘文——

唱讚佛偈時，我觀想阿彌陀佛的慈悲和偉大，為了救度人間受苦的眾生，成就了一個沒有痛苦的西方極樂世界。我們學習佛陀發大願，發菩提心，幫助需要被幫助的人，把我們的世界變成極樂世界。想要往生極樂世界，要具足信、願、行，相信佛陀的偉大，發願要往生，從現在開始念佛修福報。

乘煦——

人出生到這個世界，生命中每件事都跟貪瞋癡相應。即使是一個嬰孩，肚子餓了就想貪喝牛奶，如果當下得不到就會苦惱起瞋心，總之就是對喜歡的起貪，對討厭的起瞋，一直不斷的造做惡業。所以，修道就是要注意每個當下的三業，是善是惡，照顧好自己的心，不起惡念。

打佛七讓我發現到自己不安的心，充滿骯髒、煩惱，我虔誠禮佛，發願要掃除這些煩惱。我對這顆凡夫心說：「你在這裡生生死死，一劫又一劫，活過幾萬次的生命，卻永遠不捨得離開煩惱。你到底要多久，還要多少次的生命，才能解脫煩惱呢？我覺得夠了，不要再與煩惱相應了」。所以，吃飯時練習不起分別心，不會對好吃的生貪心；讀書時知道每堂課都很重要，所以不執著自己喜歡的科目，而是每個科目都要用心。

平常生活中，空檔時間就會開始無聊，或找人聊天，這樣做根本沒有意思。如果每天的走路、刷牙、做事等，養成習慣念佛，不但福報不可計算，而且事情會辦得更好、講話也更有佛法，甚至生活也會過得更順利，將來還能往生佛國。

佛七轉眼間就結束了，如果用心修行，就會感受到歡喜圓滿。反之，就會後悔自己不夠認真，所以沒有什麼成績。不要覺得下次還有很多機會打佛七，所以一次半次不認真也沒關係，因為世間無常，誰知道下次還會不會有機會參加。

乘圓——

時光飛逝，一年又一年的過去，現在又到了打佛七迎新年的時候了。我以前打佛七，念著念著不知道心跑哪裡去了；過堂吃飯也不會「三稱念」和「五觀想」，總是在打妄想。但是今年我認真了，唱讚佛偈時我隨文入觀，吃飯前我先發願斷惡、修善、度眾生，念佛時我大聲專注的念，止靜禪修的那一刻，十分鐘就像一剎那，感覺到身體不見了。

我很喜歡打法器，這次佛七開牌我打鈴鼓，我就很開心的去練習。平常念佛容易妄想散亂，現在要專注打鈴鼓，我感覺到一切都安靜下來，只聽見自己唱誦和打法器的聲音。一旦心散亂了，感覺敲出來的聲音打在我心上，讓我感覺到痛好像是在教訓我。所以，鈴鼓不是為別人，而是為自己司打的。

空檔時選擇無聊睡覺、找人聊天講話，或念佛禪修、讀書畫畫，都是自己的決定。當然要善用其心，時間才過得有價值、有意義。不一定坐下來盤腿注意呼吸才叫專注，而是做每一件事都可以練習專注修，念佛是最好的選擇，養成念佛好習慣，心就不容易散亂。

修行不一定在森林整天打坐，我們也要跟社會大眾一起生活，才會得到信徒的護持。有些出家眾不走出寺廟，只在寺中修行追求解脫，使佛教無法傳播出去。為了復興佛教，我們必須走進社會接引眾生，因此要有修行上的定力，還要具備學習上的知識才能辦到。

乘峻——

我們開始打佛七了，真是難得的因緣，所以我們必須認真，以「無常、無我、空和苦」的道理來念佛。佛七的第一天，我唱得很大聲，很投入，但第二天我有點懈怠聲音放小聲了，所以覺得想睡覺。直到我們唱〈五會念佛〉時，我的信心就增加了，我愈念愈大聲、愈唱愈有興趣，打敗了昏沈，感覺很舒服。

第三、第四天，我輪到「護壇組」，第一次當佛七的香燈兼法器人員，心中因為太緊張，所以身體覺得不舒服。第二支香圓滿後，我漸漸的熟悉，自然的法器司打也就沒有問題了。

念佛、拜佛時，要「活在當下」專心的修，才會產生功德。用我們的身拜佛「做好事」、用口念佛「說好話」和用心憶念佛「存好心」，這就叫三業與佛相應。佛陀是我們永遠的朋友、永遠的老師，有佛就有光明和希望。阿彌陀就是無量光、無量壽的意思，只要虔誠、用心念佛，就會有很大的功德、就會愈靠近阿彌陀佛。

有個年輕人問禪師：「阿彌陀佛不就四個字嗎，怎麼說念佛會得無量功德呢？」

禪師回答說：「笨蛋！」

年輕人一聽就很生氣的想打禪師，禪師趕快向年輕人解譯說：「笨蛋只有兩個字，就那麼有力量，更何況是四個字的阿彌陀佛呢！」所以，只要現在開始好好念佛、拜佛，去西方極樂世界的「票」就已經確定了。一旦往生淨土，就肯定能修成佛道。

淨土是一個清淨、圓滿，沒有三惡道，諸上善人居住的地方，而我們的娑婆世界則是各種無常、苦和不圓滿的五濁惡世。淨土宗的修行方法，最重要的是「信、願、行」。第一要相信有西方極樂世界，然後要發願往生，最後要實踐修行，具備這三件才能往生到西方淨土。

乘振——

要有福德因緣，才能打佛七。今年佛七，我特別感動，因為大家都唱得很大聲。尤其看到乘諦和乘相學長，他們唱誦時至誠懇切的樣子，影響我也專心大聲念佛，當時的感覺真的很舒服。老師告訴我們讚佛偈的意思後，我就一邊唱一邊觀想阿彌陀佛的身體全是金色的，頭上有偉大的眉間白毫光，我覺得這樣觀想很棒。

第四支香結束後，我們到五觀堂過堂，一邊用餐一邊聽開示。老師告訴我們齋堂的規矩和「食存五觀」的意思，也就是感恩心、慚愧心、警惕心、醫藥想和成道想。感恩常住給我們一切所需，我們要珍惜好好善用。這些糧食不容易來到我們的面前，從農夫很用心種田，收成後賣到菜市場，老師再去採購回來，然後典座煮熟，最後行堂打到我們的碗裡面，我們才能享用到，所以要心存感恩。老師還講了很多佛典故事，從中我得到一個結論，就是成功的人必須要有好的習慣，比如養成念佛的習慣，好處數不完。

第六支香結束後，是聽開示的時間。五濁惡世的眾生瞋恨心重，我在報紙上看過這樣的新聞，有一個人在餐館吃飯，另一個人進來要求他讓位，正在吃飯的人不肯，結果就被人給打死了。其實，生氣不能解決問題，只會製造更大的麻煩。佛七裡面有止靜禪坐十分鐘，可以看到自己的瞋心，就能慢慢制伏它。

有三種念佛，第一持名念佛，第二觀想念佛，第三實相念佛。念佛的功德很大，可以往生極樂世界，那裡沒有生老病死的痛苦，沒有紛擾，最後可以進入解脫。只要用心的念佛，人人都可以往生淨土。

慧諭（乘德）——

一年一度的打佛七迎接新年，成為了沙彌學園的傳統。透過打佛七斷絕外緣剋期取證，對治習氣、懺悔業障、去除妄想與執著，希望一年比一年進步，與佛感應道交。感恩常住舉辦佛七、感恩龍天的護持、感恩十方的供養，成就我們安心辦道。我們心懷感恩，好好把握修持的因緣。

小時候看到家中長輩經常手持念珠念佛，我心中很羨慕。如今自己也有機會打佛七，還能聽到很多淨土法門的開示，我非常感恩。我們應該養成習慣念佛，讓佛的聖號不絕於耳，起慚愧心，努力修行，把念佛功德回向，願一切的眾生離苦得樂，世界和平。

「是日已過，命亦隨減」，明天和無常到底哪一個會先到，是我們應該建立的生死無常觀。老師開示說，要用「最後一次」參加的心態打佛七，我就把身心交給道場、交給阿彌陀佛，當下我發現，我心即是阿彌陀佛，阿彌陀佛即是我心，感受到身心清淨、法喜無量。

現代的年輕人喜歡追求物質享受，而我卻有這殊勝機緣，來到沙彌學園修道，走上斷除煩惱的路，實在是難遭難遇。感恩常住師長從小栽培我們長大，給與我們種種的因緣多聞學習，希望我們成為人才。

七天的佛七其實過得很快，但耳中還不斷的聽到虔誠的念佛聲。

乘解——

以前因為我的中文不好，又不用心聽老師開示，所以就對打佛七沒有興趣。今年佛七起香我們排班進佛堂時，一陣風吹過我身上，我感覺到花草樹木、風雨雷電，都為我們去打佛七起歡喜心。所以，我決定這次要心生歡喜、專心念佛。

佛七期間，我學到兩件事，第一件事是有任何問題，都要向老師們報告，老師才能及時幫我們處理。我因為喉嚨痛沒辦法誦經，但沒有跟老師們講，聽到別人在誦經我覺得很慚愧。後來被老師發現了，晚上拿藥給我吃，之後喉嚨就比較舒服了，非常感謝老師。第二件事是做任何事情都要準備好、要有信心。之前我曾經輪典座時遲到，這次我一定要準備好，隔天準時起床。

我家鄉有一個火葬場，以前只要經過那裡，我就會覺得很害怕。這次疫情我回俗家時，因為打過兩次佛七了，我知道念佛就不會害怕，這是念佛的其中一個好處。

乘解——

打佛七的七天當中，我們都在念佛、誦經、拜佛，如果不知道經文的意思，那麼誦經就變成像唱歌、唸詩一樣，不會得到誦經真正的功德利益。比如唱〈讚佛偈〉時，老師說要觀想阿彌陀佛四十八願度眾生的慈悲與偉大，還有極樂世界的種種莊嚴。

發願就是力量，又分成兩種，一種是佛菩薩所發的大願，處處為人著想，比如地藏王菩薩「地獄不空，誓不成佛」的大願。另一種是凡夫為了自己，所發的小願。阿彌陀佛因為看到娑婆世界的苦，所以發了四十八大願，成就了沒有痛苦的極樂世界，只要眾生一心不亂的念阿彌陀佛名號，就可以往生到彼世界。到了極樂世界，就不會再墮入三惡道中。

佛七是一種修行法門，佛七可以消除煩惱，安住我們的心。佛七中養成的念佛習慣，在佛七圓滿後的日常生活中，無論在做什麼，都可以念佛，因為這是一個好的習慣。

乘樂——

修行，要在適合的環境進行，才不會被干擾。一個理想的環境，能幫助修行者安住身心。所以，非常感謝常住慈悲，每年安排沙彌打佛七，施設好的念佛環境給我們，讓我們活在當下，七天安心念佛。

佛七第一天，我是「護壇組」，負責廚房工作。我就一邊工作，一邊念佛，因為發心投入工作，所以做事不覺得無聊，也不覺得累。圓滿了一天的工作後，我才發現自己的手指，在發心工作時割傷了，我竟然完全不知道。我不為此覺得辛苦或委屈，因為這是一年一度的佛七，我當然應該要為常住發心工作。所謂「大眾第一，自己第二」，我們每一個佛光人，都應該對常住多付出一點，對大眾多關心一點。

有一位行腳僧來到寺院討單，但知客師就是不接受他。他心裡納悶，為什麼自己發心學習佛法，常住卻為難他呢？在當天晚上的睡夢中，護法善神告訴他，原來上輩子他也是這寺裡的僧人，因為懈怠沒有把常住分配的工作完成，所以這輩子常住才不接受他。所以，為常住工作時，要好好做，不可半途而廢，更不可找理由懶惰。因為種什麼因，得什麼果，一切都是我們自己造成的。

佛七修行是很難得的福報與機會，
不只有為自己念佛，更要祈求世界和平。

「打佛七」要大家共同來成就，
有的擔任法器司打，有的負責行堂典座。

每年「打佛七」用阿彌陀佛的聖號來迎接新年，
已是沙彌學園的傳統。

「阿彌陀佛」四個字具足無量功德，
只要有堅定的心，一心一意念佛，
與佛相應，必定能滿其所願。

助念佛事

乘敬——

佛七一圓滿，老師便馬上帶領我們六年級沙彌，趕往國內機場，準備飛往加爾各答，為慧堅法師奶奶做《三時繫念》往生佛事。這是我第一次到加爾各答，也是第一次參加誦經助念。

在娑婆苦海中，生死輪迴是不能避免的事實。人一出生，就會慢慢長大，成人後便漸漸的老化，乃至往生，「無常」就是生死的實相。但在這無常的生命中，今生三業所有一切善惡造作，都會如實的「報應」到自己的身上，這就是因果定律。

這兩天在禪淨中心，受到大家的歡迎和照顧，日子過得很舒心，現在要回德里了，心中難免有一點放不下。但在前往機場的路上，我發現所有的高樓大廈，以及每一棵路樹等，一切美好的事物，一旦從車窗閃過，就再也追不回來了。所以《金剛經》云：「過去心不可得」，生命中的每一件事，可以成為我們的回憶，但我們必須學會「放下」過去，才有能量迎向更美好的未來。

慧樂（乘明）——

雖然說「生老病死」是人生所不可避免，但接到奶奶突然往生的消息時，我還是非常悲慟，難過沒能見到奶奶最後一面。我不斷回憶與奶奶相處的往事，想起我是奶奶最疼愛的孫子，而一度感到悲傷。

常住慈悲，馬上決定徹夜開車，帶我前往北方邦奔喪，為奶奶助念火化。這是我家鄉第一場助念告別式，佛事莊嚴，令全家人感動與安慰，我們堅信奶奶一定得生極樂世界。

看到奶奶的大體，我體會到佛教無常、無我的真理，佛陀教導我要看破生死，才能解脫痛苦與執著。在我最無助、悲傷時，常住溫暖關懷我，為我奶奶助念火化，我覺得自己三生有幸，這輩子能追隨星雲大師在佛光山這樣的僧團出家學佛。我發願要更發心把出家之路走好，以報常住的恩德。

佛七一圓滿，老師便馬上帶領我們六年級沙彌，趕往國內機場，
準備飛往加爾各答，為慧堅法師奶奶做《三時繫念》往生佛事。

人一出生，就會慢慢長大，成人後便漸漸的老化，
乃至往生，「無常」就是生死的實相。

這是慧樂（乘明）的家鄉第一場助念告別式，佛事莊嚴，
令人感動與安慰，我們堅信奶奶一定得生極樂世界。

沙彌日記

FGS Sramanera School
New Delhi, India.

我的淚，沿路隨您而去，
化做珍珠，師公您有收到嗎？
那顆顆珍珠裡，
有著弟子對您深深的思念和刻骨的痛！

緬懷師父上人

慧申（乘銘）——

宇宙都是您的法堂
天竺佛國沙彌學園，
大殿兩單有您的莊嚴法相。
每日早晚課，
瞻仰佛陀之外，
就是您～師父。
法相不僅是色身的呈現，
更寫著您法喜充滿歡喜度眾的心境。
頑皮犯規時，被罰跪香。
虔誠跪在佛陀座下，
祈請如來加持，賜給我智慧。
膝蓋很疼，
回頭瞅著您的慈容，

師公，幫我好嗎？
在學園的時光中，
您的法相，就是我的法堂。
二〇一三年九位沙彌到台灣，
我嫉妒，也自卑，沒有福德因緣見您。
二〇一六年，因緣終於具足。
我們興奮地飛越重洋來見您。
您記得嗎，您陪我們素齋談禪，
在佛陀紀念館，禮敬大廳，佛前香。
我坐第一個位子，
近距離見您，欣喜過望。
飯菜是淡、是鹹？已分不清，
只因見到了您，星雲大師！
師父，見您的法喜，筆墨無法形容！
隔天，在傳燈樓，您交代弟子：
第一：我要終身做和尚。
第二：佛光山是我的家。

第三：我要復興印度佛教。
第四：我要弘揚佛法傳遍世界。
第五：我要安住身心。
師父，弟子何曾忘記！
也永遠不敢忘記！
那書寫在沙彌學園牆上師父的慈訓，
早已鑄刻在我內心深處，
成為我慧命的一部份。
當下，您每說一句，
全體沙彌大聲回答：「是！師公。」
弟子一定依教奉行。
二〇一八年沙彌第三次回台灣尋根，
最難忘的就是師父您的手。
師父，我從沒忘記過您雙手的溫度。
您的手，不只是手，它是如來掌，
它以溫暖傳達佛陀的心，
它以柔軟期許我們，要復興印度佛教。

當下，我流淚了，
眼角卻沒有淚水。
法喜的眼淚，流注心裡，滋潤了心田。
師父您去哪兒了？
師父，我心靈裡，
有一棵思念的樹，
開滿思念的花朵。
弟子朝思暮想，深深思念您。
如今，
師父，您去了哪兒？
您是星雲呀！
任何時候抬頭就能見到您！
為何有人卻說「人天眼滅」！
我傷心流淚，
我不信！
這是胡說！
您是永存於天上人間的導師，

您就是佛陀的化身！
師父，您的法相，
在天竺的沙彌學園裡！
不！在全世界。
不！「星」和「雲」都是您的法身。
哦！弟子明白了，
宇宙都是您的法堂。
我隨時都可以與您談話，師父，對吧？
復興印度佛教的路上，您會指導弟子，對吧？
您點頭，我看見了！
您一定會指引我的道路。
弟子深信！您曾說過：
只要你成才，我願為你犧牲。

慧合（乘提）——

人間的菩薩

大眾所認識的觀音、文殊、地藏、普賢等，都是八地以上的菩薩。過去也有龍樹、寂天、馬鳴菩薩等。中印佛教的祖師大德都是菩薩，像是達摩祖師、六祖惠能大師等，他們都是菩薩。我們知道佛菩薩都很慈悲，但從來就沒有見過他們的法相真身。那麼佛菩薩在哪裡呢？常聽說「佛在心中」，也有人說佛的教法就是佛的真身，我當然相信，但沒能見到佛菩薩的真容，難免感到遺憾。

我覺得師父上人就是人間救苦救難的菩薩！您為了佛教，為了眾生，雖然受盡苦難，但仍然尋找各種辦法克服困難，從來沒有放棄過。您為了弘法，發心投入文化與教育的貢獻，在全世界創辦了很多的學校、大學，同時也創辦報紙、國際組織與電視台等，影響了人類社會。我看到師父您的慈悲心，您總是「大眾第一，自己第二；佛教第一，自己第二」。我覺得師父您就是人間的菩薩，在您的身上，見證了如來的慈光與菩薩的偉大。

師父上人是我心中的菩薩，感謝您在印度成立沙彌學園，給我們學習人間佛教的機緣，感謝您給了我未來與希望，為我們開闢一條成佛大道。我今生最幸運的事，就是能遇見您，成為您座下的弟子，希望我生生世世都能做您的弟子。

慧典（乘量）——

何時能再相逢

偉大的師父——

我們每次回山，到法堂拜見您，

被您威德攝受，口拙不懂表達。
可在心靈深處，感到慈祥溫暖，
您的慈悲智慧，如那佛光照耀。
師父啊！
弟子，跪在您的座前
請問何時能再相逢？
師父，弟子懷念您。
如今，
您的色身雖然壞滅，
但法身卻遍滿虛空。
師父！
請您放心，我一定努力奮鬥。
我會謹記，光大佛教，捨我其誰。
我要實踐，佛光普照三千界，法水長流五大洲。

慧善（乘信）——

師父是指引我的那道光明

出家前，我的人生沒有夢想，甚至可以說是在混日子。二〇一二年是我人生很大的轉捩點，因為我進入了沙彌學園，從此我的生命就徹底改變了，我開始慢慢明白，世間有很多善美的事可以做，尤其是「助人」最為快樂。《往事百語》〈給人利用才有價值〉文中提到師父上人一生為大眾的理念，永遠都是「大眾第一，自己第二」，甚至他還常常跟我們說：「我還能為你做什麼嗎？」師父的偉大，實在令人無比的感動。我的色身是父母給的，但我的法身慧命，是師父上人賜予的，能成為您的弟子，是我累劫修來的福報啊！感恩師父教導我們人間佛教，指引我未來的光明大道。

慧曄（乘正）——偉哉！師父！

走在輪迴路上，經歷生生死死、死死生生，幸運的是做過善事、結過佛緣，此生才能出家學佛，在僧團生活。

二〇一六年，學長們回到總本山尋根，我因為沒有護照，所以無法同往。行程圓滿後，學長從台灣帶回來師父上人對我們沙彌的開示法語，其中令我感到最震撼感動的便是「只要你成才，我願意為你犧牲」。

二〇一八年九月，我第一次回到鳥語花香，如同極樂世界一樣的總本山，最高興的是能跟師父上人見面，而最叫人難忘的是能跟師父上人握手。至今，我依然還能記得師父那偉大雙手的溫度，當下的感動無法用言語來形容。

感恩師父在印度成立沙彌學園，傳播人間佛教，讓我們有機會在佛光山出家受教育。感謝師父指引我目標方向，給我生命的力量，在我心中播種了菩提種子，讓我生命充滿了幸福與希望。

師父的色身雖然不能常伴我們左右，但您的佛法、智慧與慈悲，卻是常存於世間的，您對我們的所有開示，我們一定會依教奉行。我每天朝思暮想，深深思念您，希望您早日乘願再來，繼續引導弟子們光大佛教。

乘宣——

我的偶像

師公的圓寂讓我們很傷心。您一生為佛教、為社會奉獻犧牲，您的偉大，是我們學習的方向。雖然我從沒親自見過您，可是您的智慧著作寶藏，我們都有慢慢的閱讀、吸收，所以我早就把您當成偶像了。想到您當初在大陸叢林參學時，面對老師的有理無理都能接受，以忍為力的堅持下來，我會以您為目標，做到您給沙彌的「慈訓」：終身做和尚。

慧樂（乘明）——

感念師父上人

在沙彌學園，老師們常常提到師父上人星雲大師的名諱。當我了解到他對社會了不起的文化、教育、慈善等貢獻時，更是對他生起崇拜禮敬之心，他不是一般人，他是人間的菩薩。所以，我們最大的願望就是想要到台灣去拜見他。

二〇一八年九月，我第一次回總本山，參加佛光山海內外徒眾講習會。記得當時我們還參加了「無量壽音樂會」，真心誠意將師父所做的詞曲，用音聲表達對師父華誕的祝福之心。我們合唱的是「讚佛歌」，走上舞台看到台下觀眾席上，法相莊嚴的師父上人，我一時高興竟然把歌詞給忘光。

有一天晚上，師父突然從法堂駕臨麻竹園，專程來跟我們握手，滿足我們心中的願望。帶著歡喜和緊張，我們排隊輪流走向師父，感受師父雙手的溫暖，當下那一刻，我們永遠不會忘記。

如今，師父圓寂，我們弟子當然非常難過不捨。但是，我感受到師父法身卻無處不在，因為他留給我們的佛法智慧，永遠不會離開我們。現在，我們要把出家的路走好，更精進弘法利生，努力完成師父的夢想，才能最讓師父寬心。

感謝師父上人接受我出家，改變了我的人生，我會永遠謹記您給我們的「慈訓」：

一、我要終身做和尚。

二、佛光山是我的家。

三、我要復興印度佛教。

四、我要弘揚佛法傳遍世界。
五、我要安住身心。

乘光——

懷念師公

在一個陽光燦爛的日子，
您離開了我們！
到一個不知道有多遙遠的地方。
沒有給我機會說最後一句話，
沒有讓我看到您的最後一面。
我的淚，沿路隨您而去，
化做珍珠，師公您有收到嗎？
那顆顆珍珠裡，
有著弟子對您
深深的思念和刻骨的痛！
您就真的這樣離開了嗎？
真的嗎？

我是否再也見不到您了呢？
再也摸不到您慈悲
又溫暖的手了嗎？
二〇一九年，您到大陸看建寺工程，
在天隆寺等我們放學，
您等了很久，
我才知道，
原來您是那麼的愛我們。
能成為您的弟子，我是多麼慶幸。
您走了，怎麼不告訴我呢？
我還沒來得及報答您的恩德呢！
您聽見我的呼喚嗎？
師公！我非常思念您呀！
您的「慈訓」，我都牢記在心，
您以言傳身教叮囑我們：
第一、我要終身做和尚，
第二、佛光山是我的家，

第三、我要復興印度佛教，
第四、我要弘揚佛法遍滿天下，
第五、我要安住身心。
敬愛的師公，
想到您過去從槍林彈雨中流亡，
從監獄蒙冤脫難，
跟您相比，我所遭遇的人際冷暖，
這點磨難，根本不算什麼。
所以，請您放心，
我會追隨您的腳步，
積極、正向的，
去面對環境的考驗。
因為，
我是您的弟子，
我要有骨氣！
我要堅強！
我要優秀！

親愛的師公，
我發願會做個合格的「貧僧」，
我立誓要把您的人間佛教，
發揚光大！
慈悲偉大的師公，
我懷念您！

慧緣（乘義）——師父與我同在

師父上人是當代佛教，最具有影響力的人物，一生致力於傳播人間佛教的教義，強調文化、教育、慈善的重要性，倡導和平，鼓勵佛教徒積極參與社會、淨化社會，努力讓世界變得更美好，深遠的影響了世界各地的文化。雖然師父已圓寂逝世，但他的教誨和所留下的許多書籍，將繼續影響、激勵著我們每一個人，使我們感到他一直都與我們同在。師父上人的慈悲和智慧，是我們徒眾的榜樣，在黑暗中指引我們光明的方向。感恩師父給我出家的因緣，弟子發願努力上進，銘記您的「慈訓」，以宣揚佛法、紹隆佛種為使命，絕不辜負您的恩德。

乘禪——

師公的開示

剛進入沙彌學園時，我迷迷糊糊不確定自己的人生目標。經過每日慢慢的學習後，我感覺到自己各個方面的進步。幫助我改變自己的，就是師公您的每句話。感謝您創辦沙彌學園，給我機會出家學佛。

二〇一九年我才有機會回俗家辦護照，但不久就暴發了疫情，我的護照也因此拖延了一年才拿到。護照一到我手上，我就想馬上去台灣拜見您。但非常不幸的是，我還沒有因緣見到您，您就離開了我們。等您乘願再來時，我發願今生一定要見到您。

您的色身雖然不在了，但您說過的每一句話，依然還在我們身邊。您創建了三百多個道場，培養了人才，為社會貢獻。我會努力拜讀您的書籍，學習您的精神，請師公加持我平安的走在出家的道路上。

乘相——

師公溫暖的手

二〇一八年，我第一次到台灣尋根，最大的夢想就是要去拜見師公。我當時才十二歲，懵懂無知，所以不知道師公對社會的貢獻，只覺得能夠跟隨星雲大師的僧團出家學習，真的很幸運。記得當時我們在本山住了七天，每天晚上都有師公的開示，我都非常用心的聽師公講話。有一天，師公慈悲，特地從法堂到麻竹園來跟我們握手，令我們很感動。感恩師公處處為我們著想，給徒眾善妙的因緣成長。師公現在不在我們的身邊了，我要更精進勇猛，學習師公一生為佛教的奉獻，不辜負師公的恩德。

乘戒——

師公的關懷

二〇一八年，師公派我到中國南京大學讀書，感恩常住的栽培。隔年，師公到天隆寺看工程時，我們剛好在學校上課。一放學就趕地鐵回寺，想要馬上拜見師公。記得當時是大熱天，您卻在山門口等我們放學，而且還等了很久。我感到很幸福，原來您是這麼的關心我們，但同時也很慚愧，不忍心讓您等那麼久。同年九月，您再次回大陸，我們到大覺寺集合，就有更多時間親近您。用過膳後，我們知道您有習慣跑香消食，我們就跟在您後面一起跑香，巡大覺寺佛光樓工地、走雲湖，能有這樣的機會，我覺得自己很有福報。

慧諭（乘德）——

師父的笑容

感恩師父上人在五大洲創建道場，我才有因緣在印度認識佛光山，在沙彌學園寧靜的環境下學習和修行。我們今天所看到的佛光山，都是師父一生努力和堅持的結果。師父的智慧，一句「鬼不來沒關係，佛來就好！」，滿滿的正能量，令我非常的感動。《我不是「呷教」的和尚》和《貧僧有話要說》，說明了「貧僧師父」的菩薩心志，認為一切都是大家共同成就的，他只是眾中之一。

二〇一八年，有機會回本山參加講習會，看到莊嚴、偉大的師父，滿臉笑容，好像在歡迎我們「回家」，等待著我們各地的弟子，回到總本山的「慧命之家」。當師父知道某位沙彌想要跟師父握手時，非常慈悲的滿足了我們的心願，用他溫暖的大手，來呵護我們成長。

二〇一九年底疫情爆發，師父的健康也漸漸走下坡，徒眾都很擔心，可師父卻安慰大家說：「我不是生病，只是比較不方便」。我覺得師父真的很偉大，他的心中都是「大眾第一，自己第二」，弟子一定學習師父的精神，「我為人人，人人為我」。

二〇二二年，常住舉辦了國際三壇大戒，印度沙彌學園十六人參加受戒成為比丘僧。感恩師父、長老，培養我們成為一個正派的出家人，有使命為佛教奉獻。師父賜給我法名慧諭，能成為星雲大師的弟子，我實在法喜難忘。我發願要弘揚人間佛教，以報答師父的恩德。

如今，師父圓寂了，我們一開始很難接受，感覺好像是在作夢一樣，不由自主的一直掉眼淚。當然，我們也明白「有生就有死」的無常真理，也要學會接受事實。師父的教育和精神，會永遠留在弟子們的心中，當我們想念師父時，只要讀師父的書、聽師父的錄音教誨，恩師就無處不在。

我會努力學習師父的人間佛教，發心勤勞為常住作務，不忘初心的把出家道路堅持到底，時刻用心銘記您的教誨。將來您乘願再來時，我還要再做您的弟子，續繼向您學習。

慧寧（乘諦）——

永遠追隨師父

師父有如一盞明燈，照耀著黑暗的世界，因為他「傳統與現代融合」的理念，佛教不但在中國復興起來，而且在世界各地有更多人漸漸開始信仰佛教。

二月五日晚上，聽到師父上人圓寂的消息，令我悲慟欲絕，感覺好像世界末日一樣。

二〇一八年，我第一次，也是最後一次，親自拜見師父上人，我永遠也無法忘記當時的情境。他用「握手」來勉勵我們力爭上游、「不打退堂鼓」，至今我還能感受到他雙手的溫度和慈祥的臉色，我看到了方向，找到了今生學習的「偶像」——一代高僧：星雲大師。

人有老病死生，等於季節有春夏秋冬的循環，我們是無法改變「無常」，也無法讓師父永遠不入滅。但師父上人的智慧與教誨，如天上的「星雲」，是永遠存在、永不息滅的。只要我們不要放逸懈怠，發心閱讀師父的書籍，就能深入了解他的思想與理念。我發願要把人間佛教繼續流傳下去，推廣到每個人的心中，讓人間佛教的宗風、理念，如天空永恆不變的那顆星，光明永遠傳承不息。

乘敬——

感謝師公留給我精彩的回憶

師公一生弘揚人間佛教，以「三好」、「四給」、「五和」淨化人心，創造人間淨土。師公弘法教化社會，更重視僧伽教育，為佛教奉獻犧牲，更發願來生還要繼續做和尚。

我一出家，就想要去拜見師公。因緣難得，此生我只見過師公兩次，分別在二〇一六年和二〇一八年。我原本盼望著，未來還有機會能跟師公一起用餐，甚至握手，但在巨大的無常之中，誰也躲不過生死這必然的一關。二〇二三年二月五日，師公圓寂的訊息傳到印度，我們都非常的難過，從此再也沒有機會見到師公，聽聞他的開示了。

記得二〇一六年我第一次到台灣，參加佛光山海內外徒眾講習會，第一次上師公的課，看到大家在鼓掌，我懵懂無知也跟隨大眾拍手。能見到師公，我內心非常法喜與感動。後來，師公特別給我們開示了五句「慈訓」，成為沙彌學園每個學生的學習目標：

第一：我要終身做和尚。

第二：佛光山是我的家。

第三：我要復興印度佛教。

第四：我要弘揚佛法傳遍世界。

第五：我要安住身心。

二〇一八年我們再回總本山時，有一位同學表達希望能跟師公握手。沒想到師公知道後，竟然馬上從法堂駕臨麻竹園，一一跟我們沙彌握手。這不止滿足了我們的心願，也增加了我們的道心。從此，我就更尊敬崇拜師公了。

如今，雖然師公色身已入滅，但師公的精神依然存在書本和影片裡，我們要以師公的精神，規劃我們未來的生命，學習師公做一個不呷教的和尚。

慧淳（乘勇）——

皈投在您的座下

如果不是師父上人在印度成立沙彌學園，我也不可能在佛光山學佛出家。感恩師父翻轉了我的生命，您對我的慈悲愛護，我會深深銘記在心裡。雖然我沒有機會親近您身邊學習，覺得非常遺憾，但透過拜讀您的書籍文章，都能幫助我了解您的人間佛教，也是一種幸福的緣分。

二〇一六年我第一次回總本山，最期待的就是要去拜見您。您在佛陀紀念館禮敬大廳的佛前香，與我們共進晚餐。席中，您問我們未來要做什麼？我至今依然深刻的記得我的答案，我向您報告說我未來要做個有用的佛光弟子，做個正派的出家人。萬萬沒想到，這竟是您和我們的最後一次見面和開示。

您一生奉獻給佛教，度人無數，把佛光法水傳遍五大洲。您一生以無為有，以空為樂，是我們大家學習的榜樣。請您放心，我會努力奮鬥，做好一個佛光弟子，為教爭光、永不退票。

等您乘願再來時，我希望能和您再續法緣，生生世世，皈投在您的座下。

乘淨——

緬懷師公

二〇一三年，沙彌第一次回總本山尋根時，我才剛入學，所以沒有因緣參加。老師告訴我們，只有努力學習的人，常住將來才會安排出國參學。於是我就有了人生第一個願望，就是要到台灣拜見師公。

二〇一六年，沙彌再次回山，我因為沒有護照，所以回台灣拜見師公的因緣還是不具足。終於在二〇一八年，佛菩薩加被，我在最後一刻領到了護照和簽證，感謝常住和一切的因緣，成就我第一次拜見師公的因緣。

後來，就因為疫情的關係，我們都無法再回總本山。直到二〇二二年，一些學長回山參加三壇大戒，成為佛光山第二代弟子。而我們卻因為年齡不足，就沒有因緣參加，現在只能成為佛光山的第三代弟子了。

二月五日早上，聽老師說師公病危，我們就開始覺得難過。當天晚上師公圓寂，我們異常傷心。我們不能忘記師公對社會的貢獻，對世界、對佛教的貢獻，我要以師公為榜樣，今生努力學習成為像師公一樣的「貧僧」。

慧廉（乘得）——

師父的恩德

在沙彌學園學習的九年期間，老師們從小就告訴我們師父上人的事蹟，我們也經常閱讀師父上人的文章。透過課堂上課，我了解到師父上人的所有作為，都是大菩薩的行為，所以從那時起，我就很崇拜您，一直想要回到總本山拜見您。

二〇一八年因緣終於具足了，第一次回到佛光山真的超級開心。我的心願就是想看您一眼，向您禮座頂禮，但意想不到的是您竟然到麻竹園來跟我們握手加持。我又感動又緊張，覺得自己好幸運、好榮耀，握著您的手，感覺到您對弟子們的慈悲，我永遠也不會忘記此時此刻您給我們的溫暖。

不知不覺我已長大成年，從沙彌學園畢業後，申請到泰國摩訶珠拉隆功大學讀書，現在已是大學二年級。二〇二二年十月常住舉辦三壇大戒，我們把握機會向學校請假參加受戒。我期待在戒會期間能再見到師父上人，但是弟子慚愧，還是沒有因緣向您禮座。不過，您的祝福和鼓勵都一直在我們的身邊，加持著我們。您曾說過「只要你成才，我願為你犧牲」以及「我要終身做和尚」，您的開示鞏固了我的道心，啟發我這輩子要做好一個出家人。

如今，我們的導師師父上人圓寂了，我們捨不得您的離去。雖然您的色身不在我們身邊，但是您的莊嚴法相、您所有的弘法利生事業，以及您所提倡的人間佛教，依然存在。您已經為我們設定好弘法的「四大宗旨」，以文化弘揚佛法、以教育培養人才、以共修淨化人心、以慈善福利社會。現在，我們要珍惜一切因緣，努力以四大宗旨來普度眾生，報答師父的恩德。

慧景（秉良）——

師父永遠在我身邊

我二〇一三年來到沙彌學園，最早接觸的就是「佛光四句偈」，慈悲喜捨遍法界，惜福結緣利人天，禪淨戒行平等忍，慚愧感恩大願心。老師還要求我們背誦四句偈，等於說在還沒見到師父上人之前，我就先「見」到了師父的法了。也就是從第一天的沙彌教育開始，師父就天天在我們身邊「陪著」我們長大，您教我們要「身做好事、口說好話、心存好心」。生活中遇到困難煩惱時，是師父的法語、書籍，指導我們方向，讓我們找回好心情。

我第一次拜見師父上人是在二〇一六年，那時您還特地請我們到佛陀紀念館吃飯，隔天又在傳燈樓給我們「五句慈示」，我要終身做和尚、佛光山是我的家、我要復興印度佛教、我要弘揚佛法傳遍世界、我要安住身心，這是師父上人留給我們的開示，我們會永遠謹記在心。

沙彌學園把師父的「慈訓」和我們與師父在傳燈樓的大合照，大圖輸出，張掛在教室的走廊，讓大家經常憶念師父和薰習師父的五句話。做錯事被老師教訓時，經過走廊看到師父的「我要安住身心」，就好像師父在面前指導我，不要那麼容易放棄、退心，只要知道自己的錯誤，用心改過就好了。

二〇一八年，我第二次拜見師父上人，您慈悲特地到麻竹園跟我們「握手」，大家真的很開心、很感動。記得我們當時共有三十二位沙彌，您一一跟我們握手，一點都不覺得累，一個年紀這麼大的大師，如此慈悲的對待後學晚輩，這種精神是我們所要學習的。我有因緣認識三寶、出家、學習人間佛教，都是因為我遇見了您星雲大師，我感覺自己真的很有福報。

九十七歲的師父，難免身體會有病痛，但他卻正面樂觀的說「我不是病，只是有點不方便」。如今師父圓寂了，「一生做好一個和尚」的師父，留下無量的「法」，收錄在三九五冊《全集》中，在五大洲建立好多的道場和創辦大學等。雖然您的色身不在了，但因為有您留下的法，所以我感覺您永遠都在我們的身邊，指導我們前進。我們應該發願繼續推動佛法，才不辜負師父給我們的教育。

慧悅（乘菩）——

懷念師父

二〇一〇年，我十二歲時就到沙彌學園出家。我們第一屆學生共五人，剛好也跟佛陀初成立僧團時五比丘的人數一樣，真的非常吉祥。剛到學園時，一切都很陌生，文化、語言和飲食等，我一個都不認識，所以會常常懷念家人和家鄉的食物。但是為了學佛出家，我要學會接受新環境和新的學習方法，所以慢慢的就放下了想家的念頭，安住下來。

感謝過去的善業成就，我今生才有因緣在佛光山出家，是師父上人翻轉了我的生命，您對弟子們的慈悲照顧，讓我感到非常幸福。雖然我沒有機會親近您身邊學習，難免覺得有點遺憾，但透過拜讀您的書籍文章，都能幫助我了解您的人間佛教，讓我認識到學佛出家的無上使命。

我是印度沙彌學園第一批沙彌，同時也是師父上人圓寂前最後一批弟子，我們就像佛陀的最後一位弟子須跋陀羅，因此更要發願作一個有用的佛光弟子，把弘揚人間佛教視為是自己的使命。感謝師父上人給我的美好因緣，佛光山永遠是我們法身慧命的家。

慧玄（乘悟）——

師父給我的因緣

師父一生為了佛教、為了眾生、為了我們弟子們，提倡「三好」、「四給」的理念，永遠都在「給」人一點因緣。師父在年小時，如果口袋有糖果，就懂得分給別人結緣，從小就有慈悲心「給人」的精神。師父在五大洲創辦學校，從幼稚園到大學，「給」喜歡讀書的人，有因緣上課求學。比如給巴西人一個因緣，到南華大學學習，成立足球隊，提高他們的人生志向。

師父在印度創辦沙彌學園，給我們印度人一分因緣，在佛門學習佛法、快樂成長，安住在佛門。師父甚至鼓勵我們高中畢業後，去讀大學，擴大自己的人生，這對我一個鄉下小孩來說，真的是一件不可思議的事。但都在師父的慈悲因緣下，一一實現。

我們在沙彌學園的時光中，透過《全集》學習師父的精神，從各種視頻中，觀看佛光山開山的故事，感動師父一步一腳印的，把一片山林，轉變成一座大叢林。

二〇一八年，我們回總本山尋根之旅。有一天晚上，師父在得知乘海學長的心願就是想跟師父握手時，就從法堂到麻竹園，一一給我們握手，滿我們的願，讓我們大家都很歡喜。至今，我們仍能感受到師父溫暖的手，體會到師父慈悲的心。

如今，師父雖然已不在我們身邊，但您的精神、教誨永遠存在我們的心裡。

慧堅法師（佛光山印度沙彌學園學務組老師）——師父與我的善緣

一九九八年師父上人印度弘法到加爾各答時，年僅八歲的我加入大眾接機的隊伍，被安排在機場為師父獻上花圈。第一次見到師父，就被您的法相莊嚴所攝受，心中發願要終身跟隨您學習。幼小的心靈記憶中，覺得師父上人就是一尊笑口常開、樂於助人的彌勒佛。

高中畢業後，我隻身前往佛光山就讀叢林學院男眾學部。二〇〇九年首次參加佛光山徒眾講習會，弟子們福德因緣具足，每人皆獲得師父上人的一筆字墨寶。師父給我的是「法增上」，開示我要在佛法修習上勇猛精進。

第三次與師父上人接心結緣，是二〇一一年在雲居樓與師父合照。雖然那時還是在家眾的身分，但因緣卻真的是難遭難遇。

二〇一四年，我在佛光大學佛學系念大四時，遇到了嚴重的車禍。在生死攸關之際，感恩師父上人及常住大眾為我誦經祈福，我才能平安度過難關。養病期間，師父的《探病祈願文》

一路陪著我，讓我學會「與病為友」心甘情願，不怨天尤人。

佛大畢業後，我再度回到學院修學，何其有幸又有因緣領到師父「病後字」的墨寶「佛」字，開示我心中要有佛，要永遠與佛同在。二〇一七年，我下定決心依止師父上人座下披剃出家，得師父上人賜我法號「慧堅」，提醒我在修道的路上要堅毅不拔、堅持到底。

二〇一九年元月，從印度新德里回總本山受大戒，雖然時間緊湊，但還是難以忘懷師父上人為我們上課接心的法喜。這是我最後一次近距離見到師父，所以非常珍惜與感恩。

今生有幸得遇師父上人，從您的身教及言教中，感受到修道人的慈悲與智慧，體會到無緣大慈、同體大悲的菩薩精神。師父上人教我感恩、報恩，不只是要報答今生父母的恩德，還要救拔過去生生世世的父母。師父上人的心量廣大，一生慈悲度眾、弘揚人間佛教。弟子謹遵師父教誨，努力推廣人間佛教，「將此身心奉塵剎，是則名為報佛恩」。

葉書君教授（印度尼赫魯大學中國與東南亞研究中心前系主任、佛光山印度沙彌學園中文教育顧問）——

淚不白流——憶星雲大師

提起星雲大師，我真的有千言萬語，卻不知從何說起？當大師圓寂的消息傳來時，大家都情不自禁地流淚了。

二〇〇九年對我來說是人生旅途上有特別意義的一年，因為是從這一年開始，我在印度沙彌學園給沙彌上漢語課。當年我對人間佛教的認識是膚淺的，不過，不做壞事，不害人是我一路來待人處事的基本原則，我自認為自己性本善。隨著光陰的流逝，期間又承蒙印度沙彌學園住持慧顯師父的介紹與引導，再加上忙裡偷閒看了大師的一些文章，這一切讓我進一步了解了什麼是星雲大師心目中的人間佛教。對星雲大師的敬佩也就油然而生，五體投地了。同時也明白，除了不做壞事，不害人以外，還有許許多多可以做應該做的事要去做，否則我就浪費了我的生命。我無緣拜見大師，雖然這是一種遺憾，但大師的經歷卻經常在我腦海中浮現，他的言論無時無刻不影響著我，鼓勵著我，指引著我。大師歷經千辛萬苦，一步一個腳印朝他的理想前進，創造了許多奇蹟，就連鬼也不去的地方也變成了人間福地，佛光四射，普照五大洲。

身為教育工作者，我深深體會到星雲大師對教育的重視。大師的教育觀是海闊天空的，不被民族、膚色或國界所限制。否則，印度怎麼會有一所沙彌學園呢？眾所周知，釋迦牟尼佛誕生於印度，印度佛教文化深遠地影響了中華文化；然而反觀今日印度佛教實況，卻令人感慨萬千。大師，我衷心感恩您在印度成立了這所沙彌學園，讓我有緣多了解人間佛教，讓我更明白活著的意義以及生命的價值。我深信，有朝一日必如您所願，菩提樹花會在佛國處處開，佛教文化也會重現。

這些年，沙彌學園歷經諸多磨難，有形的、無形的種種困擾，值得慶幸的是：我們沒被難倒，都還活著，而且活得健健康康地。

最近幾年，我們目睹一屆又一屆的沙彌遠離學園，乘坐飛機，上大學去了，我們是那麼欣慰。大師您也一定很高興，是不是？我們沒讓您失望，但我們做的還不夠，我們必將按照您的理想，繼續努力。您一定會默默地，繼續引導我們前進，對不對？

我看見了，您正在看著我們，您在點頭，您笑了！我們也笑了，我們不再流淚，我們一定會把眼淚化為力量，努力學習，勤勞工作，勇往直前，絕不讓您失望！

武術集訓成果

慧寧（乘諦）——

沙彌學園過去每年舉辦武術培訓，但因為疫情的關係，已經三年無法請教練過來集訓了。二〇二三年疫情稍緩，台灣晨曦武學兩位教練，千里迢迢來到沙彌學園給我們培訓，我打從心裡感恩他們的發心。

我對武術、舞獅都很感興趣，因為一來可以強身健體，二來訓練思維組織，但更主要的是因為武術很吸引年輕人，學習武術可以成為我們未來弘法的「方便法門」。看看多少人因為喜好武術，而上少林寺學佛，我們將來可以把武術和佛法結合，這樣就可以達到傳播佛法的目的了。

學習需要有孜孜不倦的精神，充滿熱情和堅持到底的信念，常常想到學習的機會難得，再辛苦也要忍耐，把握因緣活在當下，最後才會有滿滿的收穫。經過十天的武術集訓，我們的基本功愈發進步，步法套路也逐漸嫻熟。

教練終究是要回台灣的，接下來沒有教練在身邊指導的日子裡，我們要持續的練習，所謂「學如逆水行舟，不進則退」，沒有恆心毅力，怎麼可能會有成績呢？待明年度教練再回來集訓時，看到我們的進步，肯定會高興無比，就會願意教導我們新的拳術。拿出成果、做出成績，就是學生給老師最大的回報，所以我們一定要加油！

乘文——

武術屬於身體的運動，學習武術就要有一個目標，每天堅持努力鍛煉，技術才能提升。雖然有時候會覺得很累，但是想到學習武術的目的，是要保護自己和常住大眾，我就有動力加強練習。還有就是看到學長認真的練習，我也想像他一樣有成就，所以就提起精神練習。另外，我也應該做學弟的榜樣，好好表現，認真練功。其實，常住安排給我們的課程，我們都應該要把握，不要有分別心，喜歡某些課程，討厭某些課程。

乘淨——

非常感謝常住為我們規劃各種課程和學習，除了本國的老師，還經常有外國老師和義工，遠渡重洋來到印度給我們授課。因為疫情的關係，武術教練已經三年沒有過來學園了。二〇二三年世界各地慢慢開放，台灣晨曦武學兩位教練便打頭炮，成為疫情後，第一批回到學園教學的外國老師。

集訓第一天，教練先測試我們的練習成效，發現我們很多的錯誤，所以決定加強我們的基本功。首先就是蹲馬步，從一分鐘開始，慢慢的增加我們的耐力，還有弓步、僕步、彈腿、蹬腿、推掌、亮掌、正踢腿、側踢腿等，每一項都要認真練好，絕不可以疏忽輕率。

第二天起床，我的腿腳痠痛難忍，但集訓行程並沒有因此而暫停。不是老師不慈悲，而這正是進步的必經過程。所以。大家堅持用心練功，忍耐到第四天後，身體已經調整適應，腿腳就不再痠痛了。

之後教練開始逐一給我們考試，只有通過五步拳的人，才有資格學習四平棍法。有些人太過緊張，教練慈悲給予機會重考一次，但有些人則過於急進，反而欲速則不達，當然過不了教練的法眼，就被要求重練基本步法。所謂嚴師出高徒，我們希望在教練嚴格的力求下，起到提高沙彌的武術水平，打下良好的功夫基礎。

我們這次也學習了舞龍的基本動作，將來就可以舞獅又舞龍，龍獅呈祥增添節目表演的豐富性。集訓還包括運動放鬆按摩等課程，教我們在運動過後，如何按摩筋膜放鬆肌肉。

最後一天是總測驗和成果表演，恭喜通過考試的同學，希望他們再接再厲更上一層樓。沒有通過考試的同學也不必氣餒，「向前有路」人生處處有希望，只要肯正確練功，必定會有進步。

慧諭（乘德）——

武術也是印度的傳統之一，據說當初是由菩提達摩帶到梁朝發揚光大。我今日有幸能學習武術，感到十分難得，所以感恩常住為我們規劃武術課程，也感謝兩位武術教練，願意奉獻自己的時間，發心到印度教學。我會把握機會，用心學習。

集訓第一天，大家的精神特別好，很激動想要學習新的武術招式。但隨著身體的勞累，有些人開始鬆懈不認真練習。幸好有教練的鼓勵，給我們學武的正確觀念，我們才懂得努力正確練習。練習武術要有恆常心，不斷地努力，自然就會有成就。就像悉達多太子，當初精進勇猛苦修，才成為了今天的釋迦牟尼佛。

教練也教我們怎麼帶領同學們練武術，怎麼發現錯誤和修正動作，尤其武術的基本功，務必要練好。為了要教導別人，我們必須先學會，並且要以身作則的把所有動作做好，因此收穫最大的其實是自己。

學習武術不是為了要攻擊人，而是為了保護自己和他人。未來在弘法的路上，萬一遇到危難，或許武術就能發揮功能，不輕易被人戲弄欺負。感恩因緣的殊勝，指引我到佛光山學習和成長，成為有智慧的和尚。

乘嚴——

三年後再次有機會參加武術集訓，可以說是一件很難得的事，我很感恩。所以鼓勵自己，要把握機會好好學習，用心記住教練教我們的所有動作。集訓第一天我很緊張，擔心自己記不住武術的動作。到了第三天，我覺得很累，身體已經沒力氣了。可是，我知道教練們只能帶著我們練習十天，之後就要我們自己練習，自我要求了。所以，我現在不能鬆懈下來。教練說不要一直練習，武術要正確練習才會有成就。

乘護——

三年以後，教練再次回到沙彌學園教我們武術，這樣的機會很難得。學習武術是為了保護自己和保護別人，練武也會使身體健康。十天的集訓，教練非常認真的教學，讓我們學習很多。練完一套動作後，教練會考試，只有通過的人，才能繼續學習新的一套動作。教練說：「光練習是不能進步的，要正確練習，武術才能進步」。

乘解——

武術不是在教人打架，而是教人保護自己、保護別人。感謝沙彌學園給我因緣學習武術，二〇一八年我第一次參加武術培訓，就開始學習五步拳和忠義拳。今年又有機會學習，我會好好把握，認真學習。

集訓的第一天早上，教練就告訴我們學習武術的程度等級，只有通過測驗的人，才能一步步往上學習。首先考「五步拳」，我一次就通過了。但考「忠義拳」時，我因為緊張，所以步法有點錯誤，幸好教練還是給我一個機會，讓我通過了。而其他與我同期學習的沙彌，全都沒有考上，所以只好繼續練習忠義拳。

接下來，我就開始跟學長們一起學棍法了。因為是第一次學棍，所以覺得特別難，當我不明白時，我們請問學長。有一次教練教「雲棍」，這個動作我沒有辦法做到，就向學長抱怨說太難了。學長很有智慧的教我，只要心中觀想「容易，我一定能做到」，這樣想很快就能學會。果然，我一轉念馬上就學會了。

乘教——

疫情三年後，才有機會再次參加武術集訓，因緣真的很難得。第一次武術測驗時，我沒有通過，但我不放棄好好練習，第二次再考時我就通過了。同樣的，出家人弘法度眾生，也不可以輕易放棄，因為這是我們的責任。教練說「努力練習並不會進步，要正確練習才會進步」，感謝兩位教練糾正我們的錯誤，讓我們武術動作更完美。

乘相——

感恩常住為我們安排了十天的武術集訓，能夠在沙彌學園學習到各種興趣與技能，我覺得很幸福。特別感謝兩位教練，願意奉獻出自己的時間，從台灣來到沙彌學園指導我們武術。

今年，教練特別訓練六、七年級的學長當助教，學習帶領學弟練武。王教練勉勵我們說，學習什麼都要學會、學好、學精、學通。教練的話啟發我不斷思考，一個出家修道人，若能一生把出家的路走到底，把出家人給做好、做精、做通，這一生一定會圓滿成功。

乘振——

十天的武術集訓，很快就結束了。有些人喜歡武術，但也有些人不感興趣。不管喜歡還是不喜歡，我們都應該要學會。因為武術可以保護自己，也可以保護別人。

集訓的第一天，教練發現我們過去的練習不正確，所以從「基本功」開始糾正我們。之後，我們每天按照正確的動作練習，慢慢就有了很好的改變，動作也變得好看。

第六天早上下雨了，但我們並沒有停止練習，不能在大草場練武，就改到佛堂裡面練。教練在的時候，可以指導我們的錯誤，教練回台灣後，我們更要用心練習，應該做得更好。

乘杰——

第一次集訓時，我不是很喜歡武術，但後來看到教練武術的動作很好看，我也想跟他一樣，所以就用心好好的練功。我們是學長，更應該做學弟的榜樣，認真練習，明年教練再來時，看到我們的進步，就會教更多的東西。教練說要正確的練習，才會進步，動作練錯了，再怎麼努力也不會進步的。所以教練在示範動作時，我們就要仔細看清楚，然後認真模仿練習。

乘峻——

因為疫情的關係，所以間隔了三年後，我們才能再度參加武術集訓。感謝常住的安排，也感謝教練們願意到印度教導我們。學武術不是為了向別人炫耀，而是學習怎麼保護自己、保護別人。鍛煉體能時，我覺得跑步最累，腿腳痠痛得使我無法堅持，但經過陳教練的鼓勵後，我便能堅持連跑十圈。通過五步拳的測驗，才能學習忠義拳，考過忠義拳後，才能學棍。教練說「練習不會進步，要正確的練習才能進步」，意思是說不正確的動作，練習再多也不會進步，而用功練習正確的步法，就一定會有收穫。

乘望——

第一次學武術時，我沒有那麼認真，除了因為年紀小，更多是因為我認為出家眾只要學佛法，懂得怎麼弘揚佛法就可以了，不需要學功夫。我相信只要我不欺負人、不傷害人，別人也不會打擾我。但是，這個疫情期間，我在俗家看到人們為了一些小事爭吵，互相攻擊。他們沒有學佛，不懂「害別人，就是害自己」的因果法則。所以，懂武術是有必要的自我保護。

每一年的武術課程，都會請台灣教練到沙彌學園教學。主要學習武術的基本功，肩功、腰功、腿功，手形、步形和跳躍等。沒有練好基本功，就不能學更深的武術。我們每天都要正確的練習基本功，才有可能看到成績。

乘煦——

雖然疫情的三年期間，我們沒有間斷練習武術，但有些動作可能練不對了，所以今年教練來到，並沒有馬上教我們新的東西，而是先給我們考試，找到我們的問題後，又回到以前練過的「基本功」。因為肯練習不一定會進步，錯誤的練習更會使人退步，唯有正確的練習才會成功。

我一開始覺得很無聊，因為都是以前學過內容，沒有一點新意，所以覺得在浪費時間。但後來我明白了，如果沒有把基礎打好，學習新的東西也會邊學邊忘，到最後什麼都沒有學會。一個小孩不會一出世就能跑動，而是一步一步的從爬行開始學起。所以，學習任何事情也是同樣的，要從基礎的第一步開始。雖然有時會覺得很無聊，但缺少了這部分，就無法走到下一步。譬如高樓大廈，也都是要先蓋第一、第二樓，才能到第三、第四樓。

學習新事物很重要，但記住以前學過的更重要，千萬不要學了新的就忘了舊的，這樣到最後就會什麼都沒有收穫。

乘敬——

疫情三年後，世界恢復正常，我們才能再次舉辦「武術集訓」。非常感謝陳教練和王教練，發心來印度教學，不但讓我們了解武術「攻」與「守」的理念，而且還特別訓練我們六、七年級的學長，怎樣正確教導學弟，和帶領全體一起練功的技巧。十天集訓下來，大家都很開心，很有收穫。

每一個活動從開始到結束，都需要很多人的付出，需要萬種因緣，才有辦法順利的圓滿一件事情，武術集訓也一樣。所以，我們要懂得感恩，在佛門感恩是非常重要的修行，感恩的世界最美麗。懂得感恩的人，自然也會懂得珍惜當下的因緣和機會，心存感恩，活在當下。

慧緣（乘義）——

所謂「子不學，非所宜；幼不學，老何為？」所以感謝常住安排十天的武術培訓，讓全體沙彌透過練武術強身健體，同時訓練精神紀律，藉由武術能在危險中保護自己和常住大眾。我也從一開始不喜歡武術，到後來卻對武術產生了濃厚興趣。無論是想提高身體素質，或是發展自衛能力，還是只是探索傳統文化，武術都能豐富我們的成長和開發我們的潛能。

練習武術要有耐心能忍苦，到了第三天我腳背疼痛，很想放棄，但想到《增一阿含經》云：「小兒以啼哭為力，女人以嬌媚為力，比丘以忍辱為力，國王以威勢為力，羅漢以少欲為力，菩薩以慈悲為力。」我是比丘，如果今天這點小小苦難都沒辦法突破自己，將來如何「遠紹如來」。所以，我要以忍耐為力，有不放棄的信心，克服一切困難。

追求菩提道的菩薩，因為崇高的慈悲心，所以不願捨棄任何一個眾生，甚至願意「倒駕慈航」，為度一切的眾生，而發心學習一切的法門，也就是「法門無量誓願學」。所以我們要無條件的投入學習，不要有喜歡或不喜歡的心態，將來以自己的知識和經驗，指導周遭的眾生，學習和實踐菩薩的四弘誓願。

乘禪——

台灣兩位教練，三年後再度到學園教導我們武術，強健我們的體魄，我很感謝這些好因緣。因為有師公、有佛光山常住師長，我們才有機會學習各種知識。

集訓開始時，我的身心還沒完全調整投入，連續幾天的練習後，我開始對武術有興趣了，甚至感覺不到時間是怎麼過去的，集訓馬上就要結束了。當下我體悟到「時間」的無常，人要懂得把握當下，抓住任何機會好好的學習。

身為一個出家人，在度眾生之前，我們自己要先準備好，學習各種知識，而學會武術至少不怕被人欺負。比如過去在那爛陀大學發生的「法難」，佛寺毀壞、經書焚燒、僧人被殺。學會武術，至少可以減少傷亡。更何況具備不同的知識和智慧，也能吸引年輕人來學佛，達到推廣佛教的效果。

武術可以強身健體、訓練思維組織，
也可以成為未來我們弘法的「方便法門」。

武術教練訓練沙彌蹲馬步，增加耐力，強化基本功。

弓步、仆步、彈腿、蹬腿、推掌亮掌、正踢腿、側踢腿等動作，每一項都必須確實，不可輕率帶

急救術培訓

乘禪——

疫情爆發前，台灣紅十字會的教練來過兩次，教我們急救的基本常識。二〇二三年教練們再次發心，到印度來教我們更多的急救知識。感謝常住給我們因緣和機會，不斷地學習。這四天的培訓當中，看到大家對學習的積極態度，還有教練一教就會的巧慧，每個人都收穫滿滿，感覺時間一下子就過去了。

白天我們上急救的課程，晚上楊教練另外發心教導我們「拍攝觀念與技巧」。我不懂攝影，但四天的課程訓練後，就增加了不少影音拍攝的知識，比如說怎樣運用多台攝影機，同步拍攝一個活動畫面等。學會拍攝，可以為重要的活動留下歷史，甚至為日常生活中，每天發生的事情留下紀綠，以免時間久了，大家把這些重要事件忘掉。

身為現代的出家人，應該順應時代，了解現代的科技，善用這些技能「福利社會」，關懷人間。

乘淨——

過去兩次的急救術培訓，分別在二〇一七和二〇一九年，都有紅十字會的教練到印度來教導我們。但在疫情期間，我們只能透過有經驗的學長們，帶著學弟每年複習一次教練以前教過的急救知識。今天能再次舉辦培訓課程，特別感謝常住的安排，真的覺得機會難遭難遇。有教練在場的實體課程，方便我們隨時有問題，就可以馬上請問教練，清楚解決問題，能學習到更多學問。感恩四位教練飛越重洋，不辭辛勞的來教我們。

除了白天上急救術外，晚上楊中強教練還發心教我們拍紀錄片的方式與概念，我特別感興趣。當我們準備攝影時，首先要選好一個場景，然後一定要從多個角度拍攝，千萬不可懶惰。因為後製剪輯做紀錄片時，才有多一些材料選擇。

乘敬——

感謝紅十字會四位教練，風塵僕僕搭乘半夜的飛機，飄洋過海來到印度，發心教我們急救術及拍攝技巧課程。教練給我們最重要的觀念是，要為別人急救前，首先要「評估環境」安全，做好「自我保護」後，才能夠去施救。過去，我不同意這樣的做法，我認為發菩提心幫助別人，要有「捨我其誰」的觀念，隨時做好自我犧牲的準備。

經過四天的上課，我仔細思考後，終於明白個中的道理了。菩薩要先鞏固自己的道心和德行，廣學多聞後，才能廣度眾生。如同〈為僧之道〉提到的「十年之內莫遊方，安住身心細思量」，要去弘法之前，我們應該先經過基本的僧伽教育，必須要先有「靜中的養成」，才能經得起「動中的磨練」。

過去師公星雲大師年輕時，看到戰爭的恐怖景象，便決定組織「僧侶救護隊」，去救護戰亂中受傷的人，同時也為戰火下往生者誦經埋葬。但要去前線救災，必須要先接受訓練，所以當時師公就帶領救護隊，隨軍隊學習基本救護常識，後來因為這樣的因緣而來到台灣。而如今，換我們去經歷師公曾經的學習過程，我覺得很感恩。

在最後一天的結業典禮上，老師開示說，我們來到這個世界一趟，吃了這裡的飯、喝了這裡的水，不能對世間沒有奉獻和付出。我們不僅要做好自己的本分，更應該要去幫助別人，給人一線希望、給人一點溫暖。我因此更明白師公為什麼那麼重視僧伽教育、如此愛護菩提幼苗，讓我們沙彌到大學讀書。師公的色身雖然已經不在我們身邊，但我們的學習從來沒有停止過，因為師公留下來的精神理念，仍然一直在教導我們。

乘相——

非常感謝常住師長為我們安排了急救術的培訓課程，感恩四位紅十字會的教練，特地從台灣到印度來教導我們，讓我們的急救知識更上一層樓。新生學弟聽不懂中文，學長們就一直努力翻譯教練所講的話，希望天真的學弟們也會喜歡急救課程。

四天的培訓課程當中，大家都很投入的學習，其中我印象最深刻的就是教練教導創傷包紮時，需要一位同學充當傷患模特兒，這樣大家才能實際練習包紮技巧。所謂「人人為我，我為人人」，感謝那些願意當模特兒的同學們，自我犧牲，成就其他同學練習的機會。

佛教徒相信因果，「做好事」會得到善果、「說好話」能度化眾生、「存好心」則能克服自己的煩惱。在日常生活中，懂得經常幫助別人，自己也會得到別人的支持。就像亨利．杜南先生，為了救護傷亡創立紅十字會，而犧牲了自己的生意，後人便尊他為「紅十字之父」。

乘煦——

當一個人嚴重受傷暈倒後，等待救護車到來的這段時間當中，是進行「急救」最重要的時段。急救人員雖然不是醫生，不能為傷患治療，但可以急救避免傷患狀況更糟，甚至因此挽回生命。所以，學會急救是非常重要的。

有些人認為出家人只要在廟裡誦經念佛，或者到處講經弘法就夠了。其實這是不正確的，因為出家修菩薩道，更要「讀萬卷書、行萬里路、做萬種事、結萬人緣」。這樣在弘法的路上，萬一有人遇到災禍，受傷躺在路邊時，我們就可以急救幫忙傷患。

師公年輕時，看到戰爭的傷亡慘況，發心組織「僧侶救護隊」，為了救助傷亡，他們也必須受訓學習急救術。如今，我們也像師公一樣，學習急救術，希望能在緊急時，救助到更多的生命。

慧緣（乘義）——

亨利．杜南在出差途中，看到索爾費里諾戰役的屍橫遍野，慘狀萬千，便把原本要做生意的財富，毫不猶豫地用於拯救和治療那些在戰火鬥爭中受傷的生命。後來在一八六三年創立了紅十字會，他的行為真正體現了「舍小利，顧大義」的崇高精神，讓人感受到了「仁者無敵」的力量。

師父上人星雲大師也是在血流成河的殘酷年代成長，所以他更加珍視人與人之間的和平共處。大師在那個戰亂的一九四九年，成立了「僧侶救護隊」，用自己的實際行動，在醫療資源非常匱乏的年代，展現人性的光輝，為救治傷亡做出貢獻。因此，就有了後來跟隨軍隊飄洋過海來到台灣的因緣。

二〇一五年，尼泊爾天搖地動，發生了天崩地裂的地震。在那個黑暗無助的時刻，多少人瞬間變成了孤家寡人、孤苦伶仃，悲傷痛苦，難以言狀。所幸全球許多國家和人民，都向尼泊爾伸出援手關懷，紛紛捐款和派出救援隊到災區支援，彰顯了人間的大愛與無私的精神，令災民感受到了世界的溫暖，而重新振作，重拾希望和勇氣。印度沙彌學園就在聯合救災隊伍中，與台灣紅十字會結下很好的緣分。

因此，二〇一七年沙彌學園就有了第一次的紅十字會「急救術培訓課程」的因緣。因為某些原因，我錯過了第一次培訓的機會，感到非常遺憾。如今疫情過後，紅十字會第三度來給我們培訓，我提醒自己一定要好好把握，認真學習，才能讓自己更優秀。

在紅十字會的培訓中，我們學習到如何與他人協作，進而更好地實現共同的急救目標。面對危險時，要冷靜應對，以保護自己和他人的安全為第一目標，自救救人。課程最後是「學習成果總測驗」，萬萬沒有想到我們這一組在「創傷包紮」的項目中，竟考得第一名。感謝紅十字會讓我們成為更好的人。

慧樂（乘明）——

三月是天氣晴朗的季節，太陽溫和地照在天竺沙彌學園美麗的校園中，蜜蜂撥花探蕊地忙碌著，而沙彌學園的同學們，從早上到下午，都投入在紅十字會的急救培訓課程中，真是一個令人感動的畫面。

二〇二三年疫情剛告一段落，台灣紅十字會四位教練，就飄洋過海到印度沙彌學園，為我們做急救術的培訓。在短短的四天裡，教練盡所能的教導我們，急救基本知識和緊急處理方法，大家都非常有收穫。若在日常生活中不幸遇到意外的發生，如心臟病發作、車禍、火災等，我們就可以迅速做出反應，保護自己和他人的性命安全。

當我們遇到任何意外事故時，應該先確保自己和現場環境的安全，然後快速評估傷者的狀況，尤其檢查他們的呼吸和心跳，然後進行必要的急救處置。此外，我們還學習了如何處理各種傷害，如割傷、燒傷、骨折、休克等，這些技能可以讓我們在意外發生時，給予傷者適當的救援，減少進一步的傷害和疼痛。

其次，我也認識到了團隊合作的重要性。在緊急救援的過程中，一個人的力量是有限的，只有通過團隊的合作和協調，才能真正做到最好的服務和幫助。我們透過小組合作練習，加深了對團隊合作的認識和理解，也培養了團隊協作和溝通的能力。

紅十字會是一個志願服務組織，它的使命是透過提供急救、緊急救援和血液供應等，服務來幫助有需要的人群。這個培訓讓我感受到了志願服務的力量和價值意義，我期許自己具備急救能力，將來在有必要時，隨時做出貢獻。

乘教——

一切的因緣都很難得，比如這次紅十字會的培訓，也要等好幾年後才有機會參加，所以說因緣難得。感謝常住為我們禮請老師，感謝教練們這四天來辛苦教導我們。培訓最後一堂課是「學習成果總測驗」，因為大家都很認真的學習，所以最後都拿到急救證書。這印證了認真的人，最後一定會有好的成果，所以說「認真的人最美」。

出家人除了誦經、念佛外，也要學習各種知識，尤其是急救術。比如我們看到有人受傷躺在路邊，出家人的責任就應該渡人於水火，趕快想辦法救人。所以，能學習 CPR、AED、止血包紮等急救術，真的是一個很好的機會，在危難之時，就能起到救命的作用。

乘文——

出家人不只要會誦經、拜佛，也要學習如何急救幫助別人。比如在急難或戰爭時，如果懂得包紮、心肺復甦術等，就可以救人的生命。所以，我非常感恩有這樣的機會學習急救術。

學了急救術，要常常練習才不會忘記，意外發生時才懂得幫助人。學習急救，就是在做「三好運動」：為人急救就是「做好事」；安慰傷患讓他不要緊張、擔心，讓他感動，就是「說好話」；一顆願意幫助別人的心，就是「存好心」。

乘解——

我們在沙彌學園學佛修行、讀書上課，也要學習各種知識，比如這次常住安排的急救術課程。四天的培訓很快就過去了，四位教練很用心的教導我們基本的急救知識，我很有興趣所以很專注的聽教練們的課，希望將來我們可以行菩薩道，自救救人。

最後一天的考試我很緊張，因為我很怕自己不及格，就拿不到紅十字會的急救證書。幸好我們第二組的組長，詳細解釋考題給我們聽，讓組員能正確作答。當我交考卷給教練時，我很有信心自己一定能及格。

乘護——

感謝常住安排急救培訓，四天的課程不知道怎麼過得那麼快。我們學習了基本的急救術，這樣就可以行菩薩道，如果遇到有人躺在地上沒有反應，也沒有呼吸，我們就懂得要怎樣急救。所以上課的時候要認真學，學會的知識就要記住，發生意外時才能用上。發菩提心幫助別人的人，人家也會喜歡你，將來遇到問題時，別人也願意來幫助自己。所謂「如是因，如是果」，常常幫助別人，結下好的因緣，前途必定光明。

乘杰——

這是我第一次參加急救術課程，感謝紅十字會四位教練，暫時放下忙碌的工作，從台灣來到印度培訓我們。教練很認真教導，我們也不浪費時間，很專心的學習，一點都不覺得無聊，所以教練都讚美我們很有學習的熱情。師公星雲大師年輕時，看到很多人因為戰爭而受傷，甚至死亡。他就發心為受傷的人急救，為往生的人念佛。但是要幫助別人之前，自己先要學會急救，所以出家人也應該要懂急救術，才有辦法救人生命，給人希望。

慧寧（乘諦）——

因為疫情的緣故，台灣紅十字會已經四年沒有到印度舉辦急救培訓了，所以我非常期待今年的急救課程，感覺三天的培訓實在不太夠。因此，我充滿了好奇與熱忱，特別用心的學習，牢牢的記住教練所教的內容。到了考試當天，很自信的回答每一道題目，順利考獲急救證書。感謝常住及四位教練，成就了我們的學習。

生命就在呼吸之間，如果沒有在當下得到急救，很有可能就會失去寶貴的生命。所以，學會急救很重要，就能在緊急關頭，如同觀音菩薩般救苦救難。師父上人七歲時，看到一群被雨水淋溼的小雞，冷得瑟瑟發抖，便慈悲把牠們引到灶前取暖。其中有一隻因驚嚇而跑進火堆裡，師父不顧一切的把手伸進火中救了小雞。急救要有菩薩的心，更要勇敢，才能在一剎那間救人一命。

今年的培訓內容，包括心肺復甦術、AED、哈姆立克急救法、包紮等，讓我對過去所學過的知識，有了更深入的理解。尤其是急救的正確觀念，比如進行急救之前，要先評估環境安全，還要先做好自我保護，才能為傷患急救。

這看起來好像很自私，但其實是符合佛陀所說的「自利利他」觀念。假如沒有自我保護，就直接去施救傷患，萬一他有傳染病，急救者可能被感染，而變成團隊的負擔。反之，急救前做好一切自我保護，自身健康安全，則能救更多的傷患，這就是所謂的自利利他。

學會了急救術，要持續不斷地練習，才能在危急的情況下，不被環境影響，保持穩定不慌張地為人急救，成為合格的「急救菩薩」。

乘峻——

第一次參加急救術培訓時我才八歲，一句中文都聽不懂，當然就沒什麼學習。第二次培訓時，我很認真聽學長們的印地語翻譯，所以稍微有一點了解。今年是我第三次參加培訓課程，在教練們細心的教導下，我很快就明白了。

比如做「心肺復甦術」時，要不斷檢查傷患的呼吸，同時還要安慰他，讓他不要害怕。最重要的是，急救前一定要先清楚了解情況，萬一躺在地上的人，可能只是太累休息一下，我們當然不能隨便給他急救，造成別人的麻煩。

菩薩「慈眼視眾生」願意幫忙別人，只要有心，就有力量。尤其遇到災難時，更要我們用急救術去救自己、救別人，所以學會急救有很多好處，卻沒有一個壞處，同時又可以增加自己的福報。

最後一天是我們的測驗，剛開始作答時我有點緊張，在回答過幾題後，我覺得沒有很困難，所以很快就作完了。下午的結業典禮上，我們大家都得到急救證書。

慧諭（乘德）——

二〇一五年尼泊爾大地震，佛光山與紅十字會合作救災，因為這樣的結緣，就有了我們今天學習急救術的因緣。感謝紅十字會教練們的發心，傳授豐富的急救知識和經驗，使我們知道急救的方法，在未來弘法利生的道路上，不只會誦經回向眾生，而且更有「善巧方便」，在緊急危難之際，救人一命。

每一次的急救培訓，教練們都非常熱忱的投入教學，可以說一次比一次精彩，而且教材內容是生活上實用的方法，所以沙彌們都會自我要求，把握機會專心上課。尤其是看到年小的學弟，充滿好奇心的學習，又勇於在課堂上表達自己的想法，讓我非常的感動，同時也讓教練們很歡喜。

我們做任何事情，都要大家「同體共生」，發揮「集體創作」的精神才能辦成，單獨一個人是不可能辦到的。這次的培訓，教練把我們分成八組，讓我們在團隊中，學習互相成就。組員配合組長的領導，全力以赴的精神，就是我們要努力達成的目標。

乘宣——

這是我第三次參加急救術培訓，最初上課時，我只聽老師的教學，並沒有太多的思考消化。第二次參加時，就懂得發問了，這使我更清楚明白教練所教的知識。其實每一次都學習到新的知識，感恩常住的安排，感謝教練們願意飛越千山萬水，來到印度指導我們。

不久，疫情爆發，不但是教練們不能來印度教學，我們也不得不還俗回家避疫。能回俗家見到親人當然很開心，但沒過幾天，父親卻在淨房出了意外。回想當時，我並沒有慌張，反而很沉著的把父親背到客廳，馬上為他進行心肺復甦術，我用盡全力的一直做到醫生宣布父親的往生，那一刻我很悲痛。

那是我唯一一次實踐急救的經驗，而我之所以會這樣做，都是因為常住的因緣和教練們的發心教導，當然還有我一顆想要學習進步的心。所以，修道人不能原地踏步，只會守戒「不殺生」，更要實踐菩薩廣學一切法的「救護生命」。

乘振——

紅十字會的簡教練上課時問大家，如果看到一個人在路邊暈倒要怎麼處理？有些人說打電話叫救護車，有的說去醫院請醫生。教練告訴我們應該記住四個步驟：第一要先確認環境安全，第二要先保護自己，第三呼叫他，第四檢查他的身體，之後決定要怎麼幫助他。只要我們清楚應該怎麼處理，遇到危難時，我們就不會害怕。

我們打佛七時念阿彌陀佛，因為我們知道念佛人只要發願，就可以往生極樂世界。因為清楚了解修行方法，我們就可以安住身心。同樣的，學會急救術，懂得方法，就可以急救直接幫助別人，不會緊張害怕。所以，很感恩常住給我們機會學習，感謝四位來自台灣的教練，犧牲自己的時間，來印度教導我們。

同學互相充當傷患模特兒，
實際練習創傷包紮技巧。

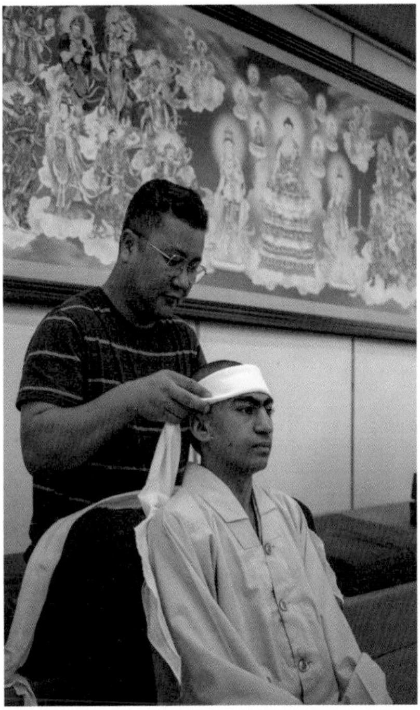

這四天的培訓當中，看到大家對學習的積極態度，
還有教練一教就會的巧慧，每個人都收穫滿滿，
感覺時間一下子就過去了。

「學習成果總測驗」，看急救觀念是否正確。

學會了急救術，要持續不斷地練習，
才能在危急的情況下，不被環境影響，
保持穩定不慌張地為人急救，
成為合格的「急救菩薩」。

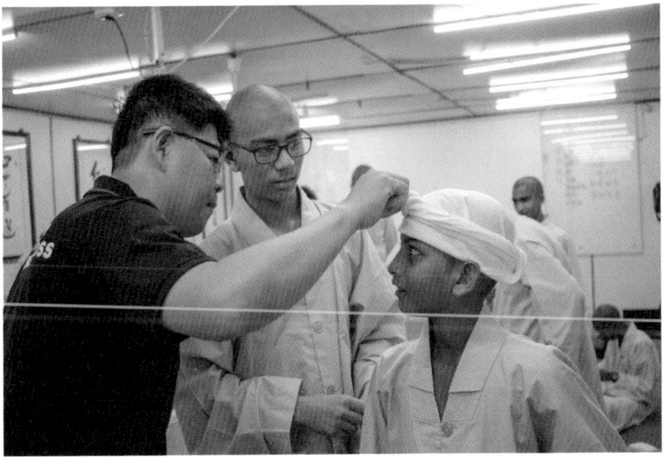

在培訓中我們學習到如何與他人協作，
實現共同急救的更好目標。

沙彌論壇

慧緣（乘義）——

常住舉辦「沙彌論壇」，在我看來具有非凡的意義。匯聚在三地海外留學的學長，分別來自台灣佛光大學、泰國摩訶朱拉隆功大學和中國南京大學，分享宛如珠玉般的學習與經歷，包含了豐富多彩的歷史、風俗、文化、飲食等方面，整場論壇猶如一幅精美的畫卷。所謂「莫等閒，白了少年頭，空悲切」，我們不能虛度光陰，讓青春之花凋謝無聲，而是要積極行動起來，為人生增添更多的色彩與價值。

此次論壇，不僅是一場知識的盛宴，感受不同文化之間的交流與融合，更是一次心靈的洗禮。所謂三人行必有我師，每一位學長皆是我的良師益友，他們的經驗與知識，將為我們未來的大學之路指引方向。透過與學長們的交流，拓寬了自己的視野，豐盈了心中懷揣著的目標大學。我們深知學無止境，未來學習之路需要堅持不懈，不斷追求進步，並以樂觀的心態看待挫折和困難，從中汲取經驗教訓，學習成長。

機會只開放給有準備的人，因此我要時刻保持積極進取的心態，善於抓住機遇，勇於面對挑戰。我要以飽滿的熱情投入學習，勤奮鑽研，不斷超越自我，為自己的未來鋪就一條堅實的道路。為了更高的境界和更深的學識，我們要持之以恆地努力學習，不斷提升自己的知識和能力。

透過論壇，更加增進了我對學習的理解與奉獻精神。身為常住的一份子，我們肩負著弘法的使命，懷抱著菩提心，踏上菩薩道路，廣度眾生。未來的榮光需要我堅守到底，我要保持堅定的道心，努力奮鬥，不斷攀登高峰。

回想剛入門時，自己就如同白紙一張。在學園常住師長的悉心引領下，如今漸漸蛻變成為有感恩和慈悲的行者。我必將回饋常住師長們的恩德，將復興印度佛教作為我此生的使命，不辜負師父上人星雲大師的期望，用自己的實際行動回報他們的教誨和關懷，為眾生帶來更多的福慧和善緣。

慧寧（乘諦）——

從我們入學到畢業，都有沙彌學園敬愛的老師，輔導我們生活和學習，鼓勵並陪伴我們成長，解決我們所有的困難。記得我剛開始學習中文時，對中文沒有興趣，覺得很難，所以便沒有努力學習，自己卻完全不覺得慚愧。慈愛的老師擔憂我們的學習，為我們幾個同學到處找老師開補習班，披星戴月地努力教導，有時甚至用棒喝的方式教學，就是想讓我們學好中文、增長智慧。

原來，有老師在身旁指導是一件幸福的事情，如同在路上開車，要有交通燈的指揮才不會發生車禍，老師就如交通燈，指導我們人生正確的方向。到了大學，身旁沒有常住師長的指導，就得靠自己的警覺性，去突破種種的考驗及磨難。師長是我們的善知識、是我們的光明，指導我們走向正道。

在論壇中，幾乎每位學長都有講到，在大學上課老師只負責教書，完全不會在乎學生有沒有專心聽講，更不會關心學生課業有沒有進步。學生有不明白的地方，要主動提問，老師並不會一個一個去指導。在大學讀書，要如《阿含經》說的「自依止，法依止，莫異依止」，自己皈依自己、發展自己，要懂得自學的道理，自我超越才會有成績。

學長分享他如何規劃時間，不浪費一分一秒，除了每天固定時間閱讀外，還能擠出空檔來寫文章。把完全依靠老師教導的誤會，改正為自我要求的努力。另外一位學長分享學習經典時，不但要讀懂漢傳佛經，而且還要找到源頭的梵文或巴利文原典參考。將來回到印度或在國際弘法，便能應不同眾生的需要，語言變化自在的弘法。

學長還提醒我們積極參加大學舉辦的活動，不管是要發表論文，還是參加比賽，都不要錯過學習的機緣，都應充滿熱忱地參加。不要等待別人的邀請，學會自己要求自己，因為是自己想要進步。

因此，即使遇到困難考驗，應該都要自己解決。所謂靠山山會倒，靠人人會老，我們應該學會獨立，生活起居能獨立、上課學習也能獨立，連「情感」都要能獨立。世上一切都不可靠，唯一能依靠的就是自己的努力。只有建立「自學」的觀念，才能不忘初心。

乘教——

從這次的論壇中，我明白到「自學」的重要。《佛光菜根譚》說的「一等的學習，自己教育自己；二等的學習，朋友互相砥礪；三等的學習，等著老師教導；劣等的學習，拒絕所有的言教」。等著老師的教導，我們所學的知識就很有限。自己教育自己，比如常常到圖書館看書，就可以增加更多的知識。當然，要改變懶惰的習氣，持之以恆才能看到成績。

乘文——

常住舉辦「沙彌論壇」，讓我們了解留學海外學長們的生活，分享他們的學習經歷。學長給了我們方向，鼓勵我們用功讀書，將來就可以出國學習。

懂得自我學習很重要，師公說「要懂得利用零碎時間」，把握時間學習，做什麼都可以，就是不要浪費時間，空過自己的每一天。自我學習就是「更上一層樓」，增加讀書的能力。另外，結善緣也很重要，因為當我們遇到困難的時候，就會有人願意幫忙。

乘解——

留學海外的學長們透過「沙彌論壇」，告訴我們他們的生活文化、上課學習的心得、學校特色等，讓我們提早做好準備，將來畢業後要出國留學才不會那麼辛苦。學長說在沙彌學園學習的技能等知識，都要記在心中，不可以忘記。更要學會珍惜資源，不可浪費生活物品。

學長還教我們養成閱讀的習慣，因為讀很多不同的書，就可以得到不同的知識。讀書的過程中，遇到不明白的地方，不要停止閱讀，而應該繼續讀下去，慢慢就會獲得知識。比如師公的《全集》，即使不明白也要翻一翻，所看到的內容，多多少少都會留在心中。

乘嚴——

學長教我們在週會時發心講中文，中文程度就能進步。除了老師教導，我們自己有空時也要學習，增加自己的知識。還有，留學在外，要堅持吃素。

乘峻——

感謝常住安排海外留學的學長，跟我們分享他們在大學的生活。第一場是泰國的學長們，他們分享受三壇大戒的感想。我覺得出家的生命真的很幸福，所以我們要把握好這個出家的因緣。我喜歡聆聽學長的分享，因為學長所說的一切，都很有佛法。

我們要以學長們為榜樣，懂得怎麼分享自己的體驗。老師常常給我們講話分享的機會，但我們就會很緊張，一句話也說不出來。所以，要練習講話，累積經驗後就能像學長們一樣，在大眾面前說話，既不會緊張也不會害怕了。

「沙彌論壇」是很有趣的一堂課，讓我們有機會跟學長們交流，學習更多的生活佛法。所謂「一日修來一日功，一日不修一日空」，我們要好好讀書，一切多靠自己努力，才能很快學習更多。

乘護——

學長們在論壇中，分享在海外讀書的經驗和當地的文化節日等，我覺得非常有趣。學長說我們要懂得尊重別人不可以驕傲，就好像田裡的麥子，愈成熟就愈彎腰。學長在校園活動時，會被別人盯著看，因為社會的人覺得我們看起來不一樣。但我們不必害怕，因為我們選擇的是「真理之路」，將來要弘揚佛教，解脫生死。

慧玄（乘悟）——

學園舉辦「沙彌論壇」，請留學海外的學長們，跟學弟分享學習經歷，希望學弟們能找到學習目標和方向。我們排除雜念，專注在演講者的講話上，希望最大化的理解學長想要告訴我們的內容。學長們善用肢體語言、面部表情和聲音的變化，幫助我更全面地理解演講的含義。

在聆聽演講時，我們會做筆記，寫下演講的要點，甚至主動提出問題，希望更深入地理解及吸收演講的內容。每位學長都有獨特的個人經歷和見解，我們保持開放的心態，接受不同的觀點和意見，慢慢擴張自己的思維能力。

乘杰——

學長說「語言」很重要，我們講話表達要用語言，講演佛法時也要用語言傳達，所以我們要用功的把語言學好。學長也說要多看書，只要有不懂的事情，就可以從書中找到答案。每天都看書，就一定會有所收穫。還有，我們要理解出家的意義，出家後要做什麼等。出家人要像師公星雲大師一樣創造歷史、留下歷史。

乘樂——

「沙彌論壇」中，每位出國留學的學長，分享他們在大學的學習、遇到的困難和經歷等，我覺得很有意思。其中，有位學長說培養語言能力非常重要，因為我們是透過語言理解道理獲得知識。而傳播佛法，也要運用語言的能力，為別人講解說明。在印度弘法，印地語就很重要，所以為了復興印度佛教，我們發願要把師公的書都翻譯成印地語，讓大家都能看得懂佛法。

學長又說好的環境能教養出好的人才，因為環境會改變一個人的心。現在世界人心惶惶，有些國家戰亂，學生根本沒有機會讀書學習。而我們出家學佛，常住給我們一個很好的修行環境，我們應該要珍惜。老師教我們時常摸摸自己的頭，心中要慚愧感恩，珍惜現在擁有的一切。

乘海——

能透過網路跟留學海外的學長們見面，我感到十分歡喜。學長們準備的「論壇」內容，我們都很受用。第一場是留學泰國的學長們，分享他們回總本山受大戒的心得，我感受到能當一個真實的出家人，是難能可貴的。學長也分享在大學的學習，每年考完試後，學校規定到野外森林進行禪修，我覺得很感興趣，希望以後能有機會體驗。

學長叫我們「不忘初心」，無論遇到什麼事，都要常自摸頭，要記得自己是一名出家人。比如說在某些國家不容易找到素食，但我們也不能因為這樣而開葷犯菩薩戒。我們選擇吃素，是因為佛教不殺生的精神，我們要慈悲的對待一切眾生，所以才不吃葷食。不但如此，我們還提倡慈悲護生，保護生態平衡。

常住慈悲讓我們去讀大學，我們應該要懂得感恩，以後要報答常住的這份恩德，弘法利生、共成佛道。

乘廉——

「沙彌論壇」邀請歷屆畢業生，與我們分享他們在海外留學的生活和學習。學長提醒我們用善良和寬容的心待人，能夠幫助自己減少煩惱，增加內心的寧靜與喜悅。在學習過程中遇到困難和挑戰時，學習奮發向前克服問題。人生是一個持續成長和學習的過程，我們應該充分利用每一個機會，堅持和努力提升自我價值。

透過與學長的互動交流，我們不僅獲得了新的知識和見解，還得到了寶貴的人生經驗和指導，對我們的成長和發展具有深遠的影響，我深深體會到學習的價值和重要性。學長的教學方式和內容的豐富性，給我留下了深刻的印象，使我獲益良多。

慧諭（乘德）——

常住舉辦「沙彌論壇」，讓留學海外的學長們，分享在大學學習的經歷和考驗。透過這樣的上課方式，讓我們改進自己，把握當下全心全意的讀書，為未來力爭上游。

所謂「沒有天生的釋迦，沒有自然的彌勒」，是沙彌學園培養我們各種知識與能力，更訓練我們的威儀，還照顧我們一切生活所需，尋找優秀的老師來講學，希望我們成為人才。感恩佛光山常住、師父上人和師長們為我們的付出，我們不敢懶惰懈怠，一定認真學習，絕不辜負師長們的恩德。

若要能持續地走在佛道上，就必須做到「安住身心」的修行。如果只是身出家，而心卻一直在追求金錢物欲上，這就是在造惡業，破壞僧團的威德。未來我們上大學時，心一定要安住在修道上，不忘本業堅持到底，努力學習，為教爭光，為己爭榮。

感謝學長們在各地的學校都表現得很好，很優秀、很發心，讓大家都讚歎沙彌學園的畢業生。我們學弟們必須堅持做好自己的本分，將來與學長們一起在五大洲弘法利生，復興佛教。

乘淨——

沙彌學園每年都有畢業生到海外留學，選擇以中文為媒介的就到南京或台灣，而以英語為主的則到泰國深造。我們目前有兩位學長在南京大學，五位在佛光大學，七位在摩訶珠拉隆功大學。每位學長利用「沙彌論壇」的一堂課，分享他們在大學的生活和學習經歷，鼓勵學弟們用心學習。若遇到困難和挫折，要學會解決問題，不可以打退堂鼓。

學長說要做學習計畫，有計畫才會有目標，才能往這個目標努力奮鬥。在課堂上用心聆聽，下課後認真複習，這樣功課才會進步。感謝學長們的辛苦分享，給我們機會提早為自己的未來做準備。

乘宣——

每年夏天，常住為我們安排各種講座，希望我們廣學多聞。其中包括留學海外的學長們，跟我們分享的「沙彌論壇」。這次的論壇，由我負責準備網路連線。第一次上課時，電腦出了問題，大眾無法準時上課。老師教訓我沒有提早準備連線，浪費大眾的時間，對不起大家。

後來每一次上課前，我就提早一小時連線，但我等到「天荒地老」，都連不上要上課的學長，因為他們認為時間太早了。老師曾經說過，太早或太晚都算是遲到，所以是我應該再做調整。琴弦太緊就容易斷，弦太鬆則發不出好聽的聲音，說的就是恰到好處的道理。

乘廣——

沙彌論壇的內容很廣，舉凡民族文化、大學生活、常住實習等，每一堂課都很豐富。學長們說，在學園所學的都是在打基礎，我們應該好好用心。譬如說學園的老師訓練我們講話表達，到了大學要發表功課時，就能比較容易發揮。

在學園有老師們關心和推動我們的學習，到了大學就要學會自我要求才能進步。我們在這裡很少接觸外面的世界，畢業後到外國升學，會遇到很多誘惑，所以要不忘初心，隨時記得感恩常住，不要被世間的喜怒哀樂影響。

乘相——

原本害怕離鄉背井的辛苦和不容易適應的大學生活，也不知道自己能否應付大學的功課，在參加過「沙彌論壇」後，就消除了心中的擔憂。感謝常住的安排，論壇給了我佛法和力量，讓我有時間做準備，去面對自己的未來。

我們從小在學園長大，常住給我們最好的教育，尤其學習語言與技能，要把每個沙彌培養成為人才，將來在五大洲弘揚佛法。因此，我們要努力奮發，具備各種弘法能力，在佛法的道路上不打退堂鼓。

乘振——

「沙彌論壇」教會我們很多事情，比如要多讀書，養成閱書的習慣，可以增加對佛法的理解。這一生如果不努力學習，人生就會有很多苦。出家眾更要讀書學習，才有能力傳播佛教。感謝沙彌學園的教育，讓我明白學習的重要性。學長還說我們要為人間，留下美好而真實的歷史。最後，感謝學長發心為我們講解。

乘敬——

非常感謝在海外留學的學長，願意在忙碌的課業中，透過「沙彌論壇」跟我們分享大學的生活與經歷、當地的文化與飲食、生涯規劃和讀書時間的安排，讓我們更肯定出家的身分，對未來的前途更具信心，知道自己的方向。

第一場由留學泰國的學長開始，他們分享回總本山受三壇大戒的心得，感受到台灣信眾的虔誠，看到師公在台灣帶動佛教的成果。接下來是留學南京的學長，感恩常住給他們機會到中國留學，並叮嚀我們要堅定走好出家的道路。最後是台灣佛光大學的學長告訴我們要用功讀書，才能培養出思路清析的頭腦。

上完課後，感覺收穫滿滿，從心底感受到一股快樂。我更明白如果沒有師公星雲大師、沒有佛光山常住、沒有沙彌學園的老師，根本就不可能會有今天的我們。老師曾說過，希望我們能像鳥兒在無際的天空中自在的飛翔，能像馬兒在廣闊的草原上自如的奔馳。意思是盼望我們沙彌能不斷努力，發揮專長，將來推動人間佛教，報答常住、師公的恩德。

乘禪——

留學海外的學長，歡喜又熱情的分享他們的經驗，每一件都值得我們學習。比如鼓勵我們大量閱讀，不管中文或英文，每本書都值得我們去看，以後寫文章就能進步。另一位學長說，因為自己的膚色較深又是外國的出家人，引來大眾關注的眼光，所以言行舉止都要有威儀。學長還介紹了他的學士畢業專題，啟發我們向他學習。

我很認真的聽學長們的分享，覺得課程很有趣、很精彩。從論壇中看到學長們的成長經歷、學習過程，還有待人處事的經驗。尤其是在遇到問題時，面對問題的智慧與勇氣，這些都是我們要學習的。

師公說：「大眾第一，自己第二；常住第一，自己第二」，我們為了佛教、為了常住，要努力爭取榮耀與成就，要求好自己的威儀，安住身心認真學習，感謝沙彌論壇給我的啟發。

安住身心

乘護——

「出家」是要出煩惱之家，回到法身慧命之家。重要的是自己發心，沒有錢也不要緊，真正感受到出家的好處，想清楚了要放下世俗的恩愛，利益眾生。有沒有佛緣，全在自己一念之間，如果是真心想出家，誰也障礙不了。

起煩惱想回家時，我們就轉移注意力，多關注常住的事情，或讀書、或做事，多回想在這裡開心的經歷，還有受沙彌十戒時，發願要「續佛慧命、廣度眾生、共成佛道」的誓言。如果想還俗，就是違犯了沙彌十戒中的「不妄語戒」了。

出家人要有「使命」才不會迷失方向，而身為佛陀弟子最主要的使命就是遵循佛法和傳播佛教。有了這樣的夢想，就永遠不會離開常住，生命就有意義，對自己、對社會，才能叫做「有用的人」，一生才不會空過。

乘振——

我們空空地來到這個世界上，也即將空空地離開這個世界，所以凡事都不要那麼執著。生命就像一張白紙，未來會如何，全由自己創造。讓自己的生活充實起來，每天歡歡喜喜地做有意義、有價值的事情，生活才會美好。事情做得好，就會得到人們的讚歎，鼓勵我們繼續努力創造價值、譜寫歷史。

乘杰——

出家最重要的目標就是要弘揚佛法，是人間最美麗的事。師公星雲大師說「佛光山是我們的家」，我們可以在這裡學習佛法，遠離貪、瞋、癡，知道如何勤奮用功，將來長大後可以為佛教做什麼。

乘廉——

以前我很調皮，但在沙彌學園學習後，老師給我很多機會改過自己的壞習慣。二〇二二年回俗家避疫時，父母親覺得我有很多的改進，變得很有禮貌。他們感動得掉下眼淚，感謝學園老師教導我們為人處事的規矩。

上個月我得了骨痛熱症，嚴重的發燒和全身疼痛，老師不斷地照顧、關心我，給我吃藥。還有，我頭上長很多肉疙瘩，感謝老師帶我到醫院治療，否則我也不知道怎麼辦才好。師長們的愛沒有分別，都會包容所有沙彌，幫助我們學習與成長，做很多利益我們的事情，我一定感恩牢記在心裡，永遠不會忘記。

在這裡學習人間佛教，學習怎麼做一個出家人，因為我們發願要復興印度佛教，這就是我們出家的意義和價值。

乘解——

感恩老師鼓勵我們勇往直前，告訴我們出家的價值與意義，幫助我們學習、關心我們成長，老師的發心是外面所有學校所不能比的。出家人會受到別人的尊重，因為出家讓自己再向前邁進一步，改善人格，最終解脫人的生老病死等苦。

沙彌學園的使命就是復興印度佛教，不管遇到什麼問題，我們都要勇敢面對，力爭上游的突破與提升，絕對不可以退失道心，浪費了自己的生命。

乘廣——

「人身難得，佛法難聞」，我覺得自己很有福報能有出家的機會，如同師公說的，世間沒有比出家更好的選擇。我們要學習師公的精神，即使遇到困境，也還是堅持不退心。出家是為了弘揚佛法、利益眾生，在僧團中成長，就有力量。現在我們好好讀書學習，將來以復興印度佛教為使命。

乘文——

現在的社會人士覺得到處都可以學佛，不一定要出家受那麼多的苦。其實他們沒有真正了解出家的價值與意義，只看到出家修道者要經歷很多的磨練，又看到有些人經不起考驗而退失道心，所以才完全排斥出家的選擇。

雖說在家和出家都有機會學佛，但是出家的人生可以一心一意的修行，在法身慧命之家沒有俗家俗事的干擾，所謂「出家無家處處家」，出家是大丈夫所為，是很光榮的事，會受到人家的尊重。

感謝常住提供一切日常所需，給我們一個安心辦道的道場，拜佛有佛堂、打坐有禪堂、讀書有課堂、吃飯有齋堂等，希望我們能在僧團好好修持佛法，去除執著與貪、瞋、癡。

疫情期間我們還俗回家避災，兩個月後大家都有自己的選擇，而我選擇再回到沙彌學園出家，希望將來可以帶動佛教、光大佛教。感謝常住，感恩師公星雲大師，讓我看到出家的價值，保持出家的道心。

乘淨——

我們每次犯錯被師長處罰時，就會退道心想到要回家，卻從來沒有在乎師長們一路來，對我們的照顧、愛護與指導。只受了跪香一點點苦就想逃跑，完全沒有想到師長對我們的信任與教導。做錯了就應該覺得慚愧，懺悔承認自己的錯誤，而不是找藉口護短。選擇了出家修道的生活，就應該學習自律，追求精神發展，堅定出家生活的價值與意義。我們為人服務奉獻、為社會貢獻己力，為推廣佛教事業，師公說「忙就是營養」。在佛光山有做不完的事，所以沒有時間打妄想，更沒有機會做壞事。

乘教——

師公小時候自己沒有機會讀書，長大後他慈悲為大眾辦學校，給人學習的機會。感恩師公在印度辦沙彌學園，才有今天的我們。所以，我們學習師公「以教育弘揚佛法」為目標，讓佛教傳遍世界。

常住師長為我們規劃學習課程，照顧我們成長，對我們那麼慈悲，我們應該要覺得感動。當我們懶惰時，師長就會想辦法讓我們努力，總是不會放棄教育我們進步。常住這樣培養我們，這一切都不是應該的，我們要感恩，將來為佛教付出。

師公小時候生病，志開上人請人送半碗鹹菜給他吃，師公便發願要為佛教犧牲生命。師公只吃了半碗鹹菜，就發願弘法利生，而我們在沙彌學園，吃過多少東西、用過多少設備，我們應該向師公學習發願，要以復興印度佛教為使命，弘揚佛法傳遍世界。

我們要努力做事，爭取成就榮耀沙彌學園，讓常住努力培養人才的功德不白費。比如二〇二三年的「漢語橋」，全球中學生中文比賽，印度賽區我們沙彌把總冠軍、第一、二、三名，全部帶回，使沙彌學園常住大眾，都感到榮耀。

乘海——

今生有福報學佛出家，應該要懂得感恩，甚至要像師公星雲大師說的，來生還要發願出家當和尚。師公除了出家，就沒有第二個想法，可以說一生都投入到出家弘法的享受犧牲上。每次聽到師公這句話，就會增加我出家的道心。

我出家前的夢想是當一個軍人守護國家，出家後覺得出家人更有使命感，弘法利生、傳播真理，不只為了一國、一家，而是眾生平等，無論高低貴賤，都要不分別的普度一切。

出家人一生精進努力，要學習突破自己，才能有所提升。記得有一次，常住舉辦佛學名相基礎測驗，我帶著我的夥伴一起練習到很晚，犧牲睡眠時間付出用功，隔天比賽我們就獲得第一名，我就更深刻的了解，突破自己才會有成就的希望。

乘樂——

每個人都有自己的選擇，有的人選擇做老師，有的人選擇當醫生，也有人想成為畫家或生意人等。一生做老師，尤其是為貧窮學生而犧牲與奉獻的好老師，當然很有價值和意義；但也有只為自己的利益，辦學校向學生收錢，卻完全不管學生是否獲得學習的「壞老師」。醫生也有為了名利而不負責任、隨便做事，不管病人的「壞醫生」，當然也有負責任的好醫生，常把病人當成自己家人一樣的照顧。

明白道理的人，知道什麼是「價值」與「意義」，所以一生做事從不懊悔。而只知道吃喝玩樂，或追求自己利益的人，只想要短暫的價值，從來不去思考自己所追求的這些，都是無常，生不帶來、死不帶去的。貪求這些沒意義的東西，不如為社會做有價值的事，才不會一生又一生的輪轉生死，浪費生命。

我八歲的時候，迷迷糊糊來到沙彌學園出家，不知道出家的價值與意義，所以不懂得珍惜出家的好因緣，只是昏昏沉沉地過日子。現在長大成熟一些，才知道有機會出家，可以為社會做很多有價值和意義的事，若還俗回家，就跟一般社會人一樣，只為自己和家人而活。所以，我每次檢查自己的心，肯定自己要跟師公一樣，做對人生有價值和意義的事。

我們尊敬的師公，創建了三百座道場、五所大學、中小學校和圖書館等，卻從不為此驕傲，而最關心是學生們是否受到良好的教育和完好的生活條件。我當下看到了「價值和意義」，我很感動，我要跟師公一樣，一生做有價值、有意義的事。

乘相——

二〇一八年我第一次到台灣「尋根之旅」，最大的夢想就是拜見師公星雲大師。我當時才十二歲，懵懂無知，只知道星雲大師是佛光山的創辦人，就興高采烈地想要拜見師公。到了佛光山總本山，我不但見到了師公，我們還跟師公握手了，覺得自己很幸運，能夠跟隨星雲大師領導的僧團出家學習人間佛教。

師公從小出家道心堅固，是位偉大的修道者，到了老年還是威儀具足。師公為社會貢獻，是一位偉大的教育家，在五大洲創建五所大學，二〇一〇年在印度新德里建立沙彌學園，接引印度小男生學習佛教，希望將來佛教在印度，再度復興起來。

感恩師公給我們讀書學習佛法的因緣，常住老師更常說「學園的每一位沙彌都是八十八佛」，給我們信心和肯定，常住為我們付出的財力、物力和心力，讓我感動流淚。我要把學生的本分守好，提升自我的條件，突破自我煩惱，以報常住的恩德。

乘敬——

我七歲進入佛門，在佛光大常住和沙彌學園成長，學習人間佛教、認識偉大的師公星雲大師。出家翻轉了我的生命，從不知道自己的未來要做什麼，到肯定出家光明的前途，找到生命的意義與價值。剛出家時我懵懂無知，當時最關心的是只有吃和玩的問題。後來慢慢適應出家生活，漸漸對出坡作務感興趣，也開始喜歡五堂功課。

二〇一六年我十歲，第一次到台灣尋根之旅，見到師公星雲大師，他為我們慈悲開示了「五句話」。有機會跟師公一起用晚餐，是我生命中不能忘記的時刻，師公當時的笑臉，永遠留在我的心目中。二〇一八年我再度回山，師公特別從法堂來跟我們握手，我非常興奮，握完手後我就不想洗這隻手了。我就是這樣跟佛光山、師公、沙彌學園，結下非常深刻的因緣。

感謝沙彌學園的師長，辛苦養育我們，給我愛與教導，和成長的空間。我曾失去出家道心，但我找不到理由離開常住，因為我跟佛教的緣分很深，感謝師公星雲大師和沙彌學園的師長，在黑暗中成為了我的北極星，永遠指引我方向；也感謝圖書館中祖師大德的傳記，在我面對困難時，給了我勇氣與力量。

乘禪——

世界那麼的廣大，我們有因緣在佛光山學佛，認識星雲大師，我覺得很感恩。沙彌學園敬愛的老師們教導我、鼓勵我，引導我正確的方向，安定我的心，讓我體悟到活在當下的修行。

我是庫頭，每天負責廚房，安排典座的事情。大寮最重要的是乾淨，煮出的食物要給人吃得健康。老師常常在這件事上要求我，有時候我很不服氣，因為我覺得自己已經很盡力了，但我也能體諒老師的用心。

常住培養我們成為一個有用的人，常常給我們種種考試與比賽，我才學會要自律、懂得奮鬥努力，找到生活的價值與意義。感謝常住為我們付出的一切，我們不但要好好珍惜，每天還要「更上一層樓」的進步，做榮耀佛光山的事，實現常住的使命與夢想。

乘宣——

我來自一個佛教家庭，全家人都很虔誠恭敬三寶，可是我並沒有要出家修道的念頭。因緣聚會，家人送我去出家，但因為不是我自願發心，所以覺得出家生活沒有什麼特別的意義與價值，甚至羨慕世俗人的生活，想要還俗回家。

有一次，老師找我們法談，問我想要出家的心念有幾分。我隨意回答說八分，老師看了我一眼，問道：「剩下兩分要留給什麼東西！」我當場無言以對。老師接著說，人生的選擇要百分百的肯定，不應該留有一些「想法」，應該全力以赴的去完成這個選擇。

師公十二歲出家，歷經中日戰爭、國共內戰，甚至極度飢餓的考驗，他仍然堅持到底，一句承諾就終身做了和尚。我從師公的身上，漸漸看到出家生活的意義，找到出家的使命與夢想，我會學習師公的精神，一個選擇堅持到底。

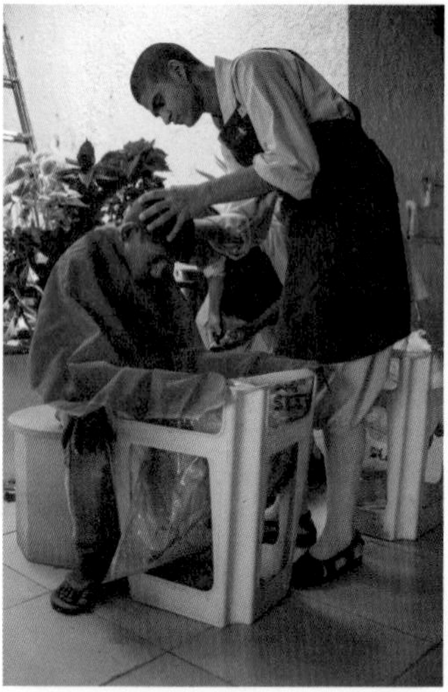

我每次檢查自己的心，肯定自己要跟師公一樣，做對人生有價值和意義的事。

我們要努力做事，爭取成就榮耀沙彌學園，讓常住努力培養人才的功德不白費。

我要把學生的本分守好，提升自我的條件，突破自我煩惱，以報常住的恩德。

出家翻轉了我的生命，從不知道自己的未來要做什麼，到肯定出家光明的前途，找到生命的意義與價值。

「老師、老師，蓮花長出花苞了。」
來沙彌學園兩週了，
辦公室和圖書館前一方蓮池，
是我每天觀望和尋找的桃花源。
觀望一池田田荷葉青綠如碧；
尋找荷葉中是否已經長出花苞。

星雲大師說：「只要你成材，我願意為你犧牲。」

終於，即將展開印度之旅，但這回不是去朝觀聖地，而是去佛光山印度德里文教中心的沙彌學園、菩提伽耶佛學院、育幼院、加爾各達禪淨中心給沙彌和學員們上課。

六至七月，兩個月的時間，我在德里沙彌學園，八月在菩提伽耶和加爾各達，八月底直接從加爾各達飛回台北。

一直以來就很喜歡小沙彌的卡片，繪作者總是把沙彌畫得既可愛又頑皮慧黠，沙彌真的是這樣嗎？當然啦！一點不假，真的是這樣！所以每個沙彌都叫人疼入心坎。

佛光山印度德里沙彌學員共有八個班，從一年級到八年級各一班，小班制。低年級小沙彌剛入學，正在學華語、英語、印地語和巴利文，只會華語和簡單英語的我，尚無法與他們充分溝通，因此慧顯法師給我排的課程，是四年級到八年級的課。所以我見到低年級小沙彌，除了微笑，還要加上比手畫腳，才能知道彼此的意思。想像這畫面，真是超級可愛啊！

想念來喜，牠是隻大狼犬，這位毛孩沙彌，二〇一九年我在沙彌學園講學時，牠常在我身旁跟前跟後，讓從小就很有狗緣的我，又多了一個毛孩學生。但這次來，來喜因年紀大已往生。只能想像牠在校園裡隨時出沒的身影。

這次印度行，在沙彌學園我一天排了四至六節課，一週從二十二堂到二十八堂，課程相當密集，祈願菩薩加持，給我足夠的體力，可以完成任務。

小班制上課，一個班四至八人，可以圍坐一起輕鬆座談，但我去印度前花了近兩個月時間，製作了二百多個PPT檔，希望上課時沙彌們除了輕鬆聽我講童話、小說、散文、詩詞、弘一大師豐子愷《護生畫集》，還談點佛學和論文。

如為四年級沙彌講童話故事，讓他們能學習故事情節是如何想像和製造出來的，所表達的主題是什麼？有何意義？故事中人物的心態、解決問題的方法等等。沙彌們除了手上有講義，心和眼亦能置心一處，一心一意專注於我精心製作的PPT檔上，學習到畫面上所標注的重點，如生詞、名詞、動詞、摹聲、摹狀、摹色等形容詞，和疊字、成語、諺語、典故等的運用。

給沙彌上課，四年級教材，選用的是我創作的《妙妙村妙妙事》童書，書中有六十個童話故事。選童話故事來教學，主要是因為沙彌都是小朋友，孩童最愛聽故事，用聽故事的方式學習，較為生動有趣。

《妙妙村妙妙事》寫的是動物村內村民之間和諧的人際關係，是如何維持的？村內發生任何大小事，是如何解決問題的？引用林良爺爺在此書序文中所說：

妙妙村是一個像夢境一樣的動物村莊，村子裡的動物一直過著美滿幸福的日子。他們怎麼辦到？妙妙村跟人間的村莊有什麼不一樣呢？這本童話集的深層意義，是帶領讀者進入「人際關係」的世界，而且用暗示方法，為他們解惑。當小讀者遊遍了「妙妙村」，暢遊過童話夢境，回到人間，就會懂得用「妙妙法」來處理人間的「妙妙事」了。

每則故事都很簡單的敘述一件事，以及解決問題的方法。故事以散文書寫，可以學習到作文中各種詞語的運用，如名詞、動詞、形容詞、成語、諺語等等，希望能提升沙彌的中文寫作技巧。故事中有許多中華文化的內涵，能增進沙彌的國學底蘊。

慧顯法師說，佛光山在印度的三個單位，都有學生在學習，尤其要加強中文和中華文化相關的知識和能力，將來才能更順利地學習人間佛教的思想和理念。所以，能到佛國印度來與學員們共相切磋，倍感榮幸。

給五年級沙彌上課的教材，選用我創作的童書《樹哥哥和花妹妹》上下冊，共八十四個故事。內容雖是介紹自然科學知識的書，但將生活化融入情節和人物中，將中華歷史及文化、森林與人類文明、文化、藝術的關係、地球自然生態等，經由人物的對話和故事的情節進展來表達，淺顯易懂。是一部森林在人類生活中如何形成文化、文明、藝術……的童書。

文壇大老林良說，自然科學知識的書，如果能加入人文的質素，跟歷史相結合像「水乳交融」，就可以釀造出「生活化」和「親切感」的美質。外國兒童讀物作家，為他本國的孩子所寫的書，往往都具有這樣的美質。這種美質，是其他國家的孩子感受不到的。林少雯的這本書，以台灣鄉土作地理背景，所提到的歷史故事是中國的歷史故事，所提到文學作品是中國優美的詩詞，所以很容易使讀者感受到那一份「生活化」和「親切感」。這本書是很「中國」的。

書中的每篇故事都可用來做為學習寫作的教材，讓沙彌學習各種詞語和寫作技巧，又能從其中學習到中華文化和歷史內涵。

我相信此教材對提升沙彌的中華文化底蘊，會有所幫助。

星雲大師說：「沒有教不會的學生，只有不會教的老師。」

六年級的沙彌，有台灣國中生的程度了。我為他們準備的教材，以弘一大師和豐子愷師徒共同創作的漫畫《護生畫集》為主。這系列護生戒殺故事，在高雄佛陀紀念館外牆，以立體彩繪浮雕呈現。護生畫的內容，都是中華文化古籍及歷史故事中有關護生戒殺、護生詩詞、動物報恩、動物美德懿行、古人愛惜生物、注重自然生態等故事。對提升沙彌中華文化內涵和歷史認知很有幫助。

六年級的課，我挑選了六十四個《護生畫集》中的故事。其中一篇我在賞析明朝理學家程明道〈綠滿窗前草不除〉的護生畫故事時，在內容中提到「萬物靜觀皆自得」的境界，有如漢傳佛教理論思想家僧肇所說：「旋嵐偃岳而常靜，江河競注而不流，野馬飄鼓而不動，日月曆天而不周。」這句話來自《肇論》中的〈物不遷論〉，讓修學者得以開啟「不常亦不斷，不一亦不異」的中道思想。

為這段話，我也特別製作了PPT，分享給八年級的沙彌。介紹僧肇所著的〈物不遷論〉。

僧肇是高僧，他的境界自與凡夫不同，因而能體悟詩中所說的常靜、不流、不動、不周的意境，不愧是「解空第一者」。這對八年級的沙彌，或許有點深，但沙彌是小小出家人，已習佛多年，絕不能小看，他們的佛學造詣已在我之上，我這當老師的，還要向他們學習和請教。

佛教有謂「四小不可輕」。其中之一是沙彌不可輕，因為他們將來悟道後會成為弘揚佛法和普度眾生的大法師。

……………………

七、八年級沙彌，已是高中生，我為他們準備的課程，是有關《護生畫集》在儒釋道思想及生態上的整體介紹、《護生畫集》在兒童文學、禪宗、極樂世界寶樹的比喻……，另外，為提升沙彌的寫作能力，我特別製作了較為精緻的散文、報導文學、小說等的圖文講解。希望能加強七、八年級沙彌的寫作和文學的鑒賞能力。《護生畫集》故事中的一篇〈關關雎鳩，男女有別〉，此則漫畫出自《詩經》，我特別製作了有關《詩經》的介紹，讓沙彌了解這部中國最早的詩歌總集。

在不能小看沙彌的前提下，我希望他們能夠多認識一些中國了不起的文學家，影響中國文學至深至遠的，也是我最愛的蘇軾，尤其是他寫的〈赤壁賦〉，全文在布局與結構安排中，有獨特的藝術構思，情韻深致、理意透闢，在中國文學上有著很高的地位，此賦對之後的古典文學中的賦、散文、詩等，產生了重大影響。所以我將特別為沙彌細細講解〈赤壁賦〉。

二〇一九年去沙彌學園時，我知道阿川老師（王思涵）教沙彌唱過一首〈離騷〉的歌，也說明過屈原的〈離騷〉。〈離騷〉是戰國時代的楚辭，是楚辭中最著名最出色的作品，共約二千四百七十字，是自傳文學也是抒情詩。沙彌已知道〈離騷〉了，再來讀蘇東坡的〈赤壁賦〉，應無問題。而〈赤壁賦〉佛學的意味更為深濃。

01 來到印度

二〇二三年六月三日晚上十點多，我到達印度沙彌學園了。謝謝黃進寶教士去機場接我，路上他告訴我一個好消息，今天七位沙彌參加「漢語橋」中文演講比賽，四位入圍，比賽結果，沙彌囊括了前四名，真是太高興了。

到了沙彌學園，別來無恙！先到大殿向佛菩薩銷假，我回來了，回來給沙彌上課。沙彌學園環境清靜幽雅，離新德里機場約二十公里。學園於佛光山德里文教中心內，已創辦十四年。

第二天，是星期天，早上，就開始上課。看到沙彌長高長大，真是歡喜！

今天沒有想像中熱，天氣不正常，印度的夏季原該乾熱，但這幾天都下雨，昨晚還狂風暴雨加打雷閃電。不過，天氣稍微涼爽了些。

02 一句阿彌陀佛

在沙彌學園與小沙彌們一起學習。可愛的小沙彌，剛入學的，年齡才八、九歲，是念小學二、三年級的年紀，來到沙彌學園是新生，讀一年級。現在六月初，約半年後剃度，才會穿上出家服，成為正式的小小出家人。

一年級新生，學什麼都新鮮。先學打招呼和問候。我在校園內、教室走廊見到沙彌，他們都立即雙手合十，並說聲「阿彌陀佛」。新生還不會華語，每個孩子的發音，都帶有他們家鄉的口音，念「阿彌陀佛」當然也各念各的調。每位小朋友念「阿彌陀佛」時，他們臉上的表情和笑容都一樣燦爛，大大的眼睛，專注的望著我，且露出白白的牙齒，實在可愛極了。

自習時間，我見到新生在教室寫字，好奇的走進去看看他們在寫什麼。原來在練習寫中文拼音。我們語言不通，但孩子們立即不約而同的拿起作業簿給我看。又用大而深邃的眼睛望著我。我當然要給予鼓勵，於是用大拇指比出一個「讚」的世界通用語言。表揚他們認真學習的精神，看他們個個笑得好開心，我也很開心。

03 小沙彌不可輕

《雜阿含經》中，佛對波斯匿王說四不可輕：一，太子雖小，當為國王，是不可輕。二，蛇子雖小，毒能殺人，又不可輕。三，小火雖微，能燒山野，又不可輕。四，沙彌雖小，能得聖而有神通，最不可輕。

所以在沙彌學園內我見到的沙彌從八歲到十八歲各年級都有，小的活潑可愛，蹦蹦跳跳，學習卻超認真。大的已初中、高中，也有已畢業等著去讀大學的。我絕不看輕任何一位。除了沙彌求知若渴的學習精神，令我佩服，他們從低年級的頑皮可愛、跟一般孩子一樣會闖禍，打球會受傷；到高年級受佛法薰陶成為莊嚴穩重的佛門龍象，令人見了心生敬重。將來他們修行悟道，紹隆佛種，承擔起如來家業，佛法得靠他們弘揚回印度，怎可輕！而且星雲大師有在印度復興佛教的宏願，就靠學園裡正在讀書的可愛印度沙彌，以及已經畢業在海外讀大學，受三壇大戒的比丘們了！

04 孔雀和猴子

昨晚下雨，早起有涼意。今天週六，放香日，沒課。早齋後，全體沙彌全園大掃除，佛曲大聲播放，輕快愉悅又莊嚴的曲調及唱誦音樂充滿校園，給灑掃庭除助興。

下午有每月一次的拜懺法會。沙彌們分組忙著。有人在教室用功。有人在練習下午法會的梵唄。有人在大殿布置場地。有人去買花插花。

一早在校園跑香，遇見大大小小猴群，在草地上、操場上、樹上、菜園中。

今天繼續在花草樹木中尋覓鳥蹤，希望能再遇見昨天向晚時分驚鴻一瞥的孔雀。

05 不食眾生肉

沙彌是小小出家人，小孩子正在長大，又愛玩好動，他們每天功課排得滿滿的，需要大量的體力。出家人吃素，熱量和營養夠嗎？當然夠，也絕對夠！而且吃素才健康。看看牛、長頸鹿、河馬、大象等大型動物，不都是吃草嗎！可以長得如此健壯，就知道草裡面什麼營養成分都具備了。

人類的牙齒生來是平整的，造物主在造人時，就設計好程式，人類沒有用來撕咬生肉的尖牙，牙平整即是用來吃蔬食的。人類的腸胃道也是設計來消化蔬食的。而且若全人類都吃素，世間也不會有瘟疫。

二千五百年前華夏祖先們就講得明明白白，食用植物性食物無瘟疫：

《黃帝內經》引《上經．尚時》曰：「瘟之至也，非江海鱗甲之類而不生。疫之至也，非蟲獸毛羽而不存。」

出家人慈悲，不食眾生肉，小沙彌自然就吃素了。

06 中文課

週日，沙彌沒休息，排了中文加強課、音樂課及瑜伽課。沙彌沒休假，我們當老師的當然全力以赴的教導他們。

課前，沙彌已在做準備，連一年級新生也知道用功。真是叫人敬佩的小小出家人。

想想一般俗家的孩子，假日常是補眠日，或由家長帶出去玩加上大吃一頓。而沙彌們卻為能學習更多而努力前進著。

假日來教沙彌中文的，有葉書君教授及中華民國駐印度代表處的外交官們。非常感謝他們，為提升沙彌的中文程度，犧牲假日，來此教學。進寶教士也會煮些特別好吃的菜餚，讓他們飽一下口福，腸胃不再思鄉。

07 普度眾生

夏天高溫，師父慈悲，將早晚課移到觀音廣場。在戶外比在室內舒適通風，還有各種鳥類一起唱誦。最多的是黃嘴黑羽的八哥，還有紅嘴綠鸚鵡，甚至有孔雀來參與。校園裡的花栗鼠、大小猴群也不甘寂寞，經常來觀望。觀音廣場四周有各種花草樹木、竹子、蓮花、荷花、柔美動人絲絲垂掛的阿勃勒（黃金雨）、紫紅美麗的百葉藻正盛開，加上一旁菜園內各式青菜、絲瓜、檸檬、藥草、茄子、豆子、青椒等，欣欣向榮。早上六點及下午七點各一場的早晚課，普度了許多有情及無情眾生，真是功德無量！

我畫了一張畫，速寫，是課誦結束後，三年級班長乘睦沙彌正在收拾法器。

08 木蘋果

牛頓坐在蘋果樹下，被蘋果砸到後頓悟！他若坐在木蘋果樹下被果實砸到，會直奔西方極樂世界，因為木蘋果比蘋果大三至四倍，外皮厚實堅硬。

二〇一九年來此寫沙彌日記5《隔離線外的風景——跋山涉水見證慈悲的腳印》時，就聽說這棵木蘋果樹每年可結出上千個果實，壓得枝條全彎下腰。自己吃不完，還可拿去義賣。今天樹上掉下來一個木蘋果，慧顯法師、進寶教士、印法老師和我一起圍坐品嚐。用湯匙刮起橘色果肉，有淡淡香味和微甜滋味，口感粉粉的似蛋黃，像台灣有一種橘色的大桃子叫仙桃的。

09 打板聲響起

「叩！叩！叩！」清脆的打板聲響起，依打板聲作息，是佛門的規矩。

來到培養和教育沙彌的叢林——佛光山印度沙彌學園，這裡既是叢林，也是學校，清脆好聽的打板聲時時在校園內響起。

寺院發展成叢林，始自唐朝。叢林就是佛教大學。「馬祖建叢林，百丈立清規」，這是佛教教學制度化之始，叢林成了大規模的學校，是中國佛教特色之一。

叢林的教學、講學、教材、教法，無一不是最高的藝術境界。

有緣在這樣的殿堂中講學，深感榮幸。昨天給七、八年級沙彌講禪宗修心的十牛圖，那是禪詩、禪畫。內容會不會太深？只要細細講解，沙彌都能聽懂，絕不能輕忽小小出家人。何況禪修早已是他們每日必修的功課之一。

「叩！叩！叩！」早課、早齋、午齋、藥石、晚課……依板聲作息，是我在沙彌學園與可愛沙彌一起過的日常。有板有眼認真打板的是乘廣沙彌。

10 何處傳來木魚聲？

上課鐘響起，法師、沙彌和老師們都進入教室了，校園裡頓時安靜下來。

忽然，一陣陣木魚聲傳來，是誰在敲木魚？在大殿？在觀音廣場？在彌勒菩薩前？在大草坪？不可能！現在又不是早晚課或法會時間。

聽了幾天這美妙且會飄東飄西，四處迴蕩的木魚聲後，終於知道根本不是人在敲的，難道是天龍八部來護持……。喔！原來這聲音是一種鳥叫聲，像敲木魚那般連續「ㄎㄡ！ㄎㄡ！ㄎㄡ！ㄎㄡ！ㄎㄡ！ㄎㄡ！」的敲響著，聲音清脆又好聽。而且這好聽的鳥叫聲，每次都會叫很久！真是被這神奇的鳥兒騙倒了！

叫聲像木魚聲的鳥，長什麼樣子？大隻或小隻？羽毛是藍？是綠？是五彩繽紛？嘴喙是紅？是黃？是黑？只聞其聲不見其影呢！

沙彌學園因為樹木花草多，鳥類也多，各式各樣美不勝收的羽色，在空中、樹上、草地上飛著、走著，跳著，如一道道會飛的彩虹，讓人目不暇給。

會敲木魚的鳥，到底是什麼鳥？我至今仍不知道。這神奇的鳥兒，可能是佛經中天界的迦陵頻伽，佛國世界的神鳥，出微妙音，下凡來啼叫，為沙彌加油打氣！因為沙彌們是漢傳佛教回傳到天竺佛國，及未來在印度復興佛教的種子。這日日來加持的妙音神鳥，如神龍般見首不見尾，跟我玩起捉迷藏遊戲啊！

11 十牛圖

給六年級沙彌講弘一大師與豐子愷師徒合著的《護生畫集》裡的故事。本週講到其中六幅〈十牛圖〉。

禪宗歷史上共有二十幅〈十牛圖〉，豐子愷在創作《護生畫集》時選用了六幅〈十牛圖〉。借人與牛之間的深厚情誼述說人道主義，以及禪宗牧牛調心的意趣。

《護生畫集》中的〈十牛圖〉是豐公的創作，與禪宗流傳的不同。豐公創作的〈十牛圖〉乍看下是人與牛和樂相處，人牛一家親，呈現出眾生平等的思想，但細讀詩文，對禪宗有所涉獵的人，就會發現原來豐公是取材自禪宗〈十牛圖〉。

六年級沙彌已在學習佛教名相，我除了講述故事，也為他們講解〈十牛圖〉的詩是禪詩，畫是禪畫，再說明頓悟、漸悟與無情說法等概念。

給七、八年級的沙彌講的也是〈十牛圖〉，但內容不同，不是講故事，而是詳述宋朝與明朝流傳的〈十牛圖〉，介紹起源與內容，以及宋、明〈十牛圖〉與《護生畫集》〈十牛圖〉的對照。

〈十牛圖頌〉的內容為詩誦配合圖畫，以圖文並茂的方式闡述禪修的心路歷程，是文學、繪畫、佛學等多重元素組合而成的。有宋朝廓庵禪師及明朝萬曆年間普明禪師的〈十牛圖〉。豐子愷模仿兩位禪師而繪。

廓庵禪師的分別為尋牛、見跡、見牛、得牛、牧牛、騎牛歸家、忘牛存人、人牛俱忘、返本還源、入廛垂手等。普明禪師的分別為未牧、初調、受制、回首、馴伏、無礙、任運、相忘、獨照、雙泯等。

禪宗主張明心見性、頓悟成佛；禪宗的解脫方法是直指人心，見性成佛，因為要從自心中求佛，故要在自己的心性上下工夫去修煉，做到無念、無相、無住，而讓本覺顯現。

別具一格的〈十牛圖〉，充滿趣味的禪詩和禪畫，沙彌們第一次接觸到，上課時每位沙彌都興趣高昂，很專注地聽課。

〈十牛圖〉心得／乘明（慧樂）

六月，驕陽似火的天氣。陽光，亮燦燦的灑在天竺沙彌學園的花園。花園裡的蜜蜂穿花探蕊地忙著，一邊沙彌學園的同學忙著學習林少雯老師的中文課程。在一個星期的課程中，老師很認真的解釋了十牛圖和它的背景故事。

〈十牛圖〉是一個古老禪宗的圖像，用來描述我們出家人透過不同階段到達成佛的過程。這一首首的禪詩，和一幅幅的禪畫中的牛，是比喻修行者的心，如野牛般不易馴服，每一幅畫都代表著出家人修身和修心的每一個階段，並且隨著時間，修行者逐漸超越各種障礙，最終達到了完全的覺醒。

以下是我讀完〈十牛圖〉的一些心得體會：

尋牛：尋牛是第一個階段，代表著一個人開始尋找佛法的真理，尋找自我修行的法門。這是一段旅程的起點，修行者感到生活中某種不完整或缺失，並開始尋找答案。

見跡：第二個階段裡，修行者感受到自我存在的痕跡，可能透過冥想、內省或其他方式開始與內在的自我連結。

見牛：在這個階段，修行者與自我和解，開始在日常生活中實踐覺醒的智慧。他們學會了將覺知和內在的平靜，融入到所有的行為中，與外在世界和諧相處。

得牛：得牛，是修行者在修行道路上取得了重要的進展，開始感受到內心的平靜和智慧的增長。這是一個重要的里程碑，也是修行者繼續邁向更高境界的起點。

牧牛：在這段裡修行者培養內心的穩定性和平靜。修行者以更好的應對生活中的種種調整和苦難。他意識到自己的本性並與之和諧相處。他不再受情感和欲望的困擾，能夠穩定地保持內心的平靜和平衡。

騎牛歸家：騎牛歸家的意思是修行者回到本心，找到了自己真正的根源和歸屬。修行者已經超越了本體的局限，體會了智慧和慈悲，整個宇宙都充滿了無私的愛和關懷。

忘牛存人：到了這個階段，修行者的心已經安住了，他的六根也不會被外在的境界影響。修行者已經超越了牛的概念，不再被牛所束縛，也不再追逐牛的存在。

人牛具忘：是對修行者超越外在形象的象徵，意味著修行者不再沉迷於外在世界的執著和欲望，而是將注意力轉向自己內心的覺察和體驗，實現了內心的平靜和解脫。這一階段是禪宗修行中的一個重要里程碑，標誌著修行者對自身本質的領悟和內心的覺醒。

返本還源：在這一階段，修行者不再被個體身分和概念所局限，超越了對形象和存在的執著。他們體驗到了無我和一切的統一性，沒有煩惱和妄念。

入廛垂手：最後，修行者在修心過程中達到圓滿的階段。這表示修行者已經獲得覺醒和解脫，內心已臻平靜和無私的境界，且能入世下化眾生。

讀完十牛圖，我深深地體會到修行的路

程並不是一蹴而就，而是慢慢超越自己的修行過程。十牛圖的每一個階段都有它的意義和價值。每一個階段都是我們成長的機會，也感受到修心並不是冥想與靜坐而已，必須要融入到日常生活與社會中。

最終，十牛圖提醒我們修行的目的是實現無我和覺醒，並以智慧與慈悲的態度來對待自己與他人。成佛道路是一個很長的路程，需要堅持和不懈的毅力。

我覺得身為一個出家人，要更加不斷的努力和勇往直前。我們選擇了最難的一條路，那就是成佛。從凡夫到成佛的路本來就不容易，但是我們要像十牛圖中的那頭心牛一樣，不斷地修我們的心。我知道這顆心不可能那麼快就修好，需要很長的時間。路上會遇到各種各樣的苦難，但是我們要堅持下去，堅持才會有力量，才可以達到我們成佛的目標。

12 天界之華——曼陀羅

上妙天華曼陀羅，自天而降，撒落於沙彌學園，撒在每位沙彌身上，那是佛陀的微笑！

沙彌學園校園內綠草如茵，花木扶疏，花開四季，是天竺佛國的一塊樂土，讓小沙彌在這裡安住學習。

花圃一角，天界之花——淡紫色的曼陀羅，正盛開，而且花葉間有綠色果子結實纍纍。

曼陀羅為四種天華之一，也稱吉祥草、寶座蘋果。曼陀羅花在佛經中又譯為適意、成意、雜色等名。又稱佛花、顛茄、悶陀羅草、天茄彌陀花。

吉藏《法華義疏》卷二中記載：「天華名也，中國亦有之，其色似赤而黃，如青而紫，如綠而紅，大曼陀羅花者大如意華。」

在玄奘所譯的《稱讚淨土經》中，則以曼陀羅花為上妙天華。《大智度論》卷九十九中說：「天華中妙者，名曼陀羅。」同論卷七十九中也說，八百比丘以五色天華供養佛，故當如來成佛時其世界中常有五色天曼陀羅花。

曼陀羅，夏日開大紫花，有漏斗形之合瓣花冠。《法華經》中云，佛說法，天雨曼陀羅花，即此天界之花。

13 孔雀來儀——高枝上的神鳥

孔雀，是中國古代傳說中的神鳥鳳凰的原型。

孔雀，我終於等到你。

日前你美麗的身影在我眼前一閃而過，讓我魂牽夢繫。之後我時聞你的啼叫聲。今天你終於翩然降臨校園一株高枝上，原來那裡是你夜晚的棲息處，雖然你離我站立的觀音廣場有二十多公尺遠，但我已經清楚的見到你華麗的羽色和有如神鳥的儀態。這讓我不由想起阿育王時代的孔雀王朝，也想起了阿育王石柱。

孔雀王朝（梵語：मौर्य राजवंश，約公元前三二二年至前一八四年），為古印度摩竭陀國的孔雀王朝擴張所形成的帝國。阿育王為第三代君主，是印度偉大的國王之一。阿育王又稱無憂王，是賓頭娑羅王之子，他是佛教徒，也帶來佛教的興盛，是佛教護法。

孔雀有藍孔雀和綠孔雀。孔雀一詞最早見於《山海經．海內經》：「孔」是大的意思。東漢楊孚所著的《異物志》記載了嶺南的孔雀：「孔雀，其大如大雁而足高，毛皆有斑紋彩，捕而蓄之，拍手即舞。」古漢語孔雀又寫作孔爵（「爵」同「雀」），或稱為孔鳥、越鳥、南客。

沙彌學園有一群孔雀出沒，觀音廣場旁的菜園是牠們覓食區之一。牠們挑嘴只吃青菜嫩葉。菜園裡的各種青蔬任由牠們品嚐。但慧顯法師慈悲，一點也不心疼，他說孔雀吃剩的我們再吃。

校園裡有孔雀的美麗身影，多美！隨時聽到孔雀叫聲，多不可思議！宛若置身神話王國，有如鳳凰般的神鳥來加持，陪沙彌在觀音廣場作早晚課，觀音菩薩很開心，笑容更顯莊嚴，慈眼也更加慈悲。

雄孔雀每晚準時七點半飛上高枝棲息，族群其他孔雀則棲息於沙彌學園圖書館後方的林子裡。

孔雀，祝你們晚安！明天見！

14 等待第一朵蓮

蓮花出汙泥和清淨的水，挺立於虛空，所以蓮挺出於染淨之外，不著兩邊，立於中道。

我每天在一池青綠如碧的荷葉中尋找花苞。一天又一天，緊貼水面的葉，開始一片片出水，欣喜之情由然而生！下午進寶教士笑瞇瞇的踏進辦公室說：「老師，蓮花長出花苞了。」我立刻去瞧個究竟。沙彌們剛好從二樓下來，也全圍在池邊觀看。大家七嘴八舌地說池裡不同種類的蓮花，是進寶教士今年新栽的，新荷第一次開出如姆指大的花苞，大家都興奮不已。

等待第一朵蓮，祝福沙彌平安吉祥，快快長大並學成，可以在印度續佛慧命，復興佛教！那是師公星雲大師的大願，需要由沙彌來荷擔這如來家業。沙彌雖是青少年，但都有在印度復興佛教的使命感！一如對蓮花的期待！

15 不可剝奪的遊戲時間

少年郎血氣方剛，但沙彌經過學園的調教和佛法薰習，與俗家青少年大不相同。師兄弟之間衝突少和樂多。學長學弟制讓年長的在生活和功課上照顧帶領學弟。

他們用功讀書不鬆懈，也珍惜遊戲時間。沙彌犯錯任何處罰都能接受，如抄單字、段落二十遍、五十遍、一百遍……，但罰他們遊戲時間不准玩，那可不成。

遊戲時間只有週五傍晚、週六早上大掃除後的放香時間。沙彌分秒都不浪費立即群聚下棋、打球。週六晚上是電影欣賞。沙彌愛打球、騎腳踏車和跳彈簧床，他們又跑又跳又喊又叫，盡情揮灑青春和旺盛精力。我在操場一角邊鞦韆，看著他們歡樂打球的身影，與他們同樂！會讀書也要會玩，才是好孩子好沙彌。

16 醫療室裡的大小病號

印法老師皺著眉頭，在幫受傷的沙彌換藥，也在餵小沙彌吃藥。眉頭雖皺著，但每一條紋路裡藏的是心疼和不捨。

沙彌剛入學時，年紀小，離開家和父母，慧顯法師、慧堅法師、進寶教士、勇度老師和印法老師等幾位老師，就當起了父母來照顧沙彌的生活起居、學業、語言等教和育。尤其印法老師是女性，既細心又慈悲，從孩子的穿衣、吃飯及各種規矩教起，包括孩子生病了，跟法師一起先用針灸、民俗療法、草藥為孩子們護理，大部分感冒、頭痛等小毛病就好了。比較嚴重的咳嗽、發燒、肚子痛、受傷……，就由勇度老師帶去給醫生看，回來後印法老師再親自餵藥。

像今天，醫療室裡大小病號都有，新生一入學，一個孩子感冒後全體被傳染，光按時吃藥就夠印法老師忙得不可開交；來自喜馬拉雅山區拉達克的新生，從來不知道什麼是夏天，更不知道世界上有蚊子這種會飛的小蟲；德里熱，他已經受不了；蚊子又叮得他滿身滿臉包，孩子說他快死了。但下課時間他又活蹦亂跳，忘了蚊子只愛他一人。印法老師幫他塗防蚊液也沒用，蚊子就是愛他，所以印法隨時都在照顧他，幫他擦藥止癢，所有沙彌都來關心他。

七年級沙彌乘淨咳嗽尚未好，看完醫生回來法師老師對他噓寒問暖。沙彌牙齒長得不整齊，還多長了幾顆，帶去拔牙整型，準備戴牙套矯正。拔了牙回來後，傷口又流血，叫大家擔心。八年級沙彌乘德上瑜伽課時扭了手指，去醫院照了X光，幸好沒骨折。更有六年級沙彌乘樂，打球踢球時腳指頭骨折，送醫院照了X光、打上石膏，回來後需要特別護理，必須坐輪椅，無法上下樓梯，只好住在醫療室，睡在護理床上。上課時由學長推去教室。

沙彌個個都是寶，印法老師怎能不操心！她從沙彌學園一創立就來了，每個沙彌都是她拉拔長大的，孩子剛來年紀較小的，她帶在身邊，隨時照顧。孩子尿床了，更有得忙，洗床單、換床單、換衣服，就像媽媽在照顧小孩。孩子一個個慢慢長高長大，但每年都有新來的孩子要帶領和照顧。印法永遠忙不完。

此刻，醫療室裡大小病號都有，印法有得忙的。我看到新生沙彌，見到針灸的銀針，這麼長一根，嚇到躲起來；針還沒扎下去，嘴巴已經張得好大好大，扎下去的剎那，立刻大叫「阿彌陀佛！」，但真的扎下去後，針深入皮膚，沙彌發現竟然不痛，那破啼為笑的表情，讓印法和我在一旁看了忍不住笑。印法說扎針不痛，但第一次看到又細又長的銀針，每個沙彌都會被嚇到！

看到此刻笑瞇瞇眼的印法老師，頭髮都白了，四年前見到她，她的秀髮仍是烏溜溜。她為沙彌白了頭，但只要沙彌個個成材，一切都值得！就像師公星雲大師說的：只要你成材，我願意為你犧牲。

17 大珠小珠落玉盤

印度的夏季，應是無雨且乾熱的，更不會有颱風，但全球氣候異常印度也大受影響。我六月三日來印度德里至今，已不知下過多少場雨了。甚至刮大風下暴雨外加打雷閃電，連在印度住了近十五年的慧顯法師和進寶教士都因受不了四十二、三度高溫及溼熱氣候而中暑頭痛、頭暈，沙彌們也有多位有頭痛、嘔吐等中暑現象，我這台灣來的，已習慣溼熱天氣，還能挺住，可能也因為我較為耐熱的緣故。

不論天氣如何，早上給高年級沙彌講禪宗「看山是山，看水是水」的公案，修行人在禪修期間看山不是山，看水不是水，修到明心見性後，看山又是山，看水又水，返本歸源……。

沙彌們是星雲大師的徒孫，是禪宗中的臨濟宗，他們聽我分析講解臨濟宗的十牛圖，個個聽得興趣盎然，我乘機要求他們學習寫〈十牛圖〉的心得，他們一口答應，真是認真的好沙彌！

既然最後看山是山，看水又是水，所以下課後我走出教室，見到門外那一方荷塘，日前已經有一朵蓮的花苞挺水而出，沙彌們知道我很關注荷塘花信，馬上帶我去看今天第二朵出水花苞。真的，好小、好可愛！荷塘花事繽紛，已指日可待！

此時，看花苞就是花苞，怎麼看都是花苞。所以等蓮花吐蕊，是美好的期待！但花未開，葉已如此吸引人，讓我百看千看萬看也不厭！尤其大雨過後，原本碧綠的荷葉，更加綠瀅瀅，而且每片荷葉上都鑲滿珍珠，且粒粒飽滿又晶瑩剔透，實在惹人憐愛！

剛才急雨敲窗，嘩啦嘩啦一陣，讓我想起：

大弦嘈嘈如急雨，
小弦切切如私語。
嘈嘈切切錯雜彈，
大珠小珠落玉盤。

形容得多麼貼切的詩句！原來老天送來珍珠，布滿在荷葉上，妝點沙彌學園，讓園內環境更美更幽靜，也期望沙彌個個莊嚴，成為復興印度佛教的明珠。

《法華經》云：硨磲、瑪瑙、金、銀、琉璃、珍珠、玫瑰為七寶。這些天來，日日下起珍珠雨，我期待其他六寶紛紛來加持，為沙彌加油！

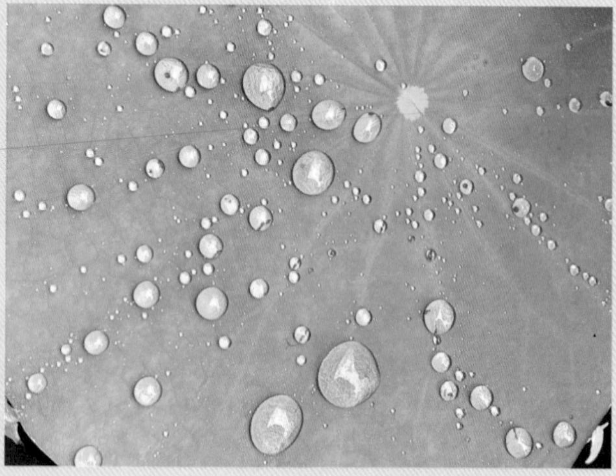

18 天雨黃金

近三星期來，沙彌學園裡遍地黃金。校園內幾棟阿勃勒盛開，如串串黃金掛滿枝頭。被稱為黃金雨的阿勃勒花，不論開在樹上或飄落於地面，都亮燦如黃金。

金，色黃，《佛說阿彌陀經》中的七寶，有硨磲、瑪瑙、珊瑚、金、銀、琉璃、赤珠。《無量壽經》中的七寶，有硨磲、瑪瑙、金、銀、琉璃、琥珀、珊瑚。《法華經》中的七寶，硨磲、瑪瑙、金、銀、琉璃、珍珠、玫瑰。不同經典中的七寶，均有黃金。

極樂世界黃金鋪地，殿宇樓閣皆為七寶所成，還有七重欄楯、七重樓閣、八功德水、微風吹動諸寶行樹，及寶羅網，出微妙音，譬如百千種樂，同時俱作……。

沙彌學園中的小小出家人，認真讀世間學、學習佛法、梵唄唱誦，為將來在印度弘揚人間佛教而努力。這裡跟極樂世界一樣，是個學校，除了法師、老師們在此教導沙彌，也有眾多有情及無情眾生來此說法，所謂「溪聲盡是廣長舌，山色無非清淨身。」、「鬱鬱黃花無非般若，青青翠竹盡是法身。」

此次來此講學，也跟沙彌探討何謂無情說法，還舉了些例子說明，讓他們真正明瞭無情處處在說法。

環顧沙彌學園，綠樹濃蔭花開四季，映日荷花別樣嫣紅，處處水晶簾動微風起，只差樓臺倒影入池塘，這裡沒有金壁輝煌的殿堂，只有簡樸的佛堂大殿，鐵皮屋頂的教室、圖書館和集會堂，但在沙彌心目中，這已是七寶所成的極樂淨土。他們在此無憂無慮快樂學習！

19 癩痢頭的孩子是自家的好

一年級新生，來自不同省分，不同家庭，但是進沙彌學園後，可能是夏季氣候太熱，或空氣汙染問題，這兒是世界排名前幾名的空汙城市。汙染的空氣，誘使孩子們的皮膚出了狀況，或是孩子原來就有這樣的因子存在DNA裡，在家鄉的環境可以相安無事，但到了德里就被誘發了出來，只要一個孩子頭上長了瘡，蔓延成癩痢頭，不久新生幾乎全部都成了癩痢頭。這可忙壞了印法老師。

法師和勇度老師帶孩子給醫生看過後，印法老師負起了護理的工作。

看到孩子們漂亮的頭上長了瘡，已經很不捨，她每天戴上手套，幫孩子們將瘡裡的膿擠出來，痛得孩子唉唉叫，更讓印法老師心疼。但是膿不擠出來不行，要好得快就只好讓沙彌受點苦。膿擠出後，得消毒、擦藥，日日夜夜注意傷口的變化。

沙彌受苦，印法老師一樣辛苦。每天要幫沙彌換枕巾、洗枕巾、晒枕頭，保持乾淨、乾燥，經過印法老師一段時間的細心照顧和醫療護理後，孩子們頭上的瘡痊癒了，頭又回復原先的美好帥氣！印法老師的臉上又堆滿了笑！

真的，癩痢頭的孩子，還是自家的好！慧顯法師、慧堅法師、進寶教士、勇度老師和印法老師都疼愛沙彌，自家的孩子即使滿頭瘡，還是怎麼看怎麼滿意！

癩痢頭，只有新生才有，升上二年級，沙彌的頭個個光滑帥氣，就像個美好的沙彌頭！

但是，說也奇怪，一般家庭的孩子少有癩痢頭的，不知為何小沙彌獨有？在印度，有藏傳和南傳佛教，他們的小沙彌也是如此，這跟衛生問題無關，難道小孩出家是個大考驗，先得過這一關嗎？徹底改頭換面一番？這原因是個迷。

沙彌學園除了將沙彌的頭皮保養好之外，更重要的是如何讓沙彌頭皮下的腦袋瓜充滿學識和智慧，這更加費心思和勞力，可見養大一個孩子多不容易，何況是養這麼一大群！

20 與孔雀有約——孔雀與麻雀

終於錄到孔雀飛上樹的影片。這可是我等了一天又一天的成果。

每天晚上七點，沙彌在觀音廣場作晚課。晚課結束後，該我上場，去等孔雀飛上柳桉枝頭。

七點半晚自習鐘響起，沙彌進教室了，這時，每天、每天，孔雀準時飛來了，飛上柳桉枝頭，然後在樹枝上轉幾圈，調整好位置，準備睡覺了。這一覺可睡上十二小時。隔天早上六點去看牠，還在樹上，沙彌在一旁作早課。孔雀聽著、悟著。七點再去看牠，牠正慢條斯理的梳理羽毛，旁邊還停了幾隻小麻雀。七點半牠才會飛離。

大孔雀飛上樹，猶如君臨天下，但小麻雀卻能小鳥依人般的在一旁吱吱喳喳。孔雀這美麗的有情眾生，竟能容忍！

孔雀，我愛你，你在示現眾生平等？你在沙彌學園受佛法薰習多年，已皈依佛門，成了佛弟子！我要叫你一聲師兄了！

21 在印度過端午

在沙彌學園過端午節。進寶教士為了營造端午氣氛，特別加菜，還炒油飯代替粽子，讓我也能有端午吃粽子、懷屈原的千古幽思！

進寶教士的炒油飯，真的好好吃！好好吃！是我吃過最好吃的！他是馬來西亞華人，卻有超好廚藝。沙彌個個被他調教成廚藝高手，還會做霜淇淋和蛋糕。妙蘊法師說我會多帶幾斤肉回台。這是極有可能的。不過目前為止還沒多長肉，因為天氣熱，人快脫水，整天灌水，都成了水桶了。

到今天，來印度三星期了。第一次外出到大使館辦文件。進寶教士開車送我。坐車上觀看紅塵滾滾的世間，覺得沙彌學園真的是世外桃源。學園內綠草如茵，花草樹木搖風，已經比外面的世界清涼多了！但四十幾度，真的熱，每天汗流浹背，課餘又都在管孔雀及各種飛鳥、松鼠、猴子及花花草草的閒事，關注荷花枝莖長高幾公分，花苞有沒有長大些，連沙彌也跟我一起關注起荷塘花信。所以我經常在花間樹下餵蚊子！

連印度人都快受不了這熱浪，不該下雨的季節卻天天下雨，又悶又溼又熱。學園內的作息如常，只是時聞某某中暑了，大家多保重！我也要多保重！

端午節下午，沙彌瑜伽課結束後，在收墊子，上課睜著大眼睛分分秒秒都直盯著老師的乘杰沙彌，經過觀音廣場，我正在散步，請他為我留影。謝謝你，可愛的小沙彌。

22 印度版客家擂茶和木蘋果泥

進寶教士是沙彌學園的萬事通先生，也是萬事達先生，不論大小事找他就對了，常看他忙得一天出門好幾次，從採買蔬果、食材、柴米油鹽到各種用品，回學園還要給沙彌上課，連美工、美術、繪畫、編輯、設計、法器司打……都有兩把刷子，太厲害了！十八般武藝樣樣精通！更重要的是要吃美味的素食料理，當然就指望他了。連代表處假日來加強沙彌國語文的義工老師，對進寶大廚的手藝都讚不絕口，盼望著每週有一餐美味可以一解對家國的相思之情。

進寶教士說，少雯老師，我要做馬來西亞客家擂茶、端午節炒油飯給妳嚐嚐。哇！有口福了！但因為食材不足，馬來西亞擂茶變成印度版擂茶，但色香味俱全，更有味了！

還有，摘下來的木蘋果，供佛一週了，香味四溢，印法老師剖開外殼，將果肉打成泥，果色淡淡的粉橘，吃起來淡淡的香、淡淡的甜，有特殊清香，真是難得的好滋味。

吃著印度版愛心擂茶和木蘋果泥，好幸福！好幸福啊！

木蘋果泥

乘義是進寶教士調教出來的學生，
他正在教學弟煮香噴噴的奶茶。

23 沙彌的音樂課

看沙彌上音樂課，感覺好像回到古代印度。

沙彌們學的是古代印度樂器，有席塔琴 Sitar、塔布拉鼓 Tabla、簧風琴、桑圖爾琴 Santoor、印度橫笛、維那爾琴 Mohan Veena。

佛陀的時代，所演奏的音樂，應該有部分是由這些樂器所彈奏和擊打出來的。

沙彌們選擇自己喜歡，或由法師指定樂器，學園請專業的老師來教學。每次上音樂課，不同的教室，傳出不同的古樂器所敲擊彈奏的樂音，我總是好奇的到每個教室去看看、聽聽。

沒帶我的古琴和空靈鼓來，就好好聆聽印度古樂器所發出的和諧之音吧！

我帶來了自製的古琴。是將十三徽和七弦畫在紙板上。有空就在紙上練彈。最近練的是《天龍八部》主題曲〈兩忘煙水裡〉。也練彈舜帝后妃娥皇和女英兩位姊妹思念舜帝的曲子〈湘江怨〉。

中國歷史上，堯將帝位禪讓給舜，還將兩個女兒娥皇和女英許配給舜。堯愛才如此令人敬佩！

練習〈湘江怨〉，紙上彈琴，在一片印度古樂聲中，真是無聲勝有聲呀！

觀賞沙樂琴演奏

乘淨——

沙樂琴（Sarod）是印度傳統音樂文化之一，由著名的音樂家 Amjad Ali Khan，帶領他的兒孫三代，在德里音樂廳盛大演出。約在九個月前，老師看到廣告宣傳便馬上為我們訂票，希望我們透過觀賞大師級的演奏，對我們學習音樂有所啟發，非常感謝常住如此用心的規劃。

我們在沙彌學園學習的印度傳統樂器，有簧風琴、塔布拉鼓、席塔琴、維那爾琴、桑圖爾琴和印度橫笛。剛開始我對音樂也沒有什麼認識，當老師叫我選自己喜歡的樂器時，只憑聽過學長彈奏席塔琴我覺得很好聽，就決定要學習席塔琴了。經過後來的努力訓練，我才慢慢對音樂產生真正的興趣。學習音樂的費用昂貴，我若不是在沙彌學園出家，根本就沒有機會學習。所以，面對這難遭難遇因緣，我發願更用心的學習。

彈奏音樂要靠專注力，這對一般人來說並不容易，要真的活在當下，用心投入學習才能辦到。但我更清楚明白修道人的使命，音樂只是推廣佛法的工具，我們不是要成為音樂家，不要執著在音樂上。除音樂弘法以外，師公還提倡了很多方式弘揚佛教，所以我們要用心廣學，將來才能順利投入弘法的事業。

慧樂（乘明）——

所謂「讀萬卷書，行萬里路」，出家人除了在寺院上課讀書、誦經修持以外，應該要「走出去」看世界，也就是戶外教學課程，體會各地風土民情，運用佛經裡所教導的佛法，看待宇宙人間。星雲大師提倡人間佛教要「從寺院到社會」，認為關心社會、利益眾生，也是出家人的本分。

疫情這三年，我們無法出外參學，如今疫情緩和，常住慈悲安排觀賞印度傳統音樂「沙樂琴」（Sarod）演奏會。大眾集合在佛前告假時，「一家人」相親相愛的出門，感受到全體的一種喜悅感。到達音樂禮堂時，早已人山人海。感覺到國家經濟的提升，有助於民族文化的保存及推廣。

沙樂琴開始演奏的那一刻，我全身毛豎，心當下就融化了，音樂家彈奏出大自然的清爽與人性的純潔。沙樂琴的天籟之音，寧靜又安然，讓人覺得清涼自在。最特別的是爺孫三代同堂演奏第二首〈拉格〉（Raag），看到未來傳承的希望。

《大智度論》記載「菩薩欲淨佛土故，求好音聲，欲使國土中眾生聞好音聲，其心柔軟，心柔軟故，受化易，是故以音聲因緣供養佛。」音樂的確會讓人的心性柔軟、安定，容易度化，所以弘法者可以透過演奏悅耳音樂、梵唄佛曲等，接引眾生。

我們在沙彌學園也學習音樂，但出家人學音樂，不只是學技能，所謂菩薩「為度一切眾，遍學一切法」，為了未來弘法利生的廣大目標，可以說菩薩樣樣都要學。

24 沙彌的中文課

「白露橫江，水光接天。縱一葦之所如，凌萬頃之茫然。」給高年級沙彌講蘇軾的〈赤壁賦〉。孩子們都知道蘇軾，但對他的生平仍陌生，於是詳細解說為何中國人都愛蘇軾的原因，從他的人品、從政、為官、感情生活到詩詞文學、唐宋八大家……等。進入正文後，拿出我的看家本領，一個字、一個字、一個詞、一個詞的詳加解說。

這篇賦太美了，有對自然的歌頌、有對人生無常的唏噓、有對過往的懷想、有「曹孟德舳艫千里，旌旗蔽空，釃酒臨江，橫槊賦詩，固一世之雄也，而今安在哉？」有「逝者如斯，而未嘗往也；盈虛者如彼，而卒莫消長也。蓋將自其變者而觀之，則天地曾不能以一瞬；自其不變者而觀之，則物與我皆無盡也，而又何羨乎！且夫天地之間，物各有主，苟非吾之所有，雖一毫而莫取。惟江上之清風，與山間之明月，耳得之而為聲，目遇之而成色，取之無禁，用之不竭。是造物者之無盡藏也，而吾與子之所共適。」真是字字珠璣，句句皆美，時而柔情萬千，時而豪情萬丈……。

我對沙彌們說，我念中學時，要熟背這課文，背不出來會被國文老師打手心的。我一字一句詳加解說，讓沙彌完全融入中國大文學家蘇軾所創作詩賦的情境之中，令這些大孩子體會中國文字之美，也領略其中與佛教思想相融合的境界。看沙彌在講義上寫了密密麻麻的筆記，真的很認真上課喔！

在講解過程中，講到「匏樽」，雖然指的是盛酒之器，但也要旁徵博引，上網查出匏瓜長什麼樣子？還加上在白板上畫條匏瓜，畫個葫蘆，以畫來解說，沙彌立刻懂了，會問是不是大肚能容的彌勒菩薩手上拿的葫蘆酒壺？也會說這種瓜我們吃過。

講課中，也會講到曹操和周瑜的故事。我也強調「橫槊賦詩」這句，只用於曹操。

以沙彌們的聰慧，定能深深體會〈赤壁賦〉的文學和佛學思維！看他們聽到心領神會，聽到跟我一起唏噓，還像古人讀書那樣搖頭晃腦，甚至比我更動容，知道他們真聽懂了，也體會了文中情境。

讀通了〈赤壁賦〉，國語文程度必定能提升許多！接下去我要介紹更美的中華文化瑰寶，最早的詩歌集《詩經》。

25 沙彌讀《詩經》

本週給高年級沙彌講《詩經》。先從《護生畫集》第二集中的「關關睢鳩，男女有別」這篇漫畫說起，詳細為沙彌講解。這幅漫畫是弘一大師和豐子愷先生取材自《詩經》首篇《周南．關睢》的畫作。此幅畫的題詞，為弘一大師所書，也讓沙彌認識祖師爺的書法字，並謹記此字體。此幅畫的題詞：

睢鳩在河洲，
雙雙不越軌，
美哉造化工，
禽心亦知禮。

畫中的兩對睢鳩，表現著「雙雙不越軌」的禮儀，他們發乎情，止乎禮，睢鳩行為的人性化，和生活化，完全是儒家思想的顯現。「美哉造化工，禽心亦知禮。」連禽鳥都具有恪守禮儀的天性，身為人類更該知禮。男人該學習做一位「正人君子」；女孩應要成為「窈窕淑女」。在這種道德規範中，男女婚配後才能「宜室宜家」。人人都能由修身進一步做到齊家，而「家」，在儒家思想中，是一個最基本的社會單位，家齊之後，才能國治，進而天下平。

看似簡單的一幅畫，所要表達的意義卻一點都不簡單。藉著對禽鳥的慈悲護生，想到睢鳩這種鳥的專情知禮以及不越軌的行為，連想到人類在護生戒殺之外，也該向動物多多學習。

解讀完護生畫，接著介紹《詩經》中的〈關雎〉篇，此篇詩歌是古典文學中相當知名的一首情歌。其全文如下：

關關雎鳩，在河之洲，
窈窕淑女，君子好逑；
參差荇菜，左右流之，
窈窕淑女，寤寐求之；
求之不得，寤寐思服，
悠哉悠哉，輾轉反側。
參差荇菜，左右采之，
窈窕淑女，琴瑟友之；
參差荇菜，左右芼之，
窈窕淑女，鐘鼓樂之。

多麼大膽和露骨的情感表達，這是《詩經》這種出自民間的生活文學的特色之一。

《詩經》是中國最早的詩歌總集，收錄自西周初年至春秋中葉（約前十一世紀——前八世紀）的詩歌三百〇五篇。《詩經》內容豐富，有勞動與愛情、戰爭與徭役、壓迫與反抗、風俗與婚姻、祭祖與宴會，甚至天象、地貌、動物、植物等，是周代社會生活的一個寫照。

《詩經》內容分為風、雅、頌三部分。風，又稱為〈國風〉，帶有濃烈的地方色彩，是《詩經》中的文學精華，內容上大多數是民間詩歌。

〈雅〉被認為是周朝直接統治地區的音樂，有「正」的意思，意在表明和其他地方音樂的區別。也有認為〈雅〉是指人人能懂的典雅音樂，分為〈大雅〉和〈小雅〉。〈小雅〉為宴請賓客之音樂。〈大雅〉則是國君接受臣下朝拜，陳述勸戒的音樂，內容大多是關於政治方面的，有讚頌好人好政的，有諷刺弊政的。只有幾首表達個人感情的詩，可以說是貴族官吏的詩歌。

〈頌〉是貴族在家廟中祭祀鬼神、讚美統治者功德的樂曲，在演奏時要配以舞蹈。

〈關雎〉這首短小的詩篇，在中國文學史上佔據著特殊的位置。它是《詩經》的第一篇，而《詩經》是中國文學最古老的典籍。所以一翻開中國文學的歷史，首先讀到的就是〈關雎〉。

〈關雎〉可被視為是婚禮上的歌，從「窈窕淑女，君子好逑」，唱到「琴瑟友之」、「鐘鼓樂之」，年輕男子從仰慕一位賢淑女子，從琴瑟和鳴到敲鑼打鼓迎娶新娘，大紅花轎抬進家門結為夫妻，是喜氣洋洋並受到各方祝福的。這首詩被當作表現夫婦之德的典範，歌中描述的愛情，有很明確的婚姻目的，最後結為恩愛夫妻，營造美滿家庭。不是當下青年男女的自由戀愛和亂愛，而是負責任的愛情，是被當時社會所贊同。歌中的男女是君子和淑女，意旨男子是有社會地位和德行的，女子也兼具體貌及德行之美，代表一種理想婚姻。而婚前因各自的道德修養而延伸的自我克制行為，為當時社會所稱許，被孔子視為可「風天下而正夫婦」的道德教材。

〈關雎〉所歌頌的，是一種感情克制、行為謹慎，以婚姻和諧為目標的愛情。此基礎下的婚姻是穩固的，因夫妻雙方都注重修身，才能進一步齊家、治國、平天下。從男女戀愛的情歌到建立家庭，打好穩固的社會基石，是〈關雎〉所延伸的對家庭、對社會、對國家的責任。

沙彌是小小出家人，但他們有一天會受戒為比丘，成為眾人的導師，對世間事必須多了解，增廣見聞，充實學識，修禪入定，智慧增長後，才能成為人間佛教的推手。

26 大青蛙來聽經

沒課時，我最常流連的就是荷花池。池中有任何風吹草動我都仔細觀察。布袋蓮太繁茂了有礙荷的生長，園丁來除去了一些。荷葉多了空間和養分，隨即紛紛挺出水面。長高了許多。但一旁仍有翠綠的浮萍和開著美麗紫花的布袋蓮。今天忽然見到水中綠葉間，有什麼在抖動著，我走進池邊仔細瞧，乍然看到兩隻大眼睛瞪著我，著實嚇了一大跳，這是什麼？再定睛看去，原來是青蛙，未免太大隻了！趕緊用手機記錄下這自然觀察。

哇！拍到青蛙的臉和兩隻晶亮的大眼睛，還有一張大嘴。這張青蛙臉，有我一張手掌大，是蛙精嗎？或蛙仙？沙彌說都不是，這是無毒大青蛙，還有比這大一倍的。不是癩蛤蟆喔！

原來沙彌學園內臥虎藏龍，連青蛙也愛聽梵唄唱誦並聽經聞法，牠是佛的聲聞弟子，在沙彌學園參加早晚課及在教室外草地上、荷塘中日夜聞法，說不定佛法造詣深厚，比人修持得更好！

《護生畫集》中有多則動物修行的故事，舉二則與大家分享：

「淨因寺沙門慧遠養一鵝，嘗隨聽經。每聞講經，則入堂伏聽。泛說他事，則鳴翔而出。」—〈鵝聽講經〉（出自《兩京記》）

話說慧遠法師在淨因寺講經說法時，他飼養的一隻鵝，會自動搖搖擺擺的，穿堂入室的走到講堂，找個位置，安靜地伏在地上，專心聽講。講堂上其他聽經的法師和信眾，早已見怪不怪。更不會有人把牠趕出去。

鵝愛聽經？牠真的能聽懂嗎？說也奇怪，慧遠大師在講經時，鵝走進來安靜聽講；大師講完經，與人談別的事情時，鵝就會起身，嘎嘎叫幾聲，並拍拍翅膀，走出講堂，不聽了。由此可見，這鵝當然聽得懂經文，否則怎會知道何時該離開呢？有靈性的鵝，聽經時可能比那一群在座的徒眾還更心無旁騖，也更明瞭經意呢！

「馬鳴菩薩講經，馬必傾聽。人使馬餓七日，然後于馬鳴菩薩講經之旁置馬秣。馬不食而聽講，講畢始食秣。」〈馬愛聽經〉（出自《大乘起信論新釋》）

馬鳴菩薩學富五車，又能說善道，當時的印度人愛聽他說法。但是這則故事中的主角是馬。這馬，非常有靈性，牠聽聞經義，應該都能理解，因此才能如此吸引牠。牠聽經的專注，不輸給在場的任何一位佛教信徒，讓人們嘖嘖稱奇。

有人就不信馬能如此專心聽經，於是故意讓馬餓上七天，讓牠饑腸轆轆，再將牠牽到馬鳴菩薩講經的地方，在牠身旁放上糧秣，來試試這馬的定力。

這對馬來說是極大的考驗。結果，馬果然忍饑耐餓，視糧秣於不顧，只管專心聽馬鳴菩薩講經。直到馬鳴菩薩講完經，起身離去，馬才低下頭開始吃糧草。

據說馬鳴菩薩升座說法，會中同時有七匹

已餓了六天的馬隨眾聞法。馬鳴菩薩說法後，大眾皆聞法悟道，連這些馬都感動地嘶鳴。眾人心生感佩，景仰馬鳴菩薩的高德懿行。由於群馬受到感化的奇跡異象，故世人稱他為馬鳴菩薩。

所以蛙愛聽梵唄唱誦及聽經，一點都不希奇，沙彌學園裡就有好多愛聽經的大青蛙呢！

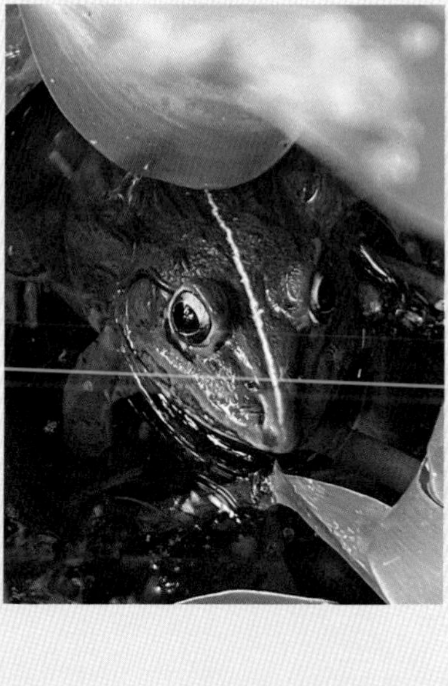

27 武術時間

週一下午是沙彌武術課時間，大小沙彌在草坪集合練功。由學長帶領並指導；沙彌們一招一式的練習起武術。

練武術，是為了健身和防身，這是出家人必修的課程。

看沙彌像上體育課般的又跑又跳、又揮拳又踢腿，在學長棒喝和長棍聲中，集體練武。各種杖陣擺出來，舞得有模有樣，還虎虎生風，挺壯觀的。

沙彌的武術課，是由臺灣的義工老師陳明揚教練（晨曦武學創辦人）來教導的。除了教武術，也教防禦、運動傷害的護理、武術表演等。還特別教大沙彌學長如何教小沙彌學弟練功。陳老師一年來一次，沙彌學園配合老師的時間，停課十天，全心練武。把一年的武功招式學起來，打好底子。大沙彌先學會，再每週、每週教導小沙彌。沒有老師帶領時，就得自己練，學長認真帶學弟，學弟乖乖學，努力練功夫。

對於佛門中的出家眾，練武是重要功課，電影裡的僧人都武功高強，但那是電影啦！現在不是武林時代，沒有人天天找人比武功，想稱霸天下的！僧人練武是防身。不是為了爭勝負和地位。

達摩西來時。即帶來一身武功，還留有《達摩易筋經》傳世。少林僧人開始練武，也是為了強身及防強盜搶劫。現在練武不像從前這般嚴厲和辛苦；從前出家人接受的是棒喝的教育。現代出家不論練武及修其他功課，已不全是棒喝的教育，都加入了愛的教育。

星雲大師說：棒喝是禪宗的一句專有名詞，意思是：老師教導學生，不一定要用柔軟語言、不一定要用開示說明，只要大喝一聲，或是給你幾下棒打，讓你自己去省思參悟。棒打，是出自有名的德山與黃檗禪師的教學；大喝一聲，是出自臨濟義玄禪師的風格，故有「德山棒，臨濟喝」之稱。棒喝看起來是體罰，是責備，但他是非常的慈悲、非常的含蓄，一般不夠資格的學生，不容易得到老師的棒喝。馬祖禪師的一喝，讓百丈禪師耳聾三日；溈山靈佑禪師，不得道者是三十棒，得道者也是三十棒。這是禪的妙用，也是最高的教育。

以上星雲大師所說的禪門教育，不同于一般俗家學童的教育，沙彌學園，是介於棒喝和愛的教育之間的教法。佛門不比外面的學校，有各種儀軌和規定，清規戒律必守。

要成就一位出家人，是多麼不容易的事！想當出家人一樣不容易。所以說出家人是大丈夫！

28 哇！龍來聽經

來沙彌學園第二天，我就見到樹上、草地上有變色龍出沒。

美麗的變色龍在校園各角落已聽經聞法多年，對梵唄唱誦也耳熟能詳，能倒背如流了。校園裡來了一位新老師，就是我啦！聽說是從台灣來的，於是龍族們相約一起去聽課。

難怪木蘋果樹上、草坪上、毛茉莉花叢中、翠蘆莉花間和梔子花朵下，常見牠們的身影一閃而過，或在花葉間縮頭縮腦的。

別害羞！龍族眾生你們的祖先就是佛教護法！說個〈大目犍連降伏難陀跋難陀龍王〉故事給你們聽：

居住於三十三天的難陀和跋難陀龍王兄弟，是不信佛陀的，也不喜歡出家人。

難陀龍王是八大龍王之一，祂有七個龍頭，性頗兇惡。這兩位龍王合稱為難陀跋難陀龍王。

龍王在須彌山作怪，每天三次吐出毒氣，鳥獸呼吸困難也中毒喪命。在山上修行的比丘們也皮肉變色、憔悴萎黃。弟子們將龍王做亂的事稟告了佛陀。

此時佛陀觀察到難陀跋難陀龍王得度的因緣成熟了。這一天，佛陀在五百比丘僧團伴隨下，前往給孤獨長者家接受供養。佛陀故意帶領僧團途經天界的三十三天，為的是去度化龍王。佛陀知道龍王不信佛，因此自己不出面，他指示大目犍連去降伏那兩條神通廣大的龍王。

目犍連以神通力飛上山，見到龍王纏繞須彌山，繞了七圈，目犍連立刻變化成一條有十四個頭的龍，繞須彌山十四圈，還把龍頭枕著梵天宮，尾巴撥起大海的水，水花嘩啦啦的飛濺到梵天這麼高，灑下來時還落在這兩條龍兄龍弟身上。龍王一看差點嚇壞，怎麼天上還有一條比我還大，身體比我還長，頭比我多一倍的大龍！龍王見此龍聲勢浩大，嚇得想回頭逃跑，但這豈不太沒面子了，於是壯起膽子與大龍對抗。龍王運起神通力，天空即刻下起如細沙般綿密的雨，目犍連也運起神通力，將從天而降的細雨變為寶花；目犍連又化為小龍，鑽入龍王身體從眼入耳出，耳入鼻出，鑽入其身內，龍王感到痛苦無比，只好投降。

龍王認輸後，目犍連現出比丘相說：「你們兄弟倆，過去造作的惡業，使你們墮入畜生，現在你們又生毒害心，死後將墮地獄。你們應該要皈依三寶、受持五戒，直到命終都不再殺生，不再讓須彌山上的各種鳥獸生命受到威脅和驚恐！」

龍王認錯並皈依佛陀座下，並祈請目犍連代為祈願：「請各位比丘、比丘尼們在用齋後念誦咒願時，幫我們兄弟回向，讓我們脫離畜生道，往生善道當中！」

難陀龍王後來成為護法龍神的上首。看！變色龍，你們的祖先都皈依佛了，所以龍族都有佛種，就大大方方來上課吧！

29 「天龍八部」來巡邏

沙彌學園內，碧草如茵，宛若綠色地毯，孩子們練功、打球、跑跳、嬉戲，活潑的身影，是年少青春飛揚的見證。園內綠籬橫斜，處處花開，繽紛多彩的各色花兒都在為沙彌們喝彩，無情眾生以美好的花顏花姿和花語隨時隨地都在說法。有這麼好的學習環境，真為這一群大小孩子感到歡愉和慶幸。而且他們小小年紀就有緣接觸佛法，真是幸福！又有宿世的因緣可以出家，更是殊勝！

走在校園裡，時時都有花香傳來，深呼吸幾下，身心清爽舒適。但經過沒有花兒開放的路段，甚至教室、圖書館，也有陣陣檀香的香味襲來！

難道……，是乾闥婆來巡邏？

乾闥婆是佛經中常提到的天龍八部之一的「香神」。「天龍八部」，指的是人類以外的八種守護佛法的眾生：有天、龍、夜叉、乾闥婆、阿修羅、迦樓羅、緊那羅、摩睺羅伽等。

今天上課正好可以為沙彌們介紹一下這些佛教的護法。

八部，是哪八部：

一、天：受善報而生於天界的眾生。天界可分為欲界天、色界天、無色界天三大類。其中和人間一樣在欲界的，有四天王天、忉利天（又稱三十三天）、夜摩天、兜率天、化樂天、他化自在天。

二、龍：形狀似蛇、能呼風喚雨的眾生，有福報但由於瞋或癡而墮龍身。其中最高層為龍王，分為法行龍王（善龍）及非法行龍王（惡龍）兩類。法行龍王能讓天下風調雨順，非法行龍王則會造成疾疫及水災。

三、夜叉：即疾行鬼，是住在地上或空中，以威勢惱害人類或守護正法的鬼類，行動極為迅速，有地行（在地面奔跑）、虛空（在天空飛行）及宮觀飛行（有宮殿娛樂）等三種。

四、乾闥婆：即香神，很會彈琴，是音樂神。不食酒肉，以香氣為食，身上也有香氣。嗅覺敏感的修行者有時聞到一陣不知來處的檀香味，即可能是有乾闥婆經過。

五、阿修羅：喜愛戰鬥的眾生，有福報但因為瞋、慢、疑而生為阿修羅。阿修羅有許多種，散佈于天道、鬼道、畜道等各處，因此佛經中有時說眾生分為「五道」即是指將「六道」中的「阿修羅道」併入其餘各道中。阿修羅道愛喝酒卻沒有酒，男性三頭六臂，女性則極為豔麗，因此阿修羅常與天界戰鬥以搶酒，天界若戰勝則贏得美女。帝釋天的第一天后是舍脂阿修羅女，極為美豔。

六、迦樓羅：即金翅鳥，以吃龍維生。體型很大，展翅有三百多萬里，但是人類肉眼見不到，相傳因此有些外道將金翅鳥認為是有翅膀的天使。

七、緊那羅：為歌神，是頭上長角的人形天眾，男性馬頭人身，很會唱歌，女性則是漂亮的人形，很會跳舞。緊那羅的音樂極為動聽，聽到的人會情不禁的起舞、修行人也暫時沒有了神通。緊那羅與乾闥婆都常在諸天的法會奏樂，也有許多緊那羅女嫁給乾闥婆。

八、摩睺羅伽：即大蟒神，蛇頭人身。瞋心重、善諂媚。相傳一心想求神通的學者若得其加持，容易神通精進但瞋心變重，若無法容許異己，則離正道日遠。其禮佛方式如同蛇類的腹行。

此八部眾定期在人間巡查，和人類接近的機會較多，其中守護佛法的則為護法神，否則可為惡鬼神。在佛寺常可見到四大天王塑像的腳下，各踏著兩個鬼眾，也是被降伏而順從的部眾。

沙彌學園內，常聞異香，就是天龍八部等護法神前來巡邏和護持，讓花香六時圍繞！在此讀書修行的沙彌真是幸福！連我也沾光！無限感恩！

30 沙彌的瑜伽課

沙彌每週都有二節瑜伽課，一節有老師教，一節自已練習。上課地點視天氣狀況，有時在露天草坪上，有時在大殿上課。見他們每人帶著一張墊子，鋪在地上，那塊墊子就是個人的練功場。上課了，有印度的瑜伽老師帶沙彌們做各種招式的體位訓練。

瑜伽（印地語 योग）源于古印度文化，義為探尋「梵我一如」的道理與方法。古印度六大哲學派別中有瑜伽派。現代人所稱的瑜伽則是一系列的修身養心方法，包括調身的體位法、調息的呼吸法、調心的冥想法等，持之以恆的訓練，可以使身心達到合一境界。

二〇一六年聯合國教科文組織將印度瑜伽列入《人類非物質文化遺產代表作名錄》中。各地瑜伽教室紛紛如雨後春筍般創立。

瑜伽是一個通過提升意識，幫助人類充分發揮潛能的系列運動，也自成一個體系。瑜伽姿勢運用的是古老的技巧，提升和改善人們生理、心理、情感和精神方面的能力，可視為一種讓身體、心靈與精神達到和諧統一的運動。古印度人相信人可以與天合一，他們以不同的瑜伽修煉方法，融入日常生活而且持之以恆。瑜伽的訓練可提高道德、忘我、穩定思緒、融入宗教情懷、冥想並與宇宙合一。

瑜伽據說起源於吠陀時期，已有數千年歷史，並且影響了佛教。

沙彌們都是青少年，身體本就柔軟，那天看他們的身體向頭後方一翻，原來在練「蠍子式」，這是瑜伽中的高難度動作，沒有老師在一旁指導，是有危險性的。

這動作我看著好熟悉。想起自己年輕時也練過一段時間瑜伽，那時身體輕盈，腳和身子用力一翻，就翻到頭後方，脖子緊緊倒扣著，竟還能順暢的呼吸，這就叫年輕！年輕真好！曾經年輕！那時確有兩把刷子，現在，當然，不敢想也不敢再做！更沒那本事，即使有膽去試，但身子骨恐怕不答應！嗯！還是算了！就在一旁欣賞沙彌們這種身心合一的體位訓練吧！

31 山中無老虎，猴子也稱王

今天二至八年級的沙彌，去戶外教學，參觀博物館。校園裡只有一年級新生、進寶教士和我。

慧顯法師說，少雯老師，今天就看妳啦！哈！這叫「山中無老虎，猴子也稱王！」

一年級新生剛入學，正在學華語、英語、印地語和巴利文。所以只能以我的破英文與他們溝通，外加比手畫腳。

語言不通能教他們什麼？只能教唱遊囉！昨天自己先惡補了一下「小皮球香蕉油」歌謠的唱唱跳跳。

一上課，先把這首兒歌寫在白板上，孩子們用中文一一抄寫在筆記簿裡。他們不知道中文字的意思，但後面的數字他們已學過，所以會念。幾乎每個沙彌都在中文字旁加上拼音，這樣就能讀出中文發音了。我再一個字一個字教他們唸，然後開始教他們跳舞。舞步是我編的，有規律的、有重複性的簡單動作，配合念唱，倒也很快就學會，孩子們也覺得很好玩，玩得還滿高興的。我們也一起到教室外面的走廊上唱跳了幾回。

第二節，不能再玩〈小皮球〉，得想點新花樣，於是教唱校園民歌〈捉泥鰍〉。歌詞字多也難寫，我沒讓他們抄寫，先上網查泥鰍的圖片給他們看，再拿出池塘的照片，這樣主角有了，場景也有了，再解釋大哥哥是什麼意思。

然後一遍又一遍播放「捉泥鰍」的音樂，一邊跟著唱，沙彌有人也跟著哼唱，大家都說好聽。

我想我的破英文所解說的歌詞，他們還是聽不懂，所以請沙彌學長乘正將中文歌詞翻譯成印度文，這下他們全懂得詞意了，於是個個拿起筆猛抄寫。大家停筆後，我又播放了幾遍〈捉泥鰍〉，將網路上幾位知名名歌手唱的全播了一遍。

下課前，讓孩子們複習一下，一個個讓他們唸〈小皮球〉的兒歌，沙彌們看著自己寫的拼音，個個都能準確地念出來，真不錯！小沙彌，給你們按個讚！當然也要給我這返老還童的阿嬤按個讚！

進寶教士來通知我們下課了，今天上下課都由進寶教士當「鐘」，因為敲鐘的沙彌去參觀博物館不在家。

下午，外出參觀的沙彌回來了，在大草坪玩球、跳彈簧床，在積水的草上玩水，玩得像「土牛」。我也在一旁盪鞦韆同樂，大人和小孩都玩得不亦樂乎！

以下是沙彌乘正翻譯的中印歌詞對照：

〈小皮球〉

小皮球香蕉油，
滿地開花二十一，
二五六，二五七，二八二九三十一。

छोटी गेंद छोटी गेंद, केले का तेल,
फूल खिले पूरे बीस और एक, दो पांच छः, दो पांच
सात, दो आठ दोनौ तीस और एक।

〈捉泥鰍〉

池塘的水滿了，雨也停了。
田邊的稀泥裡到處是泥鰍。
天天我等著你，等著你捉泥鰍。
大哥哥好不好，咱們去捉泥鰍。
小牛的哥哥帶著他捉泥鰍，
大哥哥好不好咱們去捉泥鰍。

तालाब में पानी भरा,
बारिश भी रुक गई।
खेत कनिारे कीचड़ में,
हर ओर है मच्छी। राह देंखूतुम्हारी मैं,
मच्छी पकड़ने की।
भईया क्या तुम राजी हो संग चलें पकड़ने मच्छी।
छोटे का भाई उसे ले चला पकड़ने मच्छी,
भईया क्या तुम राजी हो संग चलें पकड़ने मच्छी।

32 沙彌的童話創作

下午，改沙彌創作的童話故事。早上則每天說二則我創作的《妙妙村妙妙事》精彩故事給四年級沙彌聽，先詳細解說故事內容、生字、生詞、成語、如何造句……讓他們了解，再播放這故事的有聲書給他們聽。

我來印度前好好聽文創公司剛錄製完成《妙妙村妙妙事》的有聲書，好友田麗雲通知我，準備在博客來上架。我正好即時帶來與沙彌分享。讓沙彌在音樂頻道中進一步了解故事在說什麼，並融會貫通。且有聲書中說故事的小青姐姐聲音好聽，發音字正腔圓，也讓沙彌學習華語發音。故事中還有許多動物的聲音，聽得他們個個都歡喜，聚精會神的，真是好孩子。偶爾因時間不夠少播一集，第二天一定會說。老師昨天那集還沒播！可見真的愛聽。

雖然沙彌是出家人，但畢竟還是孩子，都愛聽故事，何況這些故事每則都有人際關係中如何相處，生活中發生事情時如何解決的方法，所以每個故事都很有意義。聽故事也激發了他們的創作欲，所以個個都主動寫故事給我改。

下面這則是沙彌乘護的童話創作，以一個學華語三年，說寫環境不如國內，且剛升上四年級的印度孩子來說，這篇〈智慧第一〉一點也不輸給國內小學四年級生喔！

很久以前，有一座森林，裡面住了很多動物，他們的長老是大象。他們每天都很忙，有一天，動物孩子們想要出去玩，也想看看外面的世界。所有的孩子都集合在一起，告訴長老這件事。長老聽到了孩子們的心聲，他說我同意你們出去看看，但是長老不知道孩子們該去哪些好地方，所以他召集大家開一個會。

開會那天是長老的生日，喝完茶，吃過點心後，所有的動物都決定了，他們要一起去外面走走，先回去故鄉，然後再去別的地方尋找新樂土，孩子們聽了都快樂得不得了。

許多年以後，動物們走過了許多地方，最後來到一座森林公園定居下來，那裡環境很優雅，花很美，草也很綠，水很清。這座森林的外面是人類居住的地方，常會有一些人來公園裡散步和玩耍。公園邊有水龍頭，有個人玩得一身汗，在那裡沖洗，水流到了路上，地面很潮溼。

動物們這時也來公園玩，玩得快樂得不得了，但是動物們沒注意到地上溼溼的，因此大象長老不小心滑倒了。長老年紀大，頭上戴著皇冠，他的眼睛眨呀眨，鼻子舉得高高的，在向人求救，所以很多人來了，交通堵塞，沒有人能過馬路。

有些人呼叫大象長老起來起來，有些人過去幫忙他，但是長老沒辦法起來。有個小孩子以最快速度跑過來看看發生了什麼事，他很聰明，一下就想到大象最愛吃什麼東西？他飛快跑回自己的家，拿了一大串香蕉又跑過來，他將香蕉放在長老鼻子構不到的地方，長老很想要吃香蕉，但是伸長鼻子就是拿不到，因為香蕉離他有一點兒遠，所以長老很努力的從地上爬了起來，終於吃到了香蕉。所有的人和動物，見到長老起來了，都為他歡呼。

動物們擁著長老快樂地回到樹林中。他們很感謝那個小孩想出了這麼好的辦法，用香蕉吸引長老用力從地上爬起來，動物們稱那個小孩「智慧第一」。

33 練習畫玫瑰

好久沒畫玫瑰花了，慧顯法師希望我能教沙彌畫畫，給他們上美術課。我自己先畫了幾張玫瑰花，練習一下，都失敗了，於是繼續練習。啟用進寶教士新買的筆和壓克力顏料，希望可以畫得順手些，也畫得好些。先前是用舊的已經半乾的顏料調水畫的，調不勻，畫得疙疙瘩瘩的。手藝不精，畫得像油畫！技藝不精不能怪顏料啦！真是牽拖，一定要更進步才行。不怕被沙彌比下去，就是希望他們每個都畫得比我好！

本週開始，每週三天，每天一個半小時美術課，由我來教沙彌畫玫瑰花。就是今天了，下午要教四年級以上沙彌畫玫瑰花。我的三腳貓功夫，只能教他們方法、技巧，他們才是高手，懂得怎麼畫以後，一定個個比我畫得好。先示範了一種畫法，待沙彌都會畫了，再教另一種玫瑰花的畫法。

學到畫玫瑰花的技巧後，就可以畫在牆角或石頭上，妝點沙彌學園的角落，也可以畫在小布包上，園遊會時擺出來義賣！

沙彌學得快的話，可以教如何畫菊花。

34 愛蓮說——說蓮及四君子

今早給八年級的沙彌講〈愛蓮說〉。上課地點在圖書館，門口就是一方荷塘。荷塘裡最近開了兩朵蓮花。〈愛蓮說〉是臨時加的課，因為與沙彌談蓮及蓮在佛教中的意象和佛性本有的比喻，所以延伸出周敦頤這篇〈愛蓮說〉的賞讀。

> 水陸草木之花，可愛者甚蕃。晉陶淵明獨愛菊。自李唐來，世人盛愛牡丹。予獨愛蓮之出淤泥而不染，濯清漣而不妖，中通外直，不蔓不枝，香遠益清，亭亭淨植，可遠觀而不可褻玩焉。
>
> 予謂菊，花之隱逸者也；牡丹，花之富貴者也；蓮，花之君子者也。噫！菊之愛，陶後鮮有聞。蓮之愛，同予者何人？牡丹之愛，宜乎眾矣！

文章短，講了一節課，當然先介紹了周敦頤和陶淵明。自然也延伸出花中四君子。也讓沙彌欣賞牡丹、芙蓉、梅、蘭、竹、菊的照片，並分別講述了這些花卉的特點和在中華文化中所代表的意涵。

提到愛菊花的陶淵明時，與這些大孩子分享了「採菊東籬下，悠然見南山」詩句。改天再與沙彌們一起讀陶淵明最著名的《飲酒．其五》這首詩。

沙彌說校園裡有種菊花，天冷時會開花。還說菊花可以泡茶。慧堅法師和進寶教士前幾天去泰國的泰華寺，還特別去曼谷中國城買菊花，就是要泡給沙彌喝，大熱天可以消暑。

35 沙彌乘樂的石膏腳

六年級沙彌乘樂，在週六下午的遊戲時間，使勁踢球時，不小心把左腳的大姆指踢到骨折。看完醫生回來時腳裹上石膏，要三個星期才能拆下來。這三週還必須坐輪椅。

坐上輪椅的乘樂，成了特權階級，不必參與打掃、典座……，連二樓的寮房都上不去，晚上只好睡在醫療室。每天上下課、早晚課都由學長、學弟幫他推輪椅。他倒勤快，沒事就坐在輪椅上挑菜、撿豆子、剝玉米粒……，他身旁總有學長學弟陪同，一夥同學一邊做事，一邊聊天。

大家都愛幫他推輪椅，課餘總是推著他滿校園散步。只要被我遇見，我就會說：「你真好命！好幸福喔！」他就靦腆地笑一笑！

幫他推輪椅的人每天都不同，從一年級新生到八年級學長都有，可見他人緣好。在學園就是一家人，沙彌不分年齡，學長帶學弟，學弟敬學長。學長教學弟從生活規矩及日常瑣事的學習，到典座學煮飯、切菜、做菜、做蛋糕、饅頭、煮奶茶、泡咖啡、打飯、打菜、行堂到指導功課；學長下午及晚自習時間，在低年級教室教學弟各種功課，令我很感動！下課及遊戲時間學長和學弟也不分年齡地玩在一起。

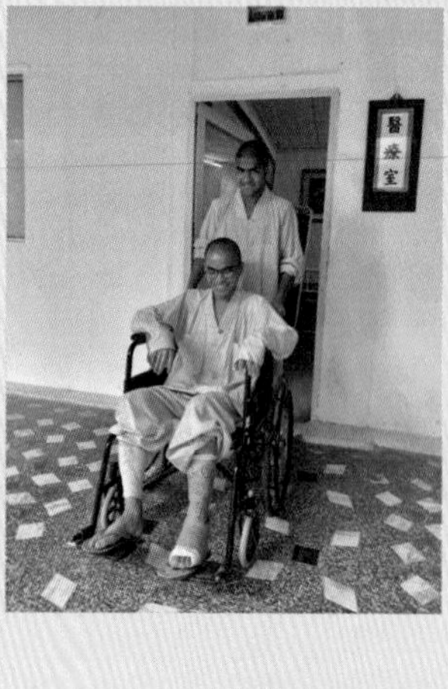

乘樂腳上的石膏終於拆了，加入每天的日常生活中。這讓我看到沙彌學園許多優良傳統。沙彌的教育不同於一般學童和青少年，他們所學習幾倍於一般孩子，真是不容易啊！佩服這些小小出家人！

今年五月又有新生入學，與大家分享他們在沙彌學園的學習感想：

新生入學考試

慧暐（乘正）——

人的一生當中，做任何決定都要謹慎，絕對不可以迷糊。當我們失去正念時，往往就會做錯的決定，而每一個決定，都會直接的影響到自己的未來。正確的決定，將帶給我們無限的幸福、喜樂與成功，而錯誤的決定則會帶來悲傷、麻煩與失敗。因此，每當我們要做決定時，都應該要想清楚，才不會後悔一輩子。

沙彌學園每年新生入學考試，招收來自印度各地方的考生。看到這許多新生，就想起自己來報名考試的那一年。當時有很多學生與我一起報考，卻因為不適應學園的生活，而放棄學佛出家。有些則是習氣太重，思想迂腐，所以身心無法安住修行。更有些俗情太濃，放不下對家人的思念，覺得出家生活清苦，而決定回家。現在想來都覺得很可惜，本來面前就是一條光明大道，他們卻做錯決定，錯失良機，結果就是因小失大。

大部分的人只為自己或家人，努力工作，比較少會想到要為眾生及社會奉獻犧牲。只有極少數人會發願出家，發心修道，服務社會大眾。我覺得有機會出家真的很不容易，需要具備很多的功德與福報才能出家、弘法。今天沙彌學園又增加了很多生力軍，我覺得他們都非常的了不起，佩服他們這樣的決定。

既然已經決定要出家，就必須要有「僧涯」規劃，好好投入自己的學習，培養各種能力，將來成為有能力、會辦事、能說法，做個有用的出家修道者。未來的一切，都掌握在自己的手中，祝福所有的新生，現在都能夠安住身心，未來發願一起復興印度佛教，把佛教帶動起來！

慧緣（乘義）——

今天是一個意義非凡的日子，因為沙彌學園又增添了新的同師道友。入學考試井然有序的進行，新生們充滿了期待、激動和一絲緊張，因為他們即將踏入嶄新的生活。對學弟來說，這將是他們學習如何照顧新生的機會。而對年齡較大的學長來說，這正是承擔行政工作，學習確保每個環節順利進行的經驗。總之，每個人都能從中獲得寶貴的經歷體驗。

回想起當初我入學時，迎接我們的是一片充滿熱鬧的景象，師長熱情洋溢地引領著我們熟悉沙彌學園，使我們初步了解學園的文化和價值觀。所謂初生之犢不怕虎，我充滿勇氣和好奇的主動融入學園的大家庭，與同學們一起共同成長、互相啟迪。感謝師長傳授寶貴的知識和經驗，引導我走上正確的道路。

每年都有從我故鄉前來報名的學生，但大多俗情太濃，無法割捨對家人的思念，覺得出家生活過於清苦，從而決定返回家鄉。所以這麼多年以來，只有我一個人選擇留下。人各有志，每個人都有自己的選擇和決定，對於那些牽掛親人而回家的人來說，或許他們追求的是與家人共同生活的情感。

我從小就與家人緣淺，常有離家出走的想

法。這種特殊因緣經歷，讓我選擇留在佛門，接受我內心真實的呼喚。當然「出走」並不是遠離親情，而是為了更好的成長和探尋自己人生的意義。而沙彌學園重視學業成就和品德修養，給我機會以積極的態度去追求卓越、尋求內心的發展，所以我很珍惜能有這樣的學習環境。我希望通過自己的努力和奮鬥，實現自己的價值和目標，也許這樣才能與家人以不同的方式產生更深的情感聯繫。

我深知出家修行之路，並非一帆風順，也許會面臨很多艱難和挑戰，但我希望用自己的行動證明，無論選擇何種道路，我們都應該珍惜和堅持，才能活出精彩的人生。希望所有的新生，帶著好奇心，踏上自己的學習之旅，祝福他們在沙彌學園度過美好的時光，獲得豐富的佛學知識和寶貴的經驗。

乘振——

今天是個開心豐富的日子，因為是一年一度的新生入學考試，是佛陀慈悲的因緣，度新的學弟來出家。新生的父母很歡喜自己的孩子通過考試，但同時也很捨不得。現在社會人士不了解佛法，認為出家沒有用。所以，沙彌學園更要招生，好好培養佛教人才。

當初我入學時什麼都不懂，所以會覺得害怕。但一個月後，我注意到沙彌學園的學習環境，是鄉下學校所不能比的。比如說鄉下學校一個班級就有五十人，老師上課無法關心到所有學生。而學園一班最多六人，教學水平當然不一樣。感恩常住給我們的一切，我們會好好珍惜。

乘文——

今天是個最吉祥歡喜的日子，因為我們僧團又增加了新生，有福報和因緣的人才會來出家。我感覺新生就是未來，能延續佛法、傳播佛教，讓佛陀慧燈不滅。

回想自己剛來時，完全不認識沙彌學園，只是聽一位學長的爸爸說這裡的學習環境非常好，我就決定報名。有些新生不適應，老師就安慰他們，教他們給自己一些時間認識學園，讓自己慢慢喜歡這裡。

新生來到新的環境，還在學習接受新生活，所以學長們要好好引導，讓他們懂佛法，了解自己的目標，慢慢的改變自己的人生。

乘嚴——

今天早上下雨了，我以為新生沒辦法來報到，但是雨水並沒有打退他們的道心，一群群的家長冒著雨，依然要送孩子來出家。當天我負責帶領新生洗澡，教他們怎麼開關自來水。我很小心地在工作，希望把事情做圓滿。

乘護——

今天下雨了，我向佛陀頂禮，想到佛陀有能力打敗魔王而成道，所以祈求佛陀用大神力讓雨趕快停下。因為不停雨，新生就沒辦法到沙彌學園參加入學考試。感謝佛陀的感應，雨終於停了，大家也到了，吃過早餐後，新生就馬上參加考試。

有些人通過筆試，但沒有通過面試。因為當老師問考生將來要出家嗎？他們卻回答說要做警察或軍人等。只有十二位同學發心出家，證明了出家真的要有因緣，希望他們都能堅持留下，成為我們復興印度佛教的力量。

看到有些人哭鬧，讓我想起自己剛來時，

也因為環境改變，又一個學長也不認識，所以覺得不適應。其實到了一個新的地方，只要認識他的目標、理念，我們的身心就能安住。現在我愛佛光山，因為在這裡學佛、做好事，將來可以弘揚佛法。

乘解——

這次的新生入學考試，筆試共有十九人及格，經過面試後只錄取了十四人，當天晚上就有一人不適應離開。我發現要到沙彌學園學佛，不是一件容易的事，有福報的人才可出家修行。我有這個機會做一個出家人，是難遭難遇的，所以我會好好把握因緣。

老師安排我們負責跟上次不一樣的工作，讓我們學習不同的東西，增加我們的經驗。去年我負責的是總務組，而今年我參與筆試和安單的部份。筆試開始前，組長乘宣學長叫我請新生在佛堂門口排班，但我個性害羞內向，不敢自己面對，所以就請別人幫我集合這些新生。其實，我不應該害怕，下次應該勇敢，自己完成工作。帶學弟安單時，我就很勇敢地為他們說明寮房的規矩。

沙彌學園重視師公說的「提拔後學」，所以我們要多多關心學弟們，好好訓練他們，要留得住新生們，讓佛教有新一批的人才，因為他們將來都是人間佛教的弘法者。

乘杰——

要有很大的福報和因緣，才能在沙彌學園出家。疫情後，有很多學長沒有回來報到，因為他們福報用完了，所以還俗回家。上輩子修了大福報的人，才知道要回來。我覺得出家前，一定要清楚什麼是出家？要知道我們的未來要做什麼？然後永遠不要忘記出家的道心，也就是要「不忘初心」。

沙彌學園每年新生入學考試，增加了僧團的人力。出家修道，要能夠放下俗家和父母，忍耐別人的批評和取笑。我覺得出家的人生是非常有意義、有價值，因為可以向佛陀和師公學習。老師特地在面試等待處放了師公的書籍，希望父母們能更深入的認識師公，多了解佛光山對學生的照顧，知道沙彌學園培養人才的方式等。

乘海——

一年一度的新生報到，增加佛門的人數，每個都是未來弘法利生的菩薩。但首先我們要包容新生無法安住，一直想家的煩惱。他們都需要適應的時間與空間，慢慢的習慣，甚至喜歡沙彌學園的環境。

我二〇一三年入學時，是個八歲懵懂無知的小孩。剛開始經常鬧著要回家，對這裡的一切都沒有感覺。後來，有位學長告訴我出家的意義和價值，雖然當下並不完全明白學長的意思，但還是決定要試試看出家的生活，我就這樣慢慢的適應了學園的環境。很感謝當時學長的勸告，給了我一個不一樣的人生目標。

出家不是一件容易的事，必須要有耐心、有道心，還要勤苦修行，不能懈怠懶惰。但最重要還是需要因緣具足，才能成為一個真正的出家人。出家生活不是享樂主意，但也不是苛苦自己，中道才是最正確的。老師說出家人要常「自摸頭」，提醒自己不能過凡夫俗子太過放鬆的生活。我們現在應該努力學習，未來才能普度眾生，共成佛道。

新生報到前下了一場雨，我擔心會影響出席人數。沒想到雨停後，人就愈來愈多了。我明白了一個道理，就是只要願意發心做事，沒有任何困難可以阻擋我們。所以，「做就對了！」

乘教——

二〇一四年，我七歲，父母送我到沙彌學園，我並不知道要出家，就是聽父母的安排入學。老師看我年齡太小，入學考試時只是意思意思，叫我寫阿拉伯數字和英文字母，就算通過了，記得當時也沒給我面試。

從我故鄉來的共有六人，四人福報不夠就回家了，只留下我們兩人。兩年後，另外一個也還俗了，只剩我一人還繼續出家。其實我也很想回家，感謝老師們慈悲，當時給我吃糖果，我才選擇留下來，一轉眼今年已經是第九年了。

二〇二一年疫情嚴重時，我本可以選擇留在家裡，但最後我還是決定要回到沙彌學園出家，因為我覺得因緣很難得。回到學園發現很多同學都沒回來，有些回來不久後，又選擇離開，這是他們沒有福報。

去年新生報到時，常住給我一個機會當總務的組長，讓我學習要有「責任感」。今年安排我當典座，為新生和他們的家人準備食物，我覺得自己很有福報。

乘峻——

二〇一七年我到沙彌學園出家時才八歲，雖然語言不通，但我一來就很喜歡，所以很快就習慣了這裡的生活。今年我已經十五歲了，在我成長的過程中，常住特別照顧我，常住的恩德我這一生也還不完。

出家人要發願普度眾生，以弘揚佛法傳遍天下為使命，為了續佛慧命要有忍辱心、慈悲心和感恩心。以「常住第一，自己第二」的精神，不忘初心，廣結善緣。但〈費閑歌〉說：「出家容易守規難」，所以要有願力克服煩惱。

新生剛進入佛門，當然不懂規矩、不具威儀，除了靠老師在課堂上教導外，學長更有責任引導學弟們，因為我們在一起的時間最多，所以最能影響他們改過壞習慣。所謂「向前有路」，有智慧的人才知道只要在沙彌學園出家，他們的人生就會不一樣。

乘樂——

我讀書成績不好，月考時常有一些科目不及格，心中覺得慚愧。更曾經為了成績，而生起放棄出家的念頭。後來想想，社會上有多少人想要出家都沒有機會，而我這輩子有因緣，應該珍惜，堅持到底。至於成績，只要我努力學習，肯定也能跟上其他同學。

常住每年舉辦新生入學考試，考生要通過筆試和面試，才會被錄取。有些人筆試及格，但在面試時卻被淘汰。也有些人都及格，但可惜沒因緣出家。留下來的新生都是幸福的，因為能在沙彌學園學習各種知識。

實際上，人生有很多選擇，有的人選擇做老師，有人要當醫生，也有作畫家或作家等，就看自己怎麼抉擇。悉達多太子原可以在皇宮過著奢侈的生活，但他覺得不幸福，所以選擇出家修行，最後獲得佛道。我們尊敬的師公星雲大師，選擇十二歲出家，經歷千錘百鍊創辦了佛光山，一生為大眾、為社會弘法利生，最後成為偉大的祖師。

當年，Khemachara 比丘帶我們八個，從特里普拉到德里來報考，共有七個同學考上。我很想跟考不上的同學一起回家，但比丘勸我留下，所以我便選擇住下來。我從原本不太適應，到慢慢習慣這裡的環境。

感謝我當時的選擇，我現在覺得很幸福，因為我是佛光弟子，非常感恩佛陀和師公，願意接受我，教我分辨什麼是好，什麼是壞，使我成為正知正見的人。常住給我的一切，我一定會珍惜。常住、師父對我那麼好，我未來一定要學習直下承擔，對得起常住的恩德。

乘廉——

沙彌學園又增加了新生，他們是未來的佛門龍象，但都還在學習適應新環境，所以我們要好好照顧他們，讓他們安住身心。下午我們帶新生到草地上玩耍，希望他們放鬆心情，不要太緊張。我還為他們介紹上課的學科，和老師在這裡教導的正知正見。

我在輪迴路上經歷分段生死，幸運的是我有結過佛緣，因此今生才有出家的因緣。回想二〇一七年入學時，雖然年紀小又聽不懂中文，但是我很清楚記得我是很高興的。感謝師公和師長們，大慈大悲的加持與教育，給我因緣歡喜學習與快樂成長，度過人生最美好的時光。

今天看到新學弟進入佛門，我為他們感到有價值、有意義。很期待看到他們落髮剃度，正式加入僧團，成為佛弟子。出家這條「道」路是自己選擇的，就要努力學習「斷一切惡」、「修一切善」和「度一切眾生」。學習菩薩在世間弘法，就像偉大的師公弘揚人間佛教一樣。

慧寧（乘諦）——

今天一早就下了一場大雨，我以為會影響等下的新生入學考試，沒想到還是來了不少人。所以，當因緣成熟時，不管任何人、任何事，都阻止不了善業的發生。經過考試和面試，錄取了十四名新生，他們是在成佛的田地上，種下了菩提種子，未來必成道果。

當天我負責面試，問家長為什麼要送孩子來出家時，家長表示是孩子自己的發心，希望學習佛法，將來能利益社會。佩服新生們對出家學佛的肯定，年紀小小就懂得選擇修行的光明道路，沒有被社會染汙，實在了不起。

現代社會物質生活無缺，但心靈卻很空虛，沒耐心又容易發脾氣。因為「我執」，造成大家自私的性格。所以，星雲大師提倡學佛更要「行佛」，教導我們「大眾第一，自己第二；常住第一，自己第二；佛教第一，自己第二；信徒第一，自己第二」。唯有培養大公無私的心，才有辦法打敗強烈的我執，熄滅自私的心態。

恭喜新生加入沙彌學園的行列，以大師為榜樣，發菩提心追隨善知識的腳步，成功的一日就會到來。

乘敬 ——

今天是新生報到的日子，早上下了雨，使酷熱的天氣變得清涼。大家的臉上都掛著笑容，為即將加入僧團的新生，感到法喜。常住安排我負責收取新生資料，從早上開始投入工作，轉眼間已到午餐時間，我的任務也完成了。期許我們今天成功招生的一小步，能成為未來佛法興隆的一大步。

乘威的父母當天特地過來勸他還俗回家，但他卻非常肯定自己出家的身分，所以不願意配合。幸好最後成功說服家人，讓自己繼續留在學園學習。我佩服乘威的勇敢，只有九歲的年紀，就能決定自己未來的方向。

老師要我們常常摸摸頭，提醒自己是個出家人，受十方大眾的供養，才能求法辦道，沒有大眾的成就，就不會有今天的我。能在佛光山出家，我感到非常幸運和自豪。感謝常住、師公和學園師長的培養，引導我們作一個「不呷教的和尚」。「我是佛光山」，將來一定要為常住有所奉獻。

現在，沙彌學園已有五十人，我們大家都在成長，學習師公「以退為進，以眾為我，以無為有，以空為樂」的精神，希望走出不一樣的人生，發願將來弘揚佛法傳遍五大洲。

慧諭（乘德）——

所謂有緣千里來相會，無緣對面不相逢，今日我們能在沙彌學園相聚，是我們過去種下菩提種子的善緣成就。想要成為佛門龍象並不簡單，首先感謝家長願意送孩子來出家，經常住培養，學生又能勇猛精進的學習，一心一意的修行，道心鞏固、少欲知足才能為佛教貢獻。

為了復興印度佛教，沙彌學園每年招收新生。入學考試最重要的環節就是面試，因為透過面試才能真正知道考生報名的動機。感恩常住今年給我機會，在老師的帶領下學習當面試官。很多人經不起金錢與享受的考驗，紛紛打起退堂鼓。看到老師十幾年來，很有耐心的為常住篩選人才，真的心懷感恩。

出家人發願「佛教靠我」，願為佛教犧牲，所謂「但願眾生得離苦，不為自己求安樂」，希望新生們能安住身心，投入沙彌學園的生活，智慧日日增長，將來弘法利生，把人間佛教帶動到五大洲。

乘禪——

今天是個特別的日子，因為一群來自各地的新生同學，好不容易的通過了筆試和面試，加入了沙彌學園的大家庭，增加了我們的希望。我可以感受到他們的緊張，完全不清楚板聲和鐘聲的意思，所以經常排班遲到，確實需要時間慢慢適應新的環境，經過訓練後，肯定都能做得很好。

記得我剛開始入學時，不會用自助餐，就跟著前面的同學拿饅頭和奶茶，看到別人吃得津津有味，我很期待的咬上一口，結果發現饅頭很難吃，幸好坐在旁邊的同學願意幫我吃掉，解決了我的問題。後來，在學長的影響下，我才慢慢的喜歡上饅頭。

學長要盡可能的引導新生，讓他們趕快安定下來，因為他們是我們學校的未來，我相信他們將在這裡獲得良好的教育和成長，我覺得很開心能夠為他們服務。

乘廣——

今年的新生報到，對我來說有點不一樣，因為過去我都負責攝影組，但這次我卻被安排到典座組，所以是個學習的好機會。開工作會議時，教士開始依個人的能力安排工作，有人煮咖哩、有人炒飯，很慚愧我什麼都不會，無法獨立承擔一道菜。最後是庫頭乘禪發心教我煮豆湯，開啟了我典座的學習。

前一天晚上我們就開始炸馬鈴薯，因為馬鈴薯是主食，所以要多準備些。乘義組長說一定要炸完才能休息，並跟我們分享過去辦活動時，典座組就是要準備到很晚，但大家都很精進，沒有怨言的投入。大約快要凌晨一點了，我們才完成工作，安心的去睡覺。

我以前只負責拍照，所以沒有體驗過典座的辛苦，這次的典座我學習到很多東西，很感謝常住給我這個學習的機會。師公說「忙就是營養」，雖然我們一整天在廚房，晚睡早起的一直忙，完全沒有空檔，不知道時間是怎麼過去的，但我們忙得歡喜，收穫滿滿。

36

孔雀散步 猴子跳水的日子

一早就出現奇跡，早上第一節上課鐘聲還沒敲，慧顯法師笑瞇瞇地對我說，老師，孔雀飛到觀音廣場來了。沙彌學園上上下下都知道我在追蹤孔雀芳蹤，有孔雀的消息都會告訴我，至今，我只近距離見過孔雀在菜園吃過一次長豆。其他時候見到牠，牠都在高高的樹上，居高臨下的傲視群倫並俯瞰沙彌學園。但是牠卻隨時在圖書館、教室外或校園四周鳴叫，而且每次都叫五聲，彷彿在宣告：我在這裡啦！

此時牠飛臨觀音廣場，我趕緊躡手躡腳地走過去看牠，但牠耳尖聽到我的腳步聲，立刻飛至菜園，然後走出草地，飛上園丁宿舍的屋頂。我輕手輕腳的繞過圓門，就看到牠在屋頂上閒步，牠高高在上的擺了幾個姿勢，讓我拍照，也不說再見就飛走了。

孔雀現身，雖然驚鴻一瞥，但華麗的身影，已洗滌了我的眼。

下午我給沙彌上美術課，正在示範畫玫瑰花時，天空倒下傾盆大雨，驚天動地的雨勢，有點嚇人，因為教室是鐵皮屋頂，有身歷聲音響效果。雨很快過去，沙彌們畫的玫瑰花也大大的進步，讓我這當老師的，也生出大大的虛榮心！哈，表示我教得不錯哩！

下課了，慧顯法師告訴我，猴子在跳水了。我一聽立刻從座位上彈起來，拿著手機跑到大草坪，果然見到一群猴子，又蹦又跳的在玩水。那一潭水，是剛才大雨後草坪低窪處的積水，遇到遊戲時間，沙彌們就會快樂的玩水；平時就是猴子的游泳池。只見猴子們從樹上和彈簧跳床的架子上撲通撲通往下跳，激起一波波的水花。猴子們以為自己是奧運的跳水選手，正在大展身手。有的猴子在游泳，有的在洗澡、泡水，各自進行著水中遊戲，玩得不亦樂乎！

猴子玩夠了水，開始跑到教室屋頂上，奔跑和跳躍聲，實在夠大聲，夠吵人。一群猴子在屋頂上鬧；另外一群跑到菜園去吃釋迦果、火龍果、長豆等青蔬果子，吃吧吃吧，沙彌學園請客！別浪費喔！但他們實在很浪費！常常吃一口就扔了！

猴群來得更多了，大橡樹、苦楝樹、釋迦樹、酪梨樹、石榴樹成了牠們的遊戲場，甚至跑到觀音廣場散步。沙彌乘杰告訴我說，老師，猴子來了，很危險！我們一起躲到教室走廊上，離牠們遠一點兒，別去招惹的好。

猴群常會很過分的爬上屋頂，搖晃太陽能板，想要將板子拆下來，或是掀開儲水桶的蓋子，跳進去洗澡。牠們可不像沙彌這樣循規蹈舉，這可是一群潑猴呢！還經常深夜在屋頂奔跑，吵醒所有人。安靜的沙彌學園，除了打板、梵唄唱誦、歌聲、讀書聲和上下課鐘聲外，只要忽然聽到極大的音響，感覺像什麼物體從天上掉到地上，那就是猴子製造的噪音，大家已經見怪不怪，而且以慈悲心完全的容忍。但牠們有時實在過分，會潛進廚房，開冰箱偷東西吃；也會半夜闖入廚房，把台子上的食材全糟蹋了，還有，廚房外儲藏箱裡的麥片、麵粉也拿來玩遊戲，大搞破壞，浪費了許多食物。所以法師都一再叮嚀，大家小心門戶，不要給猴子可乘之機。

希望有一天佛法能感化牠們，讓猴子可以成為好鄰居，不要讓牠們胡鬧得太過分！

第二天，早齋後，沙彌告訴我，「老師，孔雀在大草坪的舞台上。」我走過去，果然見到四隻孔雀在那，一只是公孔雀，其他的應是牠的妻妾們。牠們在舞台上散步、接著飛上紅瓦屋頂，在上面走來走去，停留了許久。孔雀，孔雀，希望下次見到你，可以打開你美麗的尾翼，開個屏，讓我欣賞一下老天爺的傑作！

這樣的日子，空中飛鳥更是多到數不清，老鷹在滑翔，烏鴉呱呱叫，麻雀、鵲鴝、八哥、鸚鵡、敲木魚的鳥……，滿天飛，在每棵樹上或觀音菩薩雕像上停留鳴唱，感覺如仙樂處處飄。

美好的日子，有許多有情眾生來陪伴，牠們在沙彌學園，怡然自得的四處走動，在此能感受到真正的眾生平等！

37 採菊東籬下 悠然見南山——教沙彌畫秋菊

日前，給高年級沙彌講了陶淵明〈飲酒・其五〉詩：

結廬在人境，而無車馬喧。
問君何能爾？心遠地自偏。
採菊東籬下，悠然見南山。
山氣日夕佳，飛鳥相與還。
此中有真意，欲辨已忘言。

也講了李白的〈清平調〉：

雲想衣裳花想容，
春風拂檻露華濃。
若非群玉山頭見，
會向瑤台月下逢。
一枝紅艷露凝香，
雲雨巫山枉斷腸。
借問漢宮誰得似，
可憐飛燕倚新妝。
名花傾國兩相歡，
常得君王帶笑看。
解釋春風無限恨，
沉香亭北倚闌杆。

這兩首詩，都是流傳千古的名詩；讓沙彌認識詩詞之美，而且其中又有歷史故事可以加深沙彌了解中國歷史和文化。沙彌也學得很認真，還聽得搖頭晃腦的，真的感受到古典詩聲韻和文字運用的技巧。

這兩首詩中，一首寫到菊花，一首寫牡丹；牡丹是國畫中受歡迎的素材，國色天香，花大而美，象徵華美富貴；但牡丹花瓣繁複，不易學，菊花稍微好畫些。而且慧顯法師說，秋冬時節沙彌學園會有整排的菊花開放，點綴校園，非常亮眼，且清香撲鼻。

上週給沙彌講解花中四君子時，也說明菊花傲霜枝的特性，在北方的霜冷中能不畏風寒，在秋涼入冬前，百花都不開時，只有菊花獨自開放的堅強傲骨。所以下週的美術課，就決定教沙彌畫菊花！

離下週上美術課還有幾天時間，我也好久沒畫菊花了，得去找枝圓筆先練習一下。

38 屬於中文、花香鳥語和音樂的快樂星期天

聽說，臺灣高溫三十八度，用聽的就有夠熱了！印度新德里昨天的豪大雨，讓氣溫降到二十七度，但濕度超過百分之九十以上，人彷佛泡在水裡，渾身是水，體感溫度四十度。

此刻又下起大雨，天地間充滿著水。熱就熱吧！不怨天！天要忍受世間人的種種惡習，應該更難忍吧！何況，天氣異常。也是人類破壞自然生態自食惡果，怎能怨天！

沙彌學園的週日是屬於中文、花香、鳥語、瑜伽和音樂的。早上，有好幾位義工老師來教沙彌中文課程，葉書君教授、中華民國代表處的工作人員、台灣來的研究生，還有我。分別給各年級各班的沙彌加強中文。

下午，則是沙彌的音樂和瑜伽課。有專業老師來指導，各班教室傳出不同音樂聲，此起彼落，充滿歡樂！

教室外，校園內，處處綠樹和草坪，花開滿每個角落，也處處飄香！還有不停的鳥鳴唱，給彈奏音樂的沙彌當和音。這裡真的像世外桃源！

不論晴天、雨天，沙彌們如常的學習和生活，接受佛法薰習的印度青少年，在佛光山的教養和栽培下，學習這麼多功課和技能，又能如此的彬彬有禮、威儀具足，真是令人敬佩。

這幾天從沙彌學園畢業出國去讀大學和研究所的孩子，也從台灣、大陸回來印度德里，與學弟們分享讀大學和研究所的種種。沙彌論壇成功的將經驗分享，讓在校生充滿了希望，對將來繼續深造和學成後回印度弘法，更是信心滿滿。

星期天雖然仍要上課，但屬於中文、花香和音樂的週日，是愉悅的，是快樂的星期天！

39 沙彌畫秋菊

雨連下一個多月。人人都變成水做的！

不是秋高氣爽季節，下午教沙彌畫菊花，想像現在是乾爽的秋天吧！先示範了兩種菊花的畫法，教了一些技巧，之後我告訴沙彌們，菊花不一定是黃色白色的，可以自由發揮畫自己喜歡的顏色。沙彌有創意，有想像力，有藝術細胞，也樂於嘗試，就像教他們畫玫瑰，畫紙上就出現了橘色、綠色、紫色、黑色……等各色的美麗花朵，創了新局！大家畫得臉上都是彩色顏料，但個個超開心。拿起畫筆剛開始不知怎麼畫，我一一個別指導後，他們放膽大筆一揮，筆下的每幅作品都不輸給大師呢！哈！真是名師出高徒啊！不好意思啦！

——看得出哪張是老師畫的？

40

超級比一比，愛現一下！

美術課，每次一個半小時，沙彌只有利用上課才有時間練習畫。沙彌都很忙，功課多，沒其他時間可練習，上課時認真學，我也努力教。

今天下午的美術課，真讓我這當老師的驚喜，沙彌們的畫藝進步，而且能有自己的創意！兩幅拼圖，一幅是老師畫的，一幅是沙彌畫的，分不出哪張是老師畫的了！真的是青出於藍了！

慧顯法師說，明天最後兩節美術課，要畫圖比賽！沙彌個個都可以大顯身手一番，印證我這當老師的教學功力。不是教學功力啦！功力談不上，是沙彌的才藝啦！

41 繽紛燦爛的壓克力畫成果發表會

可愛又可敬的沙彌們，認真學畫，慧顯法師還為他們辦了隆重的的成果發表會。

只學了五節課，卻畫得每幅都精彩，很難分出勝負，若要我評審，個個有獎！因為都是我的學生，看到他們練習畫玫瑰和菊花，一張又一張，想要畫到最好，叫我這當老師的，真心的讚歎啊！真的是才藝出眾啊！

我教畫，在白板上示範教學，只是示範技法，我告訴沙彌，只要畫圖的技法熟練，有把握了，可以自行創造和變化。如玫瑰花和菊花可以隨你的喜好畫各種顏色。花瓣也可以變化，只要看去像玫瑰花和菊花即可。

厲害了！我的沙彌！真的不簡單，的確很有創意。在練習時，各種顏色的玫瑰花和菊花都出籠了。花瓣也各有變化！我強調熟能生巧後，就能各有特色。沙彌們很有想像力，而且用筆豪邁，用色大膽，繽紛多彩，讓人見了眼睛發亮。的確啊！真的有創意，就能各有特色，他們做到了！

上第六節美術課時，沙彌們努力作畫，然後選出一張自己最滿意的作品，參加比賽。評審是全校老師和同學。成果發表會上，真是熱鬧，鮮豔美麗的花朵，笑瞇瞇的歡樂評審團，對畫作一張張品頭論足，同時也將一張張票投出去。

真歡喜！得獎的沙彌除了領獎，還犒賞素食大餐一客。我當陪客。真高興賺到一餐印度特色素食餐！

｜ 第一名乘宣

｜ 第二名乘相

第二名慧樂

第三名慧諭

42

沙彌乘嚴的童話創作

天天聽我講《妙妙村妙妙事》的童話故事，四年級的沙彌們躍躍欲試，也想寫故事。可以發揮想像力的故事，最適合小朋友來寫。沙彌雖是小小出家人，但也是小朋友，除了愛聽故事，也愛寫故事。

分享可愛的沙彌乘嚴的童話創作〈獵人和鴿子〉：

當一個名叫拉姆的獵人，來到溫達文的森林，他決定留在這片森林裡。他建了一間草花小屋，開始了平靜的生活。

但拉姆住在這裡的時候，有件事卻一次次困擾著他，那就是在這片森林裡他沒有朋友。就因為這個缺憾，他很擔心，日思夜想，如果我要交朋友的話，找誰呢？一天，他在森林裡散步時發現了一隻鴿子。他抓到鴿子，把鴿子關在籠子裡，他想，有了這隻鴿子作伴，總比沒有朋友好。他在這片森林裡終於有了一個朋友。

有一次獵人出外打獵，他在森林裡行走，烏雲開始在天空中盤旋，接著下雨又打雷閃電，雷電擊中了許多樹木。獵人回到自己的小屋，晚上又刮大風，開始暴風雨了，是的，這是一場猛烈的暴風雨，把森林裡的數百棵樹連根拔起。又大又老的樹失去了生命。可憐的獵人不知怎麼設法救了自己，讓自己活下來。

暴風雨一停，獵人就離開家往前走，可是他很餓，餓得難受，他心裡想，沒食物可以吃該怎麼辦？他繼續走了一段時間，當他感到飢餓難忍時，他已經走回自己的屋子，那時他餓得連走路的力氣都沒有了。他忽然想到，我忘記我的屋子裡還住著一隻鴿子，他進了屋子後，見到鴿子在哭，獵人問，你為什麼哭？鴿子說，主人你去了哪裡，為什麼到現在才回家？我很擔心你，這就是我哭的原因。獵人雖然很感動，但是他的肚子實在太餓了，他抓住了鴿子，想做為他的食物。但是看到鴿子哭了，他很不忍心，於是放了鴿子。他想，我再餓也不能吃掉我的朋友！他為自己的作為感到非常慚愧！但是他餓了，他該拿什麼充飢呢？鴿子告訴他，屋子外面有一棵木瓜樹，可以採木瓜來吃。獵人採了好幾個木瓜，跟鴿子一起吃，他們終於把肚子填飽了。

從此，獵人不再打獵，他在屋子外面種了許多水果和菜，也種了稻子，獵人有了充足的食物，和鴿子一起過著快樂的生活。

43 荔枝紅

給高年級沙彌講課。提到印度這季節盛產的荔枝，及大家暢快吃荔枝的歡喜。也提及好友散文作家蔡碧航的新書《寫的是傾心》中的一篇作品「荔枝紅」。

講解這篇散文給沙彌們聽時，提起廣東增城一顆「西園掛綠」荔枝與八仙之一何仙姑的故事，順帶提到西園掛綠一顆拍賣出 55.5 萬人民幣的事，沙彌個個嘖嘖稱奇！我心想這筆買荔枝的錢若捐給沙彌學園，會更有意義！

我解釋「嘖嘖稱奇」，可愛的沙彌立刻跟著我用嘴發出「嘖！嘖！嘖！」的聲音。真是孺子可教也！

文中提到的蘇東坡寫的有關荔枝的〈惠州一絕／食荔枝〉，這是讚荔枝味美多汁的詩。

羅浮山下四時春，
盧橘楊梅次第新。
日啖荔枝三百顆，
不辭長作嶺南人。

楊貴妃愛啖荔枝的故事也曾被寫入詩中，杜牧〈過華清宮絕句三首〉之一。

長安回望繡成堆，
山頂千門次第開。
一騎紅塵妃子笑，
無人知是荔枝來。

將此兩首流傳千古的名詩，為沙彌賞析並

講述唐玄宗和楊貴妃的荔枝緣、古時候傳遞信息的驛站等，讓沙彌多學了一首蘇東坡和杜牧的詩，也了解通訊不發達的時代，是如何傳達消息的，甚至荔枝的快遞運送的方法。還介紹了台灣荔枝的品種和甜美多汁，尤其是「玉荷包」為果中美味之一，沙彌們睜圓了眼睛，個個垂涎三尺！

這本有作者簽名的書《寫的是傾心》，就留在沙彌學園圖書館，讓有興趣閱讀的沙彌，也可以讀讀書中優美的散文。

44

追夢中文不負韶華・之一

「漢語橋」系列中文比賽（Chinese Bridge）是由中外語言交流合作中心主辦的大型國際漢語比賽，包括「漢語橋．世界大學生中文比賽」、「漢語橋·世界中學生中文比賽」、和「漢語橋．全球外國人漢語大會」三項賽事，均為每年舉行一次。佛光山印度德里沙彌學園當然不會錯過這個讓沙彌去磨練和見證自己漢語說講程度的機會。今年派出七位沙彌參賽，四位進入決賽，全部得獎，囊括了前四名，厲害的沙彌們！

沙彌乘淨學中文

在「漢語橋中文演講比賽」得到冠軍的沙彌乘淨說，他上台演講時緊張到發抖，手不自覺的去抓麥克風，緊緊的握住，一句話重複講三次，但最後卻得冠軍，是因為他的扯鈴表演精彩且毫無失誤，贏得滿堂彩，為他加了不少分，才能勇奪冠軍。

入沙彌學園就讀時，乘淨七歲，是父母親送他來的。當時他年紀小，自己沒有想法。他原在拉達克山上讀小學三年級，轉學來讀沙彌學園後，曾有過想還俗的念頭，因為不習慣棒喝的教育，希望學習可以自由些、輕鬆些。老師找他聊，開導他，當時說了什麼，他現在已經不記得，但記得老師最後說，如果你出家的心願具足滿分，就是要出家，如果有一點想還俗，有一點不確定，那就回去吧。他就留了下來，繼續就讀。

二〇二一年因為新冠疫情非常嚴重，不知世界會變成什麼樣子，印度每天染疫幾十萬人，死亡人數也很驚人，世界好像要毀滅了，全國人心惶惶，也感到前途茫茫。學園讓沙彌們全部還俗回家去。

回去兩個月後，疫情較緩，於是通知沙彌們現在還想出家的，就回沙彌學園來。乘淨的外婆問他，你若還想出家，我們就送你回德里。他說我想出家。

第一次出家，他還不懂事，是父母親送他來的，第二次出家，是他自己的選擇。師公星雲大師給沙彌們的慈示中有一條是進了沙彌學園就讀後「我要終身做和尚」，他謹記在心。當法師是眾生的導師，很殊勝，他要好好用功，要廣學多聞，好好學習。

乘淨從拉達克來，剛入學讀一年級，學語言，如中文，要從一年級基礎學起，但是其他的世間學從三年級讀起，巴利文是來一年後開始學習。他現在可以閱讀巴利文，了解經文的意思。他說我們有誦巴利文經典的課。他用印地語或英語拼音，能看懂經典。

學中文記ㄅ、ㄆ、ㄇ、ㄈ對乘淨來說不困難。他的記憶好，學得快。但寫字對他來說較難，筆畫筆順常弄不清楚。如一個中文字，是由幾個部分所組合的，他會搞不清要先寫左邊，或右邊，或部首，剛開始學寫字時，寫得亂七八糟。老師出功課給他們做，要背，每一節課都要考試。先考昨天教的，通過之後，才開始教今天的新課程。他們先學繁體字，再學簡體字，學起來就容易多了。沙彌讀的是台灣小學的國語課本，從一年級讀起。還讀一些補充材料。英文是他們尚未入沙彌學園前，在就讀的學校已讀過，但印地語和中文是第一次學，較難學，其中最難的是印地語。

現在他的中文比較強。平時上課作筆記，他會以印地語及英語標記。這次參加「漢語橋」演講比賽的講稿，有九百字，是他自己寫的，也參考同學的加以修正。上台演講時，他非常緊張，嚇得發抖，不知不覺伸出手去抓緊前面的麥克風。背熟的講稿只應用到百分之六十，有百分之四十是現場發揮的。

入學園的第三年，他們開始每週寫週記，一開始用英文寫，後來改用中文。慧顯法師改過後，錯字要抄寫。剛開始寫週記時，因為認識的辭彙較少，他只能寫幾十字到二、三百字，寫自己該加強的功課、項目及生活中所發生的事等。入校第六年開始寫作文，老師規定他們要寫七百字至一千字的文章。作業簿上從一開始的四、五行總共只寫六十字的週記，到一千字的讀書及參加活動心得，慢慢的他們中文字愈學愈多，作文也能愈寫愈長了。

這次參加「漢語橋」中文比賽，有兩個項目要闖關，一是上台演講，一是才藝表演。乘淨表演的是扯鈴。比賽那天運氣很好，他共表演了十一個招式，從一開始表演到結束，四分鐘時間都沒有失手，因此得了很高分，所以才得到冠軍。他對扯鈴有興趣，常常自己練習。最早開始是有台灣的佛光青年來辦營隊，特別來教導了他們，還留下十個鈴給學園。有興趣的同學就開始練，還上網找教學影片來跟著學。現在就讀佛光大學的乘銘（慧中）學長扯鈴很強，他是大家學習的榜樣。

沙彌乘宣的中文學習路

乘宣九歲入沙彌園學。一入校就學中文，剛開始學用漢語打招呼。背佛光四句偈：「慈悲喜捨遍法界，惜福結緣利人天；禪淨戒行平等忍，慚愧感恩大願心。」當時不認識中文，就用自己以前學過的拉達克念法在每個字旁邊加上拼音，照自己懂得的拼音法背熟了四句偈。之後才開始學漢語拼音。先學繁體中文，再學簡體中文。

學中文，他覺得最困難的是捲舌音，他的母語中沒有捲舌音，他已經學了這麼多年中文了，至今捲舌音還是發不出來。如佛光山的山，ㄕ跟ㄙ，分不清，念不準確。

他九歲入學，現在十八歲，念七年級。五年級時因為數學和印地語兩科不及格，留級重讀一年，因此他的中文也多讀一年，這對他的中文程度有幫助。在中文的學習上，乘宣覺得講比較不困難，不像英文那樣有文法的變化，比較複雜，因文法多，更需要注意力。寫字方面，他說中文我要加強。尤其在中文繁體和簡體的辨識上，因為沙彌們繁體字和簡體字都學，所以寫字時繁體常會寫成簡體，會被教繁體字的老師處罰，罰寫字，如抄寫二十遍、五十遍；若簡體字寫成繁體字，教簡體字的老師也要罰他們。

乘宣說他剛開始寫週記時，是用英文寫，三年級以後用繁體中文寫，練習寫中文造句、寫短文。中文字是個體字，講究筆畫和筆順，一個字可能是由好幾個部分組成的，有的部首在左，有的在右，先寫左邊的或右邊的偏旁，都有一定的順序，他們會搞錯，字整個寫好後，看不出來寫字時的過程是對或錯，但在寫字的時候，若剛好被老師看見寫錯順序，會被糾正，還會被罰。老師會在白板上寫出正確的字，讓他們抄寫。

在中文寫作上，乘宣說他較不會使用成語，所以用得不多，也會用錯，他知道這是由於閱讀不夠。這次參加「漢語橋」的演講，講稿是他自己寫的，內容寫學習漢語的過程，還加入了學漢語有什麼方便。老師說這樣寫凸顯不出主題，要他修改成學漢語的過程就好，要扣緊主題。他原先寫了八百字，被刪到只剩三百字，只好重寫，最後講稿完成時總共一千一百多字。講稿寫好後讀熟，但他沒有全背下來。練習時先說給老師聽，再說給沙彌同學聽。內容中有引用到《三字經》和諺語，如「子不語」的句子。上台講時他用自己的語言詮釋出來，講稿雖已背熟，但真正上台講時會緊張，因此會將背熟的講稿忘記，老師說講辭忘記就放下，不管，繼續講，不要慌，不要停在那裡。所以他沒有背全講稿，有部分是臨場發揮的。

這次演講他和冠軍的乘淨同分，但乘淨的扯鈴太精彩了，所以得到冠軍。他在才藝上表演的是力劈拳，是他們在學園平時就在練習的。參加演講比賽是個學習的經驗，要學會上台不緊張，才能侃侃而談，他要朝這個目標努力。

泰戈爾國際學校校長致詞

乘淨

沙彌學園中文教育顧問葉書君教授致詞

乘宣

45 追夢中文不負韶華・之二

七位沙彌參加「漢語橋」中文演講比賽，四位入圍，比賽結果，沙彌囊括了前四名。

乘淨 ——

尊敬的評審老師，各位同學們，大家吉祥。我是乘淨，來自印度的拉達克，目前是沙彌學園六年級的學生。「追夢中文，不負韶華」今天我要談談我學習漢語的心得。

來沙彌學園之前，我是個愛玩的孩子，放學回家後，我喜歡打球，踢球。到沙彌學園之後，我才知道這世界有一種美麗的語文，她就是中文。漢字美，但是不容易寫；漢語有抑揚頓挫，所以很好聽，但要說得好、說得讓中國人聽懂也不容易。

我開始了解一點中國歷史、文學和哲學，意識到如果我能學好有上下五千年歷史的中國文化和語言，那是多麼的幸運啊！慢慢的我愈來愈喜歡學習中文，但只是喜歡那是不夠的，必須花很多時間學寫和練習發音，中文才能進步。

在學習中文的過程中，我曾經鬧過許多笑話。記得我曾經把「太」和「大」混著用；分不清「四」和「十」的差別，您說可悲嗎？如果高鐵四點開，我卻十點鐘才到高鐵站，那麼人家早就到西安了，我卻還在北京站傻傻地站著。

為了克服漢語四聲的困難，我曾經煩惱過，學習的決心也動搖過。慶幸老師們不厭其煩地糾正和鼓勵，自己也常常到圖書館查字典，記漢字。還有，不管天熱還是天寒，我必須寫週記和讀書心得。經過了這些磨練，今天我才有機會站在漢語橋的比賽舞台上。在這兒，我得說：「老師！謝謝你們！也謝謝『漢語橋』給予我這個機會」。

掌握了中文的一些知識後，我對中國和中華文化的好奇心愈來愈強，當老師們聽懂我說的話時，我真的很高興，也覺得很幸福。為了提高我們的中文水準，老師會給我們看一些中文的影片。為了加強我們對中華文化的了解，學園還會舉辦春節、中秋節、端午節等活動，我們也學過包粽子，做月餅呢！我希望將來我有能力閱讀更多的中文書籍，進一步了解中國文化，做更多好事！

今天我們雖然在這兒參加比賽，我覺得其實也是在一起互相學習，輸贏雖然重要，但能通過比賽了解在學習中文的道路上遇到的困難也很有意思。最後，祝大家滿載而歸！謝謝！

乘宣——

尊敬的評委老師以及同學們，大家好。我是乘宣，來自北印度的拉達克直轄區，目前是佛光山沙彌學園六年級的學生。今天想跟大家分享的話題是「追夢中文不負韶華——我學習漢語的心路歷程」。

我九歲入學沙彌學園時，只會自己的母語——拉達克話，不懂英語，印地語又一知半解，所以沒辦法跟大家溝通。記得我們最初學習漢語時，是從怎麼打招呼開始的，比如說「老師早安」、「學長好」、「大家吉祥」等。後來，就有一些義工老師，發心在每個週末，到沙彌學園來教我們中文，我們的漢語課程，便正式的開始了。

我們首先學習「中文拼音」，其中我覺得最困難的就是「捲舌音」了，因為我的母語裡並沒有捲舌音。老師在課堂上要求我們練習，我甚至練到舌頭都開始疼了，真的是一次慘痛的經驗呀！

有一次，老師從包包裡取出一張面紙，蓋在自己的臉上，為我們示範每個拼音的正確發音方式。當老師讀到六個送氣音的p、t、k、c、ch、q時，臉上的面紙就被吹動起來，讓我們大吃一驚，全班同學便報以最響亮的掌聲。接下來，當然就輪到我們逐一上台練習了。

一開始老師並不嚴格，後來才漸漸的增加要求，老師告訴我們一個道理「學如逆水行舟，不進則退」，說明嚴格的要求，都是為了我們的好。我因為緊張又害怕，所以沒有達到老師要求的標準，因此被處罰站在教室外面，直到背熟練好為止。

不久後，老師開始教「數字」，特別說明「二」和「兩」的差別。我們就是在這個時候學唱經典兒歌「兩隻老虎」，甚至還上台表演過，那是一段學習中文的美妙回憶。

後來開始學漢字，遇到不會讀的字時，我們就「有邊讀邊，沒邊讀中間」。比如供奉的「供」，就讀成共同的「共」；而花園的「園」（园））不會念，讀裡面的「元」字就對了。至於寫字方面，只要能想像文字的意思，就一定不會寫錯字，例如眾人的「眾」（众），由三個人組合而成，即表示很多人。運用這樣的方式，增添了學習漢語的樂趣。

老師要我們抄課文，我記得自己曾經抄寫過十幾次的《登鸛雀樓》，「白日依山盡，黃河入海流，欲窮千里目，更上一層樓。」這首王之渙的唐詩，就是這樣背誦起來的。後來我們開始寫週記，由幾十個字開始學寫，到漸漸地加到每篇一千字左右的心得。我們的中文基礎，也因此點滴累積，為以後的學習帶來很多方便。

學習漢語，當然也要學習華人的文化，老師開始教導我們如何使用筷子吃飯等「華人飲食文化」，甚至為我們請到教練來指導武術和舞獅等「中國傳統文化」，總之我們時時刻刻都在學習。《三字經》云：「子不學，非所宜；幼不學，老何為？」就是在告誡年輕人，應該在年少時努力學習，不要等到白髮蒼蒼的時候，才來後悔沒有知識，想學也來不及了。所以，人在年輕的時候，一定要多讀書、勤學習，了解古今之道理，才有望將來成為有才能的人。

以上就是我的分享，謝謝大家的聆聽。

乘相——

尊敬的評審老師，各位同學們，大家好。

我是乘相，來自印度的拉達克，目前是沙彌學園六年級的學生。今天要跟大家分享我學習中文的過程。

我八歲入學，沙彌學園規定我們學習中文。因為我從來沒有聽過漢語，也沒有看過漢字，所以對我來說，學習漢語實在是非常困難的一件事情。當我走進學園時，大部分的指示牌是用漢語寫的，乃至從早上起床參加早晚課，都是中國字，我完全看不懂，所以那時候我覺得不懂中文生活很苦。從那時刻起，我決定一定要先學會基本中文。

在學園住了一年後，我能說點漢語、懂的漢字還是很少。老師們為了我，犧牲了很多時間給我輔導。還記得有時候我的中文功課做不完時，老師很堅定地陪我完成功課，有時候到深夜，看到老師對我的學習那麼認真，我也不願辜負老師。就這樣，在老師的辛苦陪讀下，我學會了中文拼音。天真的我，以為我已經學會中文了，但是打開書本一看，沒有拼音，只有我完全看不懂的，大大的漢字。

在學園，學習漢語、認識中國文化是一項具有價值和深遠影響的重要任務，這些因緣帶來許多豐富的經驗。通過學習漢語，我能夠更好地與中國人交流思想和溝通，我可以與更多人分享想法和經歷，與他們建立更緊密的聯繫。最重要的是，我希望有一天我能深入了解漢傳佛教，一想到這點，就讓我感到很興奮。

此外，學習漢語也能讓我更深入地了解中國的文化和歷史。我能夠閱讀中文文學作品、欣賞中國電影和音樂，這為我打開了一個全新的世界。我對中國的藝術、哲學和傳統會有更深刻的理解，這將讓我感到非常滿足和愉快。

在現代的社會，追求夢想已經不再是一個簡單的事情，而是人生必須面對的現實。我們的人生旅途中，每個人都有自己的追求和目標，我們應該努力實現自己的夢想。如李寧在奧運會上所說：「堅持夢想，讓夢想飛翔！」只有堅持夢想，不斷努力，才能讓我們的夢想飛翔。

然而，追求夢想並不是一件容易的事情。我們面對各種各樣的挑戰和困難，怎麼克服這些困難，實現自己的夢想呢？我認為，掌握中文是我實現夢想的重要條件之一。因為不懂中文，我無法了解真正的漢傳佛教與中華文化關係，也無法了解佛教文化所扮演的積極意義。

最後，我要說的是：為了能活得更幸福，我會繼續努力學習中文的！

慧玄（乘悟）——

我的中文學習之路

尊敬的評審老師們，大家好！我叫慧玄，來自北印度的拉達克。今天要跟大家分享「我的中文學習之路」。

在沙彌學園學習的過程中，我曾經對中文不感興趣。後來，因為我的硬筆字寫得比其他同學漂亮，所以得到老師和同學們的一致讚賞。受到他們的鼓舞後，我便開始對中文產生了濃厚的興趣。感謝他們的鼓勵，使我在中文的學習上，更加堅定地繼續前行。

所謂「工欲善其事，必先利其器」，掌握中文才能更深入的了解中國的歷史和文化。尤其我未來想要研究中國佛教，就更要學好中文，畢竟漢傳佛教的典籍，都是用漢字記載的。唯有掌握好中文、讀懂經典，才能實現我的目標。

記得剛到沙彌學園時，瞥見大門上寫著「佛光」兩個字，就很好奇地問了旁邊的學長，這些美麗的線條圖案，是什麼藝術大作嗎？學長微笑著說：「這就是漢字」。當時我心中十分驚訝，原來中國字美得像一幅畫。

中文是沙彌學園的媒介語，舉凡排班集會時，老師所有的開示和宣導，都只講中文。一年級的新生，當然是一句話也聽不懂，只看到老師的嘴皮子在動，至於講什麼卻完全毫無頭緒。不過，在不斷耳濡目染的聆聽和觀察後，養成習慣，提升了中文的聽說能力。

中文博大精深，老師嚴格要求我們認字，偏偏漢字又特殊多樣，讓我頭昏腦脹。有時不小心寫錯字，老師就會處罰我們改正錯字，少則抄寫五十遍，多則抄寫一百遍。寫到手痛也就算了，更慘的是要犧牲掉一星期僅有幾次的運動遊玩時間，才能完成罰寫的功課，所以我心裡往往會很不高興。

可是「沒有風雨，就沒有彩虹」，在學習中文的道路上，我深深知道，只有不斷的磨練和不懈的努力，持之以恆才能走得更遠。這段艱辛的經歷，讓我更加珍惜現在擁有的語言能力，深刻體會到學習的過程就像登山一樣，需要攀登、需要挑戰，但也有著欣賞風景的美好。因此我把「不經一番寒徹骨，焉得梅花撲鼻香」，做為我的座右銘，時時刻刻提醒自己：「我要力爭上游！」

我的分享就到這裡，感謝大家的聆聽。未來，我將繼續堅定走在「中文學習之路上」，謝謝大家。

總冠軍 乘淨

一等獎 乘宣

我們把獎狀及獎品呈給大師

二等獎 乘相

三等獎 慧玄（乘悟）

46 沙彌學茶道

台灣來的義工老師Sonia，中文名字叫蘇韶毓，是一位愛茶人，她還有一個更特別的身分，就是嫁給印度人，是個印度媳婦。Sonia老師要來教沙彌茶道，印法老師準備了好幾天，將Sonia老師從臺灣帶來的和學園本來就有的泡茶的器具，全部拿出來洗洗擦擦，忙得不可開交。

開始上茶道課了，Sonia老師溫言細語的講解茶道的種種，沙彌們聽得津津有味，一一學習。前三天講課和練習泡茶、品茶。第四天就是茶道的藝術比賽。

沙彌們分成十二組，前一天晚上就開始布置茶席。茶席的布置，佔有重要的分數，所以沙彌們使出渾身解數，全力以赴。

茶結合禪的佈置，沙彌們很內行，因為他們每天早上都有禪修課，最能心領神會。在慧顯法師同意下，沙彌們各顯神通，在校內尋找布置茶桌的物品，將茶桌布置得禪味十足！真是厲害！我可敬的沙彌們！真叫人佩服！

要辨茶道比賽，每組自行取了組名，看看這十二組的名稱，就知道沙彌們都不是簡單的。

1.乘明（吉祥席）　2.乘廣（無常席）
3.乘敬（三好茶席）　4.乘悟（達摩席）
5.乘海（般若茶）　6.乘宣(undefeatable)
7.乘淨（智慧席）　8.乘禪（禪席）
9.乘德（健康席）　10.乘義（傾國傾城舞動心茶）
11.乘廉（放下席）　12.乘諦（寧靜席）

哈！真是現學現賣啊！上課時我才給沙

彌講過李白〈清平調〉和「一騎紅塵妃子笑，無人知是荔枝來。」（杜牧《過華清宮絕句三首》）立刻就有「傾國傾城舞動心茶」的組別出現了！

慧顯法師邀請Sonia老師教沙彌茶道，希望沙彌們透過泡茶這門課程，對生命、佛法有更深層的體悟。沙彌同學如此認真，一學就會，真的不是普通人！他們都還是孩子，是兒童和青少年，但通過茶道的氛圍，個個被薰習，泡茶動作都有模有樣。Sonia老師看在眼裡深受感動，也感到不可思議。現在青少年的毛躁好動和沉迷電動及3C產品，與沙彌們具足威儀，舉手投足的微細動作，與茶，與道均能結合的自然天成，真有天壤之別，令人驚異於佛法力量的無與倫比！

Sonia老師說，沙彌很年輕，還在就學，她相信在不遠的將來，他們一定會對印度這個國家以及在印度發揚佛教有很大的貢獻。她覺得參加這個活動的收穫，比她付出的更多，讓她對佛法的學習更有信心。

這裡沒有城市紛擾與混亂，是個世外桃源，更適合學習靜和定。慧顯法師也希望同學們在美學方面以及表達上，有更深層的吸收。他希望沙彌們不只是讀書及廣泛的學習，也要為將來利益眾生做準備，所以在美學的素養上，也要能按部就班的成長。

Sonia老師感到這幾天的課程當中，同學對茶席的布置呈現出一種自我期許，都非常有創意。布置的動機，就是源於他們對覺察環境美與好的看法，他們試著使用寺裡既有的物件，加以利用，讓觀者有很多新穎的感受，她覺得這些小朋友的心靈很美，他們對這個環境的接觸和感受都超過我們成人所能想像的。

同學的作品以及茶席的呈現，讓她覺得

應該向他們學習。他們在桌子上做出立體的布置，運用樹枝來陪襯做為背景或是前景，用很簡單的竹葉稍微修剪，放在茶席的側邊，而讓人感受到寧靜的氛圍，這些皆是生活所累積出來的。

Sonia 老師感動於慧顯法師的教導有方，今後她也將更關注佛光山印度德里沙彌學園的所有活動。

Sonia 老師

47 鵲鴝寶寶哪去了

去探視鵲鴝媽媽築的巢，令人大驚！鳥寶寶不見了四隻，僅剩一隻殘缺不全的鳥翅！小鳥掉到地上了？

沙彌們在洋紫荊樹下的灌木叢中尋找，希望將小鳥撿回窩中給鵲鴝媽媽哺育。但從那隻小鳥遺體來看，應是凶多吉少，可能都被野貓吃了。

從鵲鴝媽媽下蛋開始，沙彌和我就天天去探巢。牠會生氣的飛上木蘋果樹，對我們聒聒大叫，是在罵我們呢！

誰叫鵲鴝媽媽將巢築在人人都會經過的小徑旁，分明就是對沙彌很放心，知道沒有人會傷害牠們。

小寶寶孵出來了，鳥媽媽開始辛勤哺育！寶寶羽翼漸豐，但意外卻發生了，生命如此脆弱又無常！我和沙彌都傷心難過！鵲鴝媽媽不知比我們傷心多少倍！

48 誰來朝聖——教沙彌玩新遊戲

我每天在觀音廣場跑香，跑出心得來了！一圈又一圈右繞行走，心中有對觀音菩薩的禮敬和仰慕！走著走著，發現陪著我、看著我跑香的有情眾生還不少。他們都是來朝禮觀音菩薩的，而且全部虔誠又恭敬的匍匐於地上。

誰來朝聖？我邊走邊細細尋找地面上各種自然形成的水漬痕跡，有老僧、沙彌、女王、孔雀、猴子、狗、穿山甲、熊、無尾熊、海豚、鴿子、牛、鵝、史奴比等。

每天與這麼多有情眾生一起朝聖，真是歡喜啊！

前天走著，走著，藥石後的跑香，有幾位低年級的沙彌，過來觀音腳下的蓮池看水中的金魚。我說來來來，看孔雀。我帶著一群小朋友找匍匐在地面上朝聖的眾生，地上有一隻孔雀！還有……，讓他們一一辨識。

哇！哇！小朋友驚奇地大叫，真的！真的！還帶著我去看他們的新發現！大家圍觀起來，對來朝聖的眾生品頭論足，討論著像或不像！

這兩天，小朋友都利用藥石後，晚自習前的短短放香時間，散完步就到觀音廣場來找地上的有情，成了一個有趣的新遊戲！

49 今天來個大合照

當老師的最期望的就是學生個個成器，所以，祈願每位沙彌都是佛門龍象。

「欲作佛門龍象，先做眾生馬牛」。「佛門龍象」喻入道之人，能斷煩惱，威德高遠，泛指有德高僧。

栽培沙彌不易，一個沙彌至少要在學園裡待十年，從八歲到十八歲，甚至二十歲。漫長的十年，拉著、拔著、教著、養著，比養自己的小孩更用心，更花時間和工夫。沙彌在學園裡，真是天之驕子。他們也知道自己很幸福，什麼都不必管，只管讀書。

跟這些小男孩、大男孩，小沙彌、大沙彌們，合影一張，記錄他們的成長，也記錄我的成長，以及我們共同歡聚學習的日子。

50 給沙彌講《佛陀的一生》

連續三個下午，給沙彌講《佛陀的一生》。這部傳記書，六百五十九頁，二十三萬字。將付梓，由佛陀教育基金會出版。是我依據巴利佛典編撰的。封面的佛陀像也是我的畫作。第一次為自己的新書畫封面，竟是佛陀傳。很難相信這是真的！

這部佛陀傳記的書寫和出版是殊勝難得的經驗，有機會寫佛陀傳記，還有緣畫佛像，作為新書封面，想必是前世前世又前世再前世修來的福報，懷著最恭敬的心，書寫這部殊勝的作品。佛菩薩保佑，寫作過程一切順利圓滿！

編撰《佛陀的一生》與大眾結緣，讓佛子們更加認識人天導師——本師釋迦牟尼佛。以此書莊嚴十方三世一切諸佛、一切金剛護法天龍八部，並回向天下眾生，祝願眾生早日離苦得樂！

這是部結緣書，這幅佛陀畫像，已捐給佛光山印度沙彌學園典藏。

51 老西，阿彌陀佛

在沙彌學園裡，遇見每位老師、同學、門房、園丁，每個人都會雙手合十，說聲：「老師，阿彌陀佛！」

沙彌學園裡，老師看學生，是外國人；學生看老師，也全是外國人。常住的慧顯法師（馬來西亞華人）、慧堅法師（印度華人）、進寶教士（馬來西亞華人）、印法老師（印度人）、勇度老師（印度人），全園沙彌當然全是印度青少年，但是早晚課、誦經、集會、活動，全部說華語，校園內也全是中文。

印度人說華語，就像台灣的外省人說閩南語一樣，南腔北調，聽起來有趣極了。我曾經努力糾正過一個二年級小沙彌，他將「學長」兩字，唸成「學丈」，但怎麼也糾正不過來。看他那張可愛的小臉，深邃的大眼睛和迷人的笑容，露出無奈的神色，嗯！算了！不逼他了！

沙彌看到我，不論遠近，都會說：「老師。阿彌陀佛」，但聽到叫：「老西，阿彌陀佛！」也是常有的。

沙彌們唸佛光四句偈：「慈悲喜捨遍法界，惜福結緣利人天。禪淨戒行平等忍，慚愧感恩大願心。」各唸各的調，聽起來就更可愛有趣了！有一天，勇度老師帶我和全園最小的沙彌一起去看牙，回來後，藥石已過，我們一老一小一起用齋，一起唸了佛光四句偈。唸完，我要小沙彌再重唸一次，真的唸得很不標準，他自己也知道，所以望著我傻笑！小沙彌正在學漢語拼音，現在能背熟四句偈已經很不錯了！給他按了個讚！

學中文、學華語都不容易，沙彌已經很努力，實在說已經成績斐然了！至少我都以華語與他們交談，溝通沒問題！也以華語教學，他們都能聽懂！昨天還有一班的小朋友問我：「老師，請問您幾歲？」

孩子們長大從沙彌學園出發去台灣、大陸、泰國讀大學和研究所，暑假回來，在外歷練語言後，華語大大進步，而且腔調也改變了，受環境的薰陶，臺灣回來的，有臺灣腔；南京回來的有南京腔……真是神奇！而且中文程度也突飛猛進！因為在華人的學校和環境裡，說、寫、讀都必須具備，不進步是會被淘汰的。所以現在華語說不標準，勿須擔心！

52 惜別歡送會

天下無不散的宴席，兩個月佛光山德里沙彌學園講學，順利完成，後面還有一個月，才算圓滿的結束此行。明天繼續行程，搭飛機去佛陀成道那棵菩提樹的所在地——菩提伽耶，那裡有佛光山佛學院和育幼院，還有得到地方上稱許非常在地的，很成功的「大樹下」教學。菩提伽耶是佛教徒一生中至少都要去一次的朝聖地。

昨晚的惜別歡送會，沙彌們準備了好幾天，練音樂演奏、練歌曲、練舞蹈、練感想台詞、製作影音視屏、布置場地，真用心，全園都在默默地在討論和進行歡送惜別會的種種節目，法師、老師和沙彌們的心意實在感人！我很想哭，但忍著不哭！

惜別歡送會開始了，各年級沙彌分享學習收穫，他們都能將我教的成語應用在發言中，好讓人感動，真的沒有白教。沙彌的興趣各不相同，有的對詩詞、有的對散文，有的對童話，有的對小說，特別有感覺，分享時都能侃侃而談。可見我準備的教材很受沙彌喜愛，內容也深深影響他們。而且密集教學成效大，雖辛苦，但成果令人欣慰。中年級沙彌喜歡聽故事，學習到故事中的生字、生詞、成語、諺語，自己也能發揮想像力寫作童話，還能在開週會時與同學分享，真是有成就感啊！

沙彌各個都很棒，慧顯法師、慧堅法師、印法老師、勇度老師，是四位常住老師，把孩子們教得很好，三年級以上的沙彌，看去已經很有威儀，對一個這麼小的孩子真不容易。威儀，顯現在舉手投足的氣質和氣度，這是在學習和生活中陪養出來的，絕不是一蹴而就的。每次看到老師們隨時在糾正沙彌的一舉一動，尤其是慧堅法師負責學務，聽到他、看到他在沙彌集合排班，列隊行走時，吆喝著，要沙彌挺胸抬頭、保持與前方間距、等距，慧堅法師要求嚴格，目不轉睛地盯著沙彌的行為，以及整理內務等各種瑣事，務必做到盡善盡美，我們才有了威儀具足的沙彌！

佛光山沙彌學園，是全印度漢語和中文程度最好的學校。我用漢語與沙彌交談、溝通、教學，毫無阻礙，真是厲害了，我可愛可敬的法師、老師和沙彌們！

佛陀說過，四小不可輕，其中就有小沙彌不可輕，出家不易，沒有大福報是出不了家的，孩子們小小年紀就離開家，來此出家，真是小小的大丈夫，也希望他們各個成材，成為弘法利生的大法師，推廣人間佛教，利益眾生！

歡送會持續進行著，學習心得分享間，穿插著各種表演，歌唱、舞蹈、演奏，節目很緊湊，謝謝全校師生對我這位義工老師的寵愛，如此隆重盛大的歡送，是為了繼續結緣，我知道，所以，我還會再來！

來印度兩個月，我覺得自己好像成為印度人了。相信從前我曾經有幾世是印度人。佛陀的時代，淨飯王圓寂，我覺得自己可能在場，因為寫《佛陀的一生》時，寫到這一章，竟哭得淚流不止，校對時也是一樣！很不可思議！那是前世的記憶重現？

佛光山印度沙彌學園

後記

在印度留下半顆牙齒

來印度三次。竟寫了三本書。第一次是二〇一六年，參加惠中寺舉辦的朝聖團，寫了十幾萬字的《朝聖日記》。雖然沒出版，但卻是追隨佛陀和玄奘大師朝禮聖地的珍貴紀錄。二〇一九年與妙蘊法師及總編瀅如在最熱的六月來印度，為新書採訪沙彌學園，回台後寫了沙彌日記5《隔離線外的風景——跋山涉水見證慈悲的腳印》。而第三次是二〇二三年來印度，因緣際會竟在最熱的六、七、八這三個月。來德里佛光山沙彌學園、菩提伽耶佛學院、加爾各達禪淨中心講學三個月。

與沙彌學園的因緣，似乎寫兩本書還不夠，還留下半顆牙齒，換一顆新牙回去。我有一顆牙，在幾個月前感覺不是很穩固，沒想到來印度卻裂開了，去看牙醫，很不錯的女醫師，她保住我半顆牙，補了半顆，再裝上牙套，用半顆牙換一顆全新的牙。是怎樣的緣，竟在印度留下半顆牙？

在沙彌學園期間，天天寫日記，也成就了這本沙彌日記7《等待一朵蓮 挺水而出》。

珍重再見 我會再來——

沙彌日記

FGS Sramanera School
New Delhi, India.

二〇二三年回到了總本山，
很多法師跟我們說「歡迎回家」，
這句話讓我很感動。
在佛光山與一千多人一起上課、生活、修行，
體會佛光山的精神、莊嚴和美妙。
佛光山的分別院、學校等遍布各地，
可是總本山僅有一個。
例如一棵樹有很多枝葉花果，
但最重要的樹幹唯有一個，所以不管我們在哪裡，
都不可以忘記自己的根本在佛光山。

尋根之旅

乘教 ——

今年終於因緣具足，獲得護照和簽證後，感謝常住給我機會到總本山尋根，第一次到台灣我覺得很開心。

在候機室等待時，有人好奇商務艙有什麼特別的地方，老師就大略告訴我們那裡面的設備，椅子可以全躺下來變成一張床、電視屏幕和耳機都是高品質的等等。老師介紹完後問：「我們要追求這些東西嗎？」我們應該常常「自摸頭」，知道自己是修道人，搭飛機的目的就是要從一個地方到另外一個地方，而不是享受這些高級的設備。

當然，老師也告訴我們要「活在當下」，也就是吃飯時吃飯、讀書時讀書，專注在生活的每個當下，不錯過學習體驗的機會。比如飛機上的影音設備，我們也應該學習使用，體驗一下高空影視的精彩。

回到總本山，我更要守好規矩，所謂「人在做，天在看」，即使沒有人在看，我也絕對不可以破壞規矩。因為，我覺得師公一直都在看著我們，所以做任何事情前，一定要先想清楚是正確的才能做。

過去的徒眾講習會，我們都是看「回顧影片」上課學習，這次可以在現場實體上課，感受到佛光山「集體創作」的精神很了不起。師公在一九六七年開山時，就因為集體創作，有團隊才有今天的成就。沙彌學園今年「徒眾聯展」的參展作品「捲紙藝術創法相——偉大的師公」，就是大家集體創作了一個多月後圓滿完成，獲得立體類菩提獎的光榮。

在雲居樓過堂吃飯，看到很多信徒「發心」幫忙行堂，我們也要學習發心弘揚佛法。師公在〈為僧之道〉中說：「勤勞作務為常住」，意思就是要我們發心為常住做事「大眾第一，自己第二」。師公一生「發心」為了佛教，我們也要學習師公發心的精神。

乘圓——

我們經歷千辛萬苦，克服各種困難，好不容易才辦到護照，才有這第一次出國，回總本山尋根的難得機會。因為是第一次搭飛機，所以又是頭痛又是肚子痛，同時又有噁心想吐的感覺。但是為了尋根，為了讓自己更了解佛光山，這些辛苦經歷，我都要學習忍耐。

第一天參訪桃園講堂，住持覺元法師跟我們分享他過去在弘法路上遇到困難時，師公以「千錘百鍊」和「粉身碎骨」教導他，讓他對佛教更能奉獻和安住。師公給沙彌的慈示第五句是「我要安住身心」，就是鼓勵我們安住在出家修道中，培養謙虛、低調的性格，減少傲慢之心，安住身心的學習。

回到總本山，感受到師公「做一個和尚」的精神意義，對師公「來生還要做和尚」的發願，有很深刻的感受。其實「做和尚」並不容易，要具備因緣才能如願，我要向師公學習，發願生生世世做和尚。

「師在世時我在印，師滅度後我回山，懺悔此身多業障，不見師公真法身」，懺悔自己沒有福報，這輩子沒因緣見師公一面。希望把握現在的因緣，認真努力學習師公的精神，先做好師公給我們弘法利生的功課，將來一定有緣見到師公，聽到他的法音，追隨他一起弘法利生，推動佛教。

這是我第一次參加實體海內外徒眾講習會，今年的講習特別緬懷師公，所以我們更珍惜認真上課。佛光山過去的五十年，有師公帶領弘法，現在師公圓寂了，下一個五十年就要靠大家努力推動，將師公的光明，照亮整個世界。

乘觀——

我們現在有因緣學佛、讀書，在殿宇輝煌的佛光山生活、修行，那是因為過去師公和長老師父們，為了佛教自我犧牲，努力發展佛教的結果。師公說「不忘初心」，只要堅持信念，必定「向前有路」。

金光明寺副住持有果法師分享，他當初出家父母並不同意，後來母親還得了癌症，種種的考驗使他一度懷疑，出家這條路要不要繼續走下去。他最後還是堅持不忘初心，更努力投入弘法，受到常住肯定重用。所謂「世上無難事，只怕有心人」，遇到問題時要勇敢面對它，不可輕易放棄，一定會有辦法解決。

終於到了我們的「家」——佛光山，定師父特別來為我們開示佛法，他很會講佛典故事，所以我們都很感興趣聽。定師父「給人歡喜」，臉上每時每刻都掛著笑容；「給人信心」，肯定我們將來能復興印度佛教，給沙彌們很大的力量。祈請師公及長老們放心，我們一定發心把佛法發揚出去，創建一個人間淨土。

海內外的法師們都回到佛光山，參加一年一度的徒眾講習會。除了各單位報告過去一年的弘法成果外，更禮請長老們開示佛法。惠師父要大家發表什麼是人間佛教，我覺得人間佛教最重視「大家都要的」，比如「三好」、「四給」的理念和精神。惠師父還請大家說說，自己最想向師公學習什麼，我要學習師公的勇敢，因為勇敢可以發展自己的能力，只有勇敢才能提升自己。

師公手術後，面對身體更多的不方便，但他反而更努力的練習寫字，每天嚴格規定自己寫多少幅字，沒有完成就不吃飯，完全是現代版的「一日不作，一日不食」。因為師公關心佛光山的「好苗子」，未來是否有飯吃、有書讀，所以用他的生命在寫字，希望籌集將來的經費。

師公一生「為了佛教」做了很多事，非常的偉大，但是卻一點也不傲慢，到了老年還是努力學習突破自己。師公發心出家，在弘法的路上堅持到底，一生做有價值、有意義的事。師公的精神給我力量面對困難，我會努力學習以報答常住師長們的恩德。

乘樂——

感謝常住每年舉辦徒眾講習會，過去我們是在沙彌學園看「回顧影片」上課，所以感受不夠深刻。今年回到總本山實體上課，覺得非常值得，因為每位長老師父們的上課內容太過精彩了，尤其是講到師公怎麼創建佛光山、創辦大學等偉大事跡，還有長老師父們「不輕易退票」的精神都讓我很感動。

師公小時候貧窮，沒有機會讀書，但他心中很富有、很自在。長大後，師公為社會付出，結了很多好因緣，得到廣大信徒的護持。到了老年，雖然擁有許多學校和文化出版等事業，但師公卻認為是十方大眾的因緣護持而有，自己是空無一切。師公最關心的是學生的教育和生活，一生堅持努力，用般若解決生活上的苦難，為人間做最偉大、最有意義的事業。

如今，我們這些晚輩能三餐溫飽，過上舒適的日子，都是師公和長老前輩們，付出了多少的努力所成就的。師公的慈悲與智慧，甚至已為我們指導佛光山未來五十年的發展方向。我們應該生慚愧心，認真效法師公為眾生犧牲的精神，以延續人間佛教的法脈。

佛教源自印度，發展到外國，但現在印度的佛教卻式微。因為僧團腐敗、僧眾懈怠不弘法，所以信徒開始改信婆羅門教。所謂「佛法弘揚本在僧」，說法度眾本來就是僧團的家務事，出家人應該要「讀萬卷書，行萬里路，做萬種事，結萬人緣」。師公說：「有佛法就有辦法」，提倡以唱歌、寫作、念佛等方法傳播佛教，以推廣教育、文化、慈善等為我們的責任和使命。

師公頭部開刀後，大腦語言區受到損傷，身體虛弱又手抖，但師公卻要求自己識字、練字，再寫一筆字，甚至是「一日不做，一日不食」，沒有練完就不吃飯，看到師公這樣的努力我很感動。反觀我自己，在沙彌學園生活輪組工作時，常常是隨便做，從不好好完成工作。被老師責備時，不認錯還推委責任，沒有接受老師的教導。我要改變、我要進步，以師公為我的榜樣，把每件事情都做圓滿。

乘煦——

今年終於有因緣福報回台灣，感謝常住、師長為我們安排「尋根之旅」。一下飛機，我們就先到桃園講堂，住持覺元法師分享他處理危機的恐怖過程，在得到師公的佛法開示加持後，道心堅固，勇敢面對困難，最後圓滿完成使命。出家人在修行佛道上，可能會遇到許多困難，我們都要用佛法與道念，勇敢面對、解決它。對自己的信仰要堅定，才會產生「信仰的力量」。我若虔信，佛菩薩就會給我力量面對一切逆境，度過苦難。

定師父開示說要有自信心，肯定自己的價值和選擇，不要被他人擾亂影響。尤其在菩提道上，是我要度人，千萬不可受外道影響，被人度了，所以更要懂得堅持信念，最後才能成功。

到了總本山很多法師跟我們說「歡迎回家」，這句話讓我很感動。在佛光山與一千多人一起上課、生活、修行，體會佛光山的精神、莊嚴和美妙。佛光山的分別院、學校等遍布各地，可是總本山僅有一個。例如一棵樹有很多枝葉花果，但最重要的樹幹唯有一個，所以不管我們在哪裡，都不可以忘記自己的根本在佛光山。

參加「叢林學院聯合畢業典禮」時，司儀說「恭請佛光山開山祖師星雲大師為我們開示」，我當下誤以為會見到師公，但心裡明白師公已經圓寂了，又怎麼跟我們開示呢？後來，師公出現在屏幕上，我感受到師公親臨現場，我永遠無法忘記當下見到師公的感動。

要告假離開佛光山時，我很捨不得，有種枝葉要剝離主幹的感覺。佛光山是個大團體，離開總本山回到各單位，還是佛光山，因為每個人都有自己的責任和應扮演的角色，所以我們就要散開到不同的國家，要弘揚佛法傳遍人間。我們在沙彌學園，目前的責任就是用功讀書，安住在佛道上，為未來培養弘揚佛法的能力。

乘禪——

疫情期間所有服務單位都關閉了，所以申請護照變得很困難。感恩常住的幫忙，最後讓我成功辦到護照。現在終於有機會去台灣尋根，能到總本山我覺得很幸運。

到了佛光山，所有師父們臉上都掛著笑容歡迎我們，大家的關心讓我感到很溫馨。因為師公，我找到了「家」和「家人」，師公一生很慈悲，給我因緣學習和成長，讓我知道感恩的人生最富有。我現在擁有的一切，都是佛光山每位佛光弟子所共同努力的成果，所以我也要努力學習做一個有用的人，為佛教、為社會服務。

師公很重視教育，尤其是佛教學院和我們沙彌學園的教育，因為青少年就是佛光山未來的人才，有新的一代弘法者推動佛教，佛法才能延續下去、興隆起來。所以，師公的關愛和加持，永遠跟我們在一起，他希望我們歡歡喜喜的每天努力學習，他信任我們會做好出家人的本分。

師公帶領弟子們，以各種方法推廣人間佛教，在各地建立別分院，接引年輕人學佛，真的很不容易。建寺的過程中，如何買土地等困難，都要有勇氣和努力去面對。有機會聽到長老師父們，分享這些精彩的開山故事，我會深深記在心中，因為這些寶貴經驗，將成為我們以後弘法路上最大的力量，所以值得我們學習。

佛光山推動綠色公益，為環保、愛護地球提倡蔬食、種樹等活動。因為地球在暖化，我們的世界生病了，各種可怕的災難常常發生。所以現在我們要透過大家的努力，一起修復它。一切眾生都有佛性，都是平等的，所以我們應該不殺生，長養慈悲心保護動物，提倡素食。

佛光山開山已經五十六年了，從開始至今都很有規矩、很正派，每個佛光人為佛教努力發心，成就了「法水長流五大洲」的因緣。現在師公已經圓寂，社會上不少的人開始討論佛光山的延續問題。我是佛光山的一份子，要好好地學習，將來就可以跟大家一起努力弘法，佛光山未來的五十年就靠我們。

乘望——

感謝常住給我機會到台灣，參加佛光山海內外徒眾講習會、供僧法會、徒眾作品聯展開幕茶會及叢林學院聯合畢業典禮。感謝因緣的成就，我才有機會跟大家一起上課、一起生活。

所謂「人身難得，佛法難聞」，今生能在佛光山出家學佛，是非常難得殊勝的，所以我會把握好這份因緣。

我很有福報能學習人間佛教，因為人間佛教非常重要，是佛說的、人要的、淨化的、善美的，教導我們要對人好，做好事、說好話、存好心，尤其是「四給」的精神可以帶給世界的溫暖與和平。人間佛教教我們怎麼生活，吃飯不貪心、做事不懶惰、說話要慈悲，還要懂得關心人、「活在當下」善用空檔時間認真完成工作、正當的時間做正當的事。

我要向師公學習「勇敢」，他十二歲出家，一直到九十七歲圓寂，一生為了佛教奉獻所有。我要學習師公的慈悲和智慧，他說：「一個人什麼都可以沒有，就是不能沒有慈悲心」，因為慈悲是佛法的根本。為了教育僧眾，他開創佛光山；為了接引信徒，他全球建寺。我也要像師公一樣，立功、立德，讓人懷念。

師公說：「教育是根本，能翻轉生命，提升生命價值」，又說：「人能弘道，非道弘人」，我們要加油，好好學習佛法，用功讀書增加知識，培養口才，將來才能弘揚佛法、服務眾生。感恩佛光山給我學習的環境和成長的因緣，我會堅持出家的道心，不忘初心，弘法度眾，復興印度佛教。

乘海——

這是我第二次到台灣參學，常住法師們看到我們的成長，都感到非常歡喜，紛紛給我們很多祝福，大家都期許我們，未來回到印度復興佛教。我們會依教奉行，不管過程多麼艱難，一定完成使命。

現代科學發達，大部分的人都對科學有信心，但卻不太信仰宗教。而身為出家人，我們應該深信佛菩薩的功德。像師公當年受戒燒戒疤時傷到腦部失去記憶，是透過每晚深夜後，禮拜觀音菩薩慢慢恢復正常的。雖然不符合科學邏輯，但這就是信仰的力量。

我也有過類似的經驗，就是在二〇一八年的尋根之旅時，我很擔心是否能領到護照，因此每晚睡前都向佛菩薩祈求，希望護照趕快完成。沒想到一個月後，我真的拿到護照了，從此我便更相信佛菩薩的力量了。當然，不可以「平時不燒香，臨時抱佛腳」，要常常跟佛菩薩接心，稱念聖號，才會有感應。

二〇二一年疫情暴發時，我們無奈還俗回家避疫。兩個月後，常住通知大家回學園時，親戚朋友都反對，感覺我已沒有出家的因緣了。當我正在為此煩惱時，唯有我父母同意我再回去出家，這一念之差讓我堅定了選擇出家的念頭，我非常感動。無論如何一定要出家，我的前途就是要當個有用的和尚，感謝常住師長及父母成就我的不退心。

師公二十三歲到台灣時，他沒有想過自己的未來會如何，就是很勇敢的，憑著信仰的力量，為佛教奉獻一生。因為他的熱誠與自我要求，所以佛光山的弘法事業才能如此成功。我們要學習師公的「正派」，為了佛教，擴大自我，「犧牲享受、享受犧牲」。

師公成立普門寺，是為了普門大開，無差別的接引所有眾生學佛、幫助一切需要幫助的人。師公發願只要有人到普門寺，就一定供應飯食。這就是師公對眾生的關懷，他不希望其他人經驗自己過去所遭遇的艱難痛苦。我們現在的境遇，比師公當時好太多了，所以更應該努力為佛教付出，才不辜負師公的這份關懷。

師公「半碗鹹菜的恩德」，成就了今天的人間佛教，所以我們對常住要有感恩心，因為常住負責我們所有的經費，讀書考試、生活日用，乃至於供我們上大學等，我們應當報答常住的這份恩德，讓常住因我們而覺得榮耀。就像佛大的學長們，每次假期都會到別分院服務，這就是他們報答常住的其中一種方式。

講習會每堂課的休息時間，常住都有準備小點心給大家用，我原以為會另外準備給長老大職事們，但沒想到宗長心保和尚也跟大眾一起享用。看到這個畫面，我覺得師公培養的徒眾都很謙虛，師公說「謙虛是做人處世邁向成功的重要動力」，謙虛的人能包容一切，乃至一隻小小的螞蟻都能包容。師公就是因為謙虛，所以才有今天佛光山人間佛教的偉大。

師公提倡的人間佛教，是佛說的、人要的、善美的，一切善法都是人間佛教，尤其著重度化年輕人學佛。希望我們沙彌能站在師公、長老們的肩膀上，更發心的宣傳人間佛教，接引更多人學佛。

乘廉 ——

護照、簽證、機票等等條件因緣具足，才有機會到台灣，非常感謝常住辛苦的用心成就我們。在台灣的學習很豐富，比如我們到鶯歌陶瓷博物館，看到人類是如何從零開始做簡單的陶器，慢慢發展到藝術創作的陶瓷。我們的成長也是如此，從無知漸漸發展到多樣的學習，所以要把人生路走好。

徒眾講習會中播放有關師公的影片，看了覺得很不捨，因為師公開刀後身體有各種不適，但不管有多困難，他依然全心全意的努力堅持寫書法，為「好苗子」的成長籌備經費。師公曾經說過：「只要你成材，我願為你犧牲。」他大慈大悲的幫助我們這些菩提幼苗成長，我感到非常感動。

遺憾的是沒有機會與師公見面，這讓我感到非常懊悔，但這一生有機會認識師公，就是跟師公有緣，我相信來世一定能與師公相遇。師公雖然圓寂了，但是師公的精神依然存在於我們的心中，我還可以回總本山緬懷師公，加深我們的緣份。

我要學習師公的精進，克服我懶惰的毛病，堅決做一個出家人。待常住舉辦三壇大戒時，我一定要參加受戒。

乘敬——

師公一生奉行「以無為有」、「以空為樂」的修行理念，以貧窮為職志，雖然創辦了多少寺院、學校等，但師公卻覺得自己空無一物，因為他已把自己的身心奉獻給佛教，所以認為一切都是十方大眾的，不是自己所擁有。

到了晚年，師公因為動過腦部手術，造成色身種種「不方便」，手抖、眼睛鈣化、記憶力模糊等，但偉大的師公心中所想竟是「我還可以為佛教做些什麼」。他念茲在茲的是「好苗子」的學習經費，所以身體再怎麼不舒服，為了佛教的未來，他還是堅持要寫字。師公大慈大悲，對沙彌的信心與慈愛，給我們成長的因緣，指引我們淨化生命的方向，讓我們發揮自己的潛力。弟子一定不會辜負師公的恩德，堅持出家弘法的道路，為佛光山爭取更大的光榮。

我們不只要緬懷師公，更要跟師公接心，向師公學習。師公十二歲進入佛門後，就這樣把自己的一生奉獻給佛教，甚至發願來生還要繼續走出家的老路。我要向師公學習做個「不呷教」的和尚，要以「為了佛教」的理念，學習提升自己、淨化人生。未來在弘法的路上，若是遇到了困境風雨，我就會想起師公留給我們的法語，再怎麼困難，都一定會有辦法突破。

只要我們對信仰具備信心，信仰的力量就會成為我們背後的一座山，給我們依靠，不可思議的幫助我們圓滿佛法的事業。一顆虔信的心，可以消除煩惱，讓人法喜解脫。當我們遇到困境委屈時，應該要回想自己當初為什麼要踏進佛門，也就是所謂的「不忘初心」。遇到挫折不要失望，反而要希望「明天我會做得更好」，只要心態正確又肯學習，就不怕失敗。

乘宣——

千里之行，始於足下，我們在學園開了很多次的會議，討論、練習表演，甚至先寫好到時要分享的講稿，為尋根之旅做準備。大多數的同學第一次出國，尤其是要回總本山，所以特別慎重。尋根之旅不僅行萬里路，甚至每天都有佛光山的長老師父們，為我們開示佛法、分享師公的精神，鼓勵我們精進勇猛，我覺得我們都很幸福。

金光明寺的法師們分享如何不退道心、怎樣把出家的本分做好，甚至是鬧情緒要「退票」時，又該怎麼處理等。拜佛、念佛等宗教情操，使我們擁有信仰的力量，對治這虛假、無常的煩惱，不忘初心地繼續為常住努力。信仰的力量能使不可能變成可能，桃園講堂住持分享他建寺購地的經歷，他深信是佛菩薩和韋陀、伽藍的加持下才成功購得土地建寺。

尋根的最後一天，我們到小琉球跟新高雄紅十字會交流，學習水上救援的知識。其實，老師和教練們在半年前，就開始討論規劃這項培訓，所以今天我們才有這個機會到小琉球訓練。這是我第一次看到大海，心中非常高興，真想學習大海的容納一切，不管好壞、苦樂都能接受，學習接受委屈、不亂發脾氣。

海上救援的課程，讓我了解到日常生活中的工具，比如綁東西的繩子，在災難發生時，可以扮演非常重要的救人角色，所以我們要善用周邊的物件，進行救援的工作。

另外，課程中我們也學划獨木舟。我發現自己一個人在划舟時，感覺舟是不動的，但兩個人一起划時，舟筏就動得很快。所以師公說「集體創作」，一群人在團隊中一起工作時，不但力量大，而且成效也比較高。

乘相 ——

疫情後能再次回總本山，回到自己的家尋根之旅，大家都很開心。到了各個別分院道場，法師和信徒們都非常熱情地歡迎我們，跟我們說的第一句話就是「歡迎回家」。師公在《往事百語》中說：「佛光山既然是我的，當然也屬於大眾每一個『我』的」。到了台灣，我才明白師公「慈示」中，「佛光山是我的家」的意涵。看到佛光山的建築物，就是隨時在跟師公接心，因為每一棟建築都是師公用心，以「給人方便」的理念所創建。台灣對我來說雖然是異國他鄉，可是那裡有佛光山，便成了「我的家」，所以出國其實是「回家」。

第一次參加實體的徒眾講習會，全世界各國道場分享他們的弘法報告，我看到佛光山的法師們，充滿熱情地弘揚人間佛教，根據社會的需要去做教育、慈善等弘法工作。

出家人要有正知正見，雖然是個人間比丘，生活在科技發達的世界，但不應該追求世俗名牌。佛門的教育教導我們行、住、坐、臥的規矩，給我們嚴格的威儀訓練。因為出家人若具備威儀，還沒說法就能獲得別人的尊敬，所以我必須要時時刻刻提醒自己，舉凡走路、上課、打掃等行為舉止，乃至起心動念，若覺察到自己不如法，就要馬上改過。

在佛光山十天的同堂共學，一家人生活在一起，我深刻體會到團隊一起解決問題的力量。佛光山大叢林的制度，能讓我們變成一個具備正見又有能力的僧人。

星雲大師說：「教育是根本，能翻轉生命，提升生命價值」惠師父聆聽沙彌們說「什麼是人間佛教」，還請沙彌說說，最想向師公學習什麼。

沙彌與心保和尚合影。尋根之旅不僅行萬里路，回到總本山每天都有長老及師父們，為沙彌開示佛法，鼓勵他們精進勇猛。

這次尋根之旅現場的實體上課，沙彌們深刻感受到佛光山「集體創作」的精神。
沙彌學園「徒眾聯展」的參展作品「捲紙藝術創法相——偉大的師公」，
是沙彌們花了一個多月時間的集體創作，獲得「立體類菩提獎」。

沙彌日記

FGS Sramanera School
New Delhi, India.

「師在世時我在印，師滅度後我回山，懺悔此身多業障，不見師公真法身」，懺悔自己沒有福報，這輩子沒因緣見師公一面。希望把握現在的因緣，認真努力學習師公的精神，做好弘法利生的功課，將來一定有緣見到師公，聽到他的法音，追隨他一起弘法利生，推動佛教。

等待一朵蓮 挺水而出

合　　著　佛光山印度沙彌學園、林少雯
監　　製　佛光山印度沙彌學園

發 行 人　慈容法師
執 行 長　妙蘊法師
總 編 輯　賴瀅如
編　　輯　蔡惠琪
美術設計　許廣僑
照片提供　佛光山印度沙彌學園、林少雯

出版・發行　香海文化事業有限公司
地　　址　241 新北市三重區三和路三段 117 號 6 樓
　　　　　110 臺北市信義區松隆路 327 號 9 樓
電　　話　(02)2971-6868
傳　　真　(02)2971-6577
香海悅讀網　https://gandhabooks.com
電子信箱　gandha@ecp.fgs.org.tw
劃撥帳號　19110467
戶　　名　香海文化事業有限公司

定　　價　新臺幣 470 元
出　　版　2024 年 4 月初版一刷
ISBN CIP　978-626-96782-7-3
建議分類　勵志｜義工｜翻轉教育

總 經 銷　時報文化出版企業股份有限公司
地　　址　333 桃園縣龜山鄉萬壽路二段 351 號
電　　話　(02)2306-6842

法律顧問　舒建中、毛英富
登 記 證　局版北市業字第 1107 號

國家圖書館出版品預行編目 (CIP) 資料

等待一朵蓮 挺水而出 / 佛光山印度沙彌學園、林少雯合著
.-- 初版 .-- 新北市 : 香海文化事業有限公司 , 2024.04
488 面 ;14.8 X 21cm 公分
ISBN 978-626-96782-7-3 (平裝)

225.42　　113003684

創 辦 人　星雲大師
發 行 人　慈惠法師
中心主任　慧顯法師
印度佛光文化出版有限公司

First Edition, New Delhi 2024
Co-published by Buddha Light Art and Living Private Limited and Gandha Samudra Culture Co. Ltd.

Buddha Light Art and Living Private Limited
Farm 45,
Dera Mandi Road,
Dera Gaon, Chattarpur,
New Delhi – 110074.
E-mail: fgshuixian@gmail.com

₹ 500